U0552019

（修订版）

男孩肖恩
走出孤独症

There's A Boy In Here
A Mother and Son Tell the Story of His Emergence from Autism
(Revised Edition)

[美] 朱迪·巴伦（Judy Barron） 著
[美] 肖恩·巴伦（Sean Barron）

池朝阳 译

华夏出版社
HUAXIA PUBLISHING HOUSE

献给罗恩·巴伦（Ron Barron）和
梅根·巴伦（Megan Barron）
纪念米尔德丽德·约翰斯顿·韦尔奇
（Mildred Johnston Welch）

致　谢

　　感谢父亲多年来的理解，感谢他付出生命中无限宝贵的时间与我交谈。终于，我心生顿悟。还要感谢我的妹妹——梅根。也许她从未意识到，但她对我的帮助弥足珍贵。

肖恩·巴伦
2002 年

推荐序

肖恩·巴伦为自己的著作增添了新的内容，写得非常好。自原版于 1992 年出版以来，肖恩真的有了长足的长进。体验和学习新事物需要付出不懈的努力。就我个人而言，掌握任何新事物，我都不得不加倍地去努力。刚刚开始设计业务时，我花了三年时间学习如何设计畜牧业设备。为此，我造访了亚利桑那州的每一家饲养场，去考察哪些设计好，哪些不好。然后，我将所有好的特点结合起来形成新的设计。关键是要把许多小的细节联系起来，组成一个整体。大约在十五年前的一次演讲中，肖恩将此过程称为"岛屿的增长和结合"，也就是，在一点一点掌握了更多的信息后，他才明白所有这些碎片是如何拼凑在一起形成一个概念的。

孤独症谱系障碍人士的思维方式是"自下而上"的。为了减少僵化的思维，我们的"数据库"需要不停地填充新的信息。当我们的大脑充斥了大量信息时，它就可以分化成多个类别，而不再是非黑即白两个僵化的类别。

走出舒适区

肖恩在他的新增内容中，探讨了拓宽自己的经历及稍事踏出舒适区的重要性。在担任报社记者期间,他学会了成为一个更好的倾听者,而不再固着于自己个人的问题。我母亲也有一种敏锐的直觉,知道如何让我适度"挑战"自己的舒适区。十五岁时,我害怕去姨妈在亚利桑那州的牧场,但我一到那里,就爱上了那个地方。许多孤独症青少年的家长都告诉过我,他们的孩子如果能成功拥有一份喜欢的工作,真的会茁壮成长。

肖恩和我都有拓展视野的经历。我经常说旅行使人受益良多。去过一些新的地方之后,我才发现外面的世界如此广阔。1978年的澳大利亚之行令我至今难以忘怀。那时我在畜牧行业工作没几年,发现有一些牛肉加工厂的设备比我们的更为先进,这使我颇为震惊。那次旅行真正拓宽了我的视野,正是这样的经历让我相信,让孤独症谱系障碍人士到外界去尝试新事物是如此重要。

肖恩参加过一次美国历史课组织的汽车旅行,这是一次改变他人生的经历。他深入南方腹地,去探访人们为争取选举权而斗争的历史圣地。这次经历真正改变了他的观念。他学到的最重要的一点是,许多人面临的问题比他自己的要大得多。肖恩在再版后记中提到,随着经历的拓宽,他开始不再那么关注生活中的细枝末节。这一点令人很受启发。他说:"我的大脑开始训练自己专注于其他更重要的事物。"伴随着成功的累积,他的愤怒情绪和僵化思维也在日趋减弱。他开始向外看世界,而不再径自内省。

时常给予孤独症人士选择机会是很重要的。去姨妈的牧场是个我害怕尝试的新经历,当时母亲给我的选择是:我可以去一夏天,也可以只去一星期。提供选择机会真的很重要。上九年级时,有个女生欺负我,我便朝她扔了本书,结果被学校开除。事后,我母亲列出三所特殊学校供我选择。

展示你的工作成果

当肖恩就职的那家报社即将倒闭时，他很担心失去他所挚爱的新闻报道工作。为了给新主编留下深刻印象，他尽力做到最好。我在杂志《亚利桑那农场人》(Arizona Farmer Ranchman)担任过畜牧版编辑，这是我早期从事过的工作之一。我在那里顺利工作了几年后，杂志被卖掉了，新的老板接手。这位新老板认为我为人怪异，便打算开除我。幸运的是，做杂志排版的苏珊察觉到了一些警示信号。她建议我整理好所有的工作成果，制作成一个可供展示的作品集。新老板吉姆看到我写的那些出色的文章后，不但没有解雇我，还给我加了薪。我总是告诉孤独症谱系障碍人士，在面试时要展现自己的技能。对我来说，面试时通常需要展示已完成项目的绘图和照片。我要确保雇主们看了我的作品集就会留下深刻的印象。

许多成功人士很晚才发现自己是孤独症谱系障碍人士。他们中有很多人从事着重要的工作，比如新闻记者、计算机程序员、科学家、高级技师或会计师。其中一些人告诉过我，他们如果在童年时被确诊为孤独症，日后未必会取得现在这样的成功。对他们和肖恩来说，这些成就的获得历经挣扎，但是这一切都是值得的。肖恩写到，他的愤怒和僵化认识逐渐消散了。

遗憾的是，孩子被诊断为孤独症后，父母就会有过度保护的倾向。家长们需要做的是让孩子在舒适区的边缘进行"挑战"，但要避免"把他们直接扔到深水区"。举例来说，做新闻报道工作或是在一家安静的店铺里帮忙,都可以是个不错的开端,而节假日期间在人员混乱、繁忙嘈杂的商店里工作,可能会让个体难以适应,因为他在这种环境下需要执行的任务过多,可能导致失败。

肖恩在生活中取得了成功,他是孤独症谱系障碍人士的典范,从他的故事中我们可以学到许多宝贵的经验。

科罗拉多州立大学
动物科学系教授
天宝·格兰丁
(Temple Grandin)

前　言

此书于 1992 年首次出版发行，之后我的生活发生了意想不到的变化。过去十年里，我在美国和欧洲的许多民间机构、教会和社会团体中讲述我对孤独症的感受，以及我的康复历程。这期间我与一些孤独症儿童和他们的父母成为朋友。在这本书问世之前，我并不认识其他孤独症人士。

这本书出版后不久，道格拉斯·比克伦（Douglas Biklen）[①]邀请我去雪城大学（Syracuse University）演讲。这是我第一次在大学里作报告。我有些紧张，感觉人们会审视我的言谈举止，看我是否真的像我自己声称的那样完全康复了。但是，当我真的站在台前开始讲话时，我即刻感到了安然和自信。听众的反应比我想象得更为积极踊跃，接纳程度也颇高。我觉得自己像是在跟一众朋友谈天说地。

---

① 译注：道格拉斯·比克伦曾担任雪城大学教育学院院长，是该学院教育文化基础系和教学与管理系的教授，也是雪城大学残障与政策法规研究中心的资深教授。其著作《虚构的孤独者：孤独症其人其事》（*Autism and the myth of person alone*）中文简体版 2015 年由华夏出版社出版。

那天，我第一次见识了辅助交流法①的使用。这一方法能帮助无口语儿童表达思想和情感，令人惊奇。一位24岁的女士感动了我。她只能发出些声音，但不能说话。辅助者将手轻轻搭在她的肩头，她给我写了几句话，表达了自己当时的想法：她觉得很抱歉，在我演讲时制造了无意识的噪声。她将自己创作的几首诗歌送给了我。尽管她无法用口语表达自己的想法，但她的文字却极为优美，富于表现力。

我自己的写作也发生着改变，这些改变反映出我的康复历程。我康复得越好，大脑的"抽象"部分就越活跃，我看待世界的角度就越宽广。我不再刻板地理解他人的言辞，也不再将他人的行为看成非黑即白。我也不再满足于对复杂问题和事物的简单释义。我开始领会人际关系的微妙之处，察觉外部世界中诸多人物与事件之间的种种关联。一个曾经痛恨任何改变的人发生了这样的变化，真的令人耳目一新。

几年前，有一次我在密西西比演讲。演讲结束后，有人介绍我认识了一位患有阿斯伯格综合征的14岁少年。他妈妈告诉我，

---

① 译注：辅助交流法（facilitated communication, FC），是扩大及替代性沟通系统（augmentative and alternative communication, AAC）中的一种方法。该方法使用者通常是有严重沟通障碍的孤独症人士或有其他发育障碍的人士。借助不同程度的身体辅助，如托住手腕、扶住胳膊或轻触肩头，被辅助者能够通过指认图片或文词进行选择，或者在字母板、电脑及其他交流工具的键盘上拼写来与他人进行沟通。有一部分辅助交流法使用者通过长期练习可以逐渐脱离身体辅助，最终获得独立的打字交流能力。

她儿子希望长大后像我这样。我惊讶地发现，他简直太像少年时的我了。我们谈话时，他一直背对着我，但他提的问题非常尖锐——我14岁时可做不到这点。他对我的工作很感兴趣，也想了解我家乡的情况，还想知道我一下子面对这么多人讲话感觉如何。我一回答完他的问题，他便起身离开。突然，他转过身来直视着我。我们握了手。一股暖流涌上心头，我觉得我跟他之间建立了某种真正的联系。

此书已被翻译成9种语言，最近的一种语言是冰岛语。我和妈妈去了冰岛，在两所城市进行了演讲。我们参观了那里的一所学校，其中一个班里有7名孤独症少年。那里的教职员工都很出色，尊重每一个孩子，给他们以尊严，就好像他们是有特殊天赋的学生。总之，在冰岛，人们似乎将孤独症行为视为"正常"行为来接纳。离开时，我不无遗憾地想，要是我小时候也曾拥有这样接纳的环境该多好啊！

很多家长打电话或写信跟我谈他们的孩子。我和其中一些人成为了朋友。与这么多家长聊过天见过面之后，我清楚地认识到，他们会不遗余力地去帮助自己的孩子。很多人说他们的儿子或女儿也会做我小时候做过的那些事。我尽己所能地向他们解释，那时的我到底是怎么回事，我希望这样能更好地帮他们理解自己的孩子。

近来，我的写作又有了长足进步，因为我当上了编辑，还成为本地报社的一名记者。除了撰写传统的新闻故事，我还写了很多专题文章。我非常喜欢这个工作。日前，我重返扬斯敦州立大学（Youngstown State University），攻读4年制的新闻学学位。

近年来，我与家人的关系变得更为亲密，他们三人是我最好的朋友。这部著作的出版是我有生以来得到的第二份厚礼。

位居首位的厚礼当属走出孤独症的困境。

肖恩·巴伦

俄亥俄州，波兰市

2001 年 11 月

原版序

1965年，我先生和我获悉我们4岁的儿子肖恩得了孤独症——我们以前从没听说过这个词。他们告诉我们：他那不受控制的行为会日益恶化，等他进入青春期后我们就得把他送进精神病院；我们会宁愿他生来就是个盲儿、聋儿或弱智儿，因为这些孩子的家长至少还能得到帮助，而对孤独症，人们无计可施；孤独症不可救药。

那是26年前。大多数人得知这样的消息都会拒绝接受，我们也不例外。尽管当时几乎没什么可供参考的文献，我们还是查阅了所有关于肖恩这类孩子的资料。我们去看了专家，吃了他们开的镇定剂，参加了他们制定的治疗项目，使用了他们执意推荐的训练方法，但没一样能给肖恩带来任何改变。他们自大傲慢，我们屈尊俯就。他们声称等待我们的只有毫无希望的未来，但自始至终我们一直心怀疑问，有关于我们自己的，也有关于他们的。

偶尔，在某些短暂的瞬间，我们似乎窥见一个无助的孩子被孤独症的怪异举止所束缚，无力挣脱。无论统计资料如何显示，也不管预后会有多糟糕，我们决意要将肖恩解救出来。后来，我们不再求医问药，只依靠我们自己的直觉和常识行事。我们使出了浑身解数——我们的爱，我们的愤怒，我们的失望、耐心、创造力、暴力、无知，还有幽默。"触及"肖恩的过程泥泞坎坷，令人心惊，也充斥着悔恨与内疚。大多数时候我们并不知道自己在干什么，只知道我们必须坚持不懈地做些什么。我们能肯定的是，如果放弃，让他自生自灭，我们就会永远失去儿子。

无论如何，我们的努力见效了。

肖恩已经在自己的公寓独立生活7年了。他从大学毕了业，在一所养老院的康复部有份全职工作。他开着自己的车，有了女朋友，爱好打网球。业余时间他要么在一些服务机构做志愿者，要么在家听自己收藏的怀旧爵士乐唱片。

我们一家曾久陷深渊。几年前，肖恩说他希望能够帮助有同样经历的家庭。25岁时，他决定要写一本书，描述自己的孤独症经历。往事不堪回首，但他不得不追溯儿时那些痛苦的记忆——恐惧、困惑、孤立无援。他试图现身说法，向世人阐释孤独症究竟是什么样的。多年来我一直记日记，用笔头记述着我们的生活，一种我从未理解过的生活。本书以这些日记为基础，记录了我们养育一个孤独症儿童狼狈不堪的经历。肖恩最终得以摆脱可怕的自我封闭，不再受制于自己的思维和行为。而今，我与他携手合作，共同撰写此书，将他康复的历程呈现给世人。

朱迪·巴伦

1992年

Contents
目录

一	1
二	4
三	12
四	17
五	24
六	32
七	38
八	45
九	81
十	89
十一	101
十二	122
十三	126
十四	138
十五	143
十六	166
十七	176

十八	181
十九	186
二十	200
二十一	206
二十二	225
二十三	241
二十四	251
二十五	254
二十六	260
后记	279
重印后记	283
再版后记	287
译后记	305

一

医院里，我缓缓挪下床，站了起来。光着脚踩在冰凉的地砖上，我不禁有些微微发抖。我小心翼翼地向布满黑斑的镜中望去，镜子里的我面带微笑。"你当**妈妈**了！"我大声地说。这是真的吗？"你有儿子了，肖恩，一个男宝宝。"我告诉镜中的自己。一阵喜悦掠过心头，转瞬又被一阵恐惧驱散。我，一个妈妈？

罗恩走进屋，站在我身后，伸出双臂将我揽在怀里。我俩伫立在镜前，凝视着镜子里的我们。"咱们的宝宝有个 21 岁的妈妈，还有个看上去像 12 岁而不是 22 岁的爸爸。"我笑着说。他吻了下我的脖颈。"你感觉有点力气了吗？能走到新生儿室去看看肖恩·查普曼·巴伦吗？"他问。那当然。

我们站在玻璃窗外目不转睛地看着我们的宝宝。他看上去比别的婴儿都大，也显得老气横秋的——也许是因为晚了三个星期才出生的缘故。一阵复杂的思绪涌上心头：我生了孩子，而且挺过来了！（那会儿我觉得自己肯定会死在产床上。）我们的宝宝既健康又强壮！可我觉得，连我自己都还是个孩子，又怎么能对这么个小不点儿负起责任来？我对婴儿简直一无所知，连个半岁大的孩子都没抱过。对这个陌生的小生命我们丝毫也不了解。他究竟是谁？

护士用一辆金属小车把他推进房间，让我来喂他。"等一会儿可别睡着了压着他，"护士说，"那样一不小心就会把婴儿压坏。"他很快就把小瓶子里的东西喝了个精光，但仍像是没饱。给的量够不够？人家护士肯定知道自己在做什么，我想。

有时他就是不醒，护士会匆匆忙忙地跑过来说："使劲捶捶他的脚，把他弄醒——就像这样！没事儿，别担心，弄不疼他！"怎么会弄不疼呢？

如果护士把他抱走，时间就会变得漫长难挨。我想试着看看书，但却总是走神，没法集中精神。我躺下，听着育婴室里传来的哭闹声。一阵连续持久的哭嚎声突然响起，盖过了其他的声音，显得尤为刺耳。这是谁家的孩子？他们怎么也不管管他，让他别哭了？那声音听上去孤独凄凉，让人揪心。我可不会让**我的**宝宝这么哭。

罗恩和我的父母来医院接我们回家。我起床，穿好衣服，坐在护士给我安排好的轮椅上，像个久病不愈的重病号。其实罗恩和我已经在这条走廊里来来回回地走了一个星期了。一个护士把我们的宝宝抱进来，递到我怀里。

"给，这就是那个吵人的小家伙，"她说，"他在育婴室里哭起来没完，大概是觉得不够吃吧！可我们是给他加了奶量的，他胃口可真好！"

"你是说，就是他一直在哭个不停？"

她点点头，笑了起来。

"可为什么没人告诉我？"

"噢，告诉你你也没办法。"

那天晚上罗恩和我相拥着站在摇篮旁。我环视着这个房间，"肖恩"的房间。今晚之前，这里还只是"宝宝"的房间。新家里的每间屋都是我亲自粉刷的，花了好几个月的时间。到快完工时，八个月身孕的肚子实在是太大了，我要侧躺才能够到下面的踢脚线。我把这间屋留在了最后。罗恩打了几个架子放书和玩具，他还用蓝白相间的印花布做了窗帘。一切都很完美。

我俩凝视着熟睡中的肖恩。他纤小羸弱，却已是个样样俱全的小人儿。将来，他会长大成才，无所不能。想想看，他还不认识我们呐，我们也不认识他，这多有意思。我们将共度一生，我们三个人。

我对自己的小小焦虑一笑置之。能有多难呢？不就是照看小孩嘛！在这世上，已经有多少人在多少种境况下抚育了自己的孩子啊！而且许多人都没我们聪明，没我们条件好。我们会爱他，尊重他，好好教育他，满怀仁慈和耐心。

"真不可思议，"罗恩柔声说，"这么个小东西就能改变我们俩的生活！"

二

1

我把肖恩那套新积木拿了出来。他 14 个月大，正在蹒跚学步，这样的玩具正适合他。不过，自从学会走路以后，他就几乎没怎么蹒跚过——他总是飞快地移动着，影子似的从你身边闪过。我把积木块倒在客厅地板上，在一旁坐下。"肖恩，咱们搭座塔吧！"他从我身边呼啸而过时我跟他说，但他似乎并没注意到新玩具。当他再次经过时，我拦住了他，把他按下来，坐在我身旁。我开始忙活着一块一块搭积木，可肖恩有他自己的主意。他抓了几块积木，放在一个小桌子上。接着他一屁股坐下来，伸出胳膊扫过积木，看着它们稀稀拉拉滚落到地上。紧接着，他把这个过程又重复了一遍。我觉得奇怪，但也并无大碍。很快他就会腻烦的。他又照这样做了一遍，两遍，三遍。接下来，又是一遍。每次他都把积木放到桌上，再横扫到地上，越做越来劲儿。

"宝贝，到这边来，来跟我玩儿。"我温柔地说，拽住了他的胳膊。他甩掉我的手，在桌子上撂了更多的积木，然后一把将它们推倒。这次他还捎带上了台灯电线。灯险些掉到地上,被我一把抓住了。

"好了,肖恩,别闹了。过来跟妈妈坐在一起。"

他转过身,又拿了块积木,放在桌上。我抓着他的肩膀,将他推到一旁,把积木放回地上的积木堆里。他哭叫起来,看都不看我,又伸手抓了把积木。他跑到桌前,把积木扔在桌上,然后将它们扫落在地。

"**行了,肖恩。**"我又说了一遍。我紧紧抓住他的手,硬拽着他跟我坐在一起。对这事我挺明白的,我觉得,不就是意愿之争嘛——他在试图宣告他现在独立了。"看,帮妈妈搭座塔吧。"我一松开他的手,他立刻蹿起来,手里拿了块积木,放到桌上,旋即将它拂下桌。"**够了!够了!**"我大声说。我抓住他的双手,把他拖开。我牢牢抱住他,想让他看着我的眼睛:"不行,肖恩。妈妈说**不行**。"他的头扭来扭去的,就是不看我的眼睛。我告诉自己:没事,他只不过还不太理解。显然,我们之间根本没什么好争的:我更高大、更强壮、更年长,也更聪明。我只要有足够的耐心和坚定的信念就能教会他,让他知道,对于一个小孩子来说,有些事能做,有些则不能。就这么简单。

那天下午罗恩从他任教的学校下班回来时,灯已经被摔碎了,桌子被刮花了,积木被收进了壁柜,肖恩待在自己的房间里。我虽然已是有气无力,但仍想把这一切解释给罗恩听。

我后来投了降,把积木收起来放进壁柜,不玩儿了。就在这当口,肖恩拾起一个毛绒玩具,放在桌上,扫落在地。我把那玩具拿开,抱起他,脸对脸,试图让他看着我的眼睛,但他不看。

他古怪地轻声笑着,声音听上去让人发毛。我对自己说:"**我是一个22岁的成人,绝不跟一个14个月大的婴儿发脾气!**"

我把他抱进他的卧室,拿出蜡笔和纸,满脸堆笑地说:"咱们涂颜色吧!"他使劲推开我,跑出了屋。等我气喘吁吁地追到客厅时,他正打算从桌子上扔飞两支蜡笔。我一把抱起他说:"**不行,肖恩。我们出去好好散个步吧!**"

他挣来挣去地想摆脱我,我好歹把他塞进了他那套防雪服里。俄亥俄州的冬天寒冷刺骨。我抱着他走到外面,把他放在便道上。虽然这个时间快到他午睡的时候了,天气也冷得不适合在外久留,但我知道环境的变换和新鲜空气能让他分散一下注意力。

我边走边跟他聊天,聊聊天上随风飘动的云朵、邻居家的狗狗,再说说来往车辆的颜色。到了街角,我们转身回家。我刚一打开前门,他就从我身边冲了进去,抓起一个玩具小汽车,放到桌子上,"嗖"的一声,将小汽车飞了出去。

"你这个傻孩子,真够一根筋的!"我给他脱防雪服,他却一个劲儿地想挣脱我。"该午睡了!"我向他宣布,并把他抱进他的房间。就在我给他脱鞋的时候,他用胳膊把几支蜡笔从小玩具桌上扫到了地上。他用力踢开我,扑通一下坐到地上,看着蜡笔四处滚落。我把他拎进婴儿床,坐在旁边给他读故事,想让我俩都平静下来。我给他看书里的插图,但像以往一样,他根本不怎么看。

我吻了他,离开了房间。他酣然入睡,我却心烦意乱。我意识到,自己真的被他气坏了。可这简直太可笑了,他还只是个婴儿,我完全可以对他更耐心些——不需要这么气急败坏也能教会他"不行"是什么意思。毕竟,他并不知道自己在干什么,我真不该责怪他。我如果对他气势汹汹的,那又怎么能指望他信任我呢?

他睡醒了,我把他抱起来,紧紧搂在怀里,满心懊悔。我在厨房里喂了他些吃的,然后把他从高脚椅上抱出来,放到地上。他一路小跑进了客厅,捡起一个木制小动物,放到桌上,再打落到地上。

"不行,肖恩,别那样。我们得和你的马戏团小动物好好玩儿。"接下来这一下午,我俩一直在进行拉锯战。

我说不行,不行,不行,不——行——!我一而再,再而三地把他从桌子边带走,想尽办法转移他的注意力,但是没用。我的嗓门越来越大。他又碰倒了台灯,好在台灯被我一把接住了。要是我不抓着他,不控制着他,他就像是一个人在这屋里——他不看我,好像也没听见我说话。他毫不迟疑地把能找到的任何东西都放到那张该死的桌子上!如果我牢牢地挡在这张桌子前,他就把东西放到屋子另一头的那张桌子上;如果我把所有他能捡到的玩具都拿走,他就用饭勺子!

我什么地方做错了?我跌坐进沙发里,瑟瑟发抖,心脏怦怦乱跳。我在一旁看着他。没有我的干涉他如此快乐。他全然投入他想干的事情中,自顾自古怪地笑着。他就像不知道我在场似的,看都不看我一眼。

来,继续跟他较劲儿。我从沙发上一跃而起,夺下他手里的勺子,大喝一声:"好了!"他毫无反应。就在我去把勺子收起来的时候,他跑进自己的房间,找到一把蜡笔。我回到客厅时,他刚好把它们扫下桌,还捎带上了台灯。我冲过去抢救,但为时已晚——台灯掉到地上,摔了个粉碎。

我把肖恩拽过来,打了他屁股,还打了好几下。他的眼睛几乎没朝我这边看过。我把他抱进他的房间,扔进小床里,盯着他看。他根本无动于衷。

我走出房间,关上门,回到客厅收拾玻璃碎片。一开始我都没意识到自己在哭,但泪水带着沮丧、愤怒和羞愧,顺着我的脸颊流淌下来。我跪在地上,觉得自己一败涂地。我揍了自己的孩子,他还只是个婴儿——我曾发誓绝不打孩子的。我五味杂陈的内心深处隐藏着某种恐惧——无论我做什么去阻止他,都丝毫不会起作用。

是不是小孩子在这个年龄都是这种表现啊——是某种什么"阶段"吗?要真是这样,别的父母是怎么忍受的?"是我的问题!"我脑子里一个冰冷的声音突然说道。我根本不懂怎么带孩子。我到底错在哪儿了?

2

但这不是什么心理发展必经阶段,我知道。回顾过去这一年来的种种情形,我不得不承认,很多迹象早已显现出来了。我抱着肖恩时,他的反应一直令我困惑不解——他会极不舒服地拧来拧去,用力向外推我,像是觉得自己被困住了。我看别人家的宝宝都会偎依在妈妈怀里,一动不动的,可他从来没那样过。他总是哭闹个不停,做什么都满足不了他——换尿片不行,喂吃的不行,抱起来搂在怀里当然更不行。

肖恩 2 个月大时,罗恩和我就把婴儿围栏支起来了。那围栏四周的护围是软软的网子。这样我们俩想踏踏实实吃个饭时就可以把他放在围栏里，而不是地毯上。吃饭时间简直就是噩梦——什么都阻止不了他无休无止的哭闹。我们把他放在围栏里，他就会脸朝上躺着，用脚趾勾着护网的网眼向上"爬"，等身体挂到围栏边上悬在半空中时，他就会翻到外面，松手会摔落在地，然后号啕大哭。我们试着把他抱在腿上，但他会连踢带踹，哭个不停。我们俩都忙着准备晚餐，轮流尝试着安抚肖恩，但一切都是徒劳。当我们坐下吃饭时——这是一整天我们第一次能相互交谈的时间，也是我唯一能跟个成人对话的机会——我们根本听不到对方在说什么，也顾不上思考，甚至连吃完一口饭的工夫都没有。

最终，在我花了一整晚想要让宝宝分分心，让他安静下来，却毫无成效的时候，他会自己筋疲力尽地酣然入睡。突然降临的寂静让我感到如从战场归来的疲惫：浑身酸痛，两耳嗡嗡作响。

他哭不是因为饿。肖恩 2 个月时，儿科医生就告诉我们，除了喂他婴儿麦片粥，还要给他吃果泥、菜泥。肖恩很能吃，样样都吃得多。医生甚至给他开了药，放松他胃里的那些"门"，让他"认为"自己吃得太多了，其实不需要那么多。我告诉医生，他整天哭还食量惊人，很令人担心。那位医生仁慈地看着我，语重心长地说："你的儿子在长个儿，他的各项指标都正常，小脸儿也红扑扑的。"

可他怎么老哭啊？宝宝哭总得有个原因吧，像饿了、尿了、病了之类的。肯定不是疝气，这个医生向我担保过。肖恩哭起来也的确不像其他宝宝不舒服时的哭法。在我听来，他的哭声带有某种恐惧，但怎么可能呢？他怕什么呢……怕我吗？

肖恩出生头一年，我感觉简直是度日如年。我觉得孤单而又无助，总是疲惫不堪。我不认识任何其他正在带宝宝的爸爸妈妈，无人可以交流和诉说；我高中时的朋友大都搬到别的地方去了，我和他们也断了联系；邻居们都是年长些的夫妇，他们的孩子也都大了。我所有的时间都给了肖恩，我想方设法地去安抚他，逗他玩儿，爱他。肖恩身形硕大，个头蹿得很快。我真喜欢眼见着他学这学那的——会翻身了，会坐起来了，但他很少对我有什么反应。他更喜欢紧盯着东西看：旋转的玩具、移动的影子、飘动的窗帘。尽管肖恩4个月大时不再哭个没完没了，但哭闹还是家常便饭，还是那么令我们摸不着头脑。他不哭时我也无法吸引他的注意。他几乎从来不看我。

只要我把他放到地毯上，他就开始用手指头揪地毯上的毛毛。他很入迷，目不转睛地盯着自己的手指。他看上去如醉如痴。我会在一旁叫他，想让他抬头看我一眼，从我手里拿走个什么，比如说，一样玩具。可是，他至多扫我一眼，注意力就又回到地毯上了。我曾向医生咨询过他的听力情况，但显然他的听力没问题。我自己其实看得出来，他的听力很敏锐，但他对听到什么具有选择性——别人叫他名字他可能没反应，但要是暖气炉启动了或是冰箱发出什么噪声，不管声音多么微弱，他立刻就能听到，会朝那个方向看过去。

我时时刻刻都在跟他说话，想起什么说什么，知道什么说什么。我喋喋不休，希望他会听，会看看我，开心地笑一笑。有时他的确会笑，但我从来不明白他在笑什么。一天结束后，我发现，他对我根本就视而不见。

一个念头在我头脑里渐渐生根发芽，开花结果：他不喜欢我。我对此越来越深信不疑。他经历了如此狼狈不堪的婴儿期，一定认为我不是个好妈妈。我压根儿就不知道自己到底在干什么，我是个一无是处的妈妈。

每天晚上罗恩一回到家，我立刻觉得如释重负——他会接替我照看肖恩。通常，要是我做不动饭了，他就去做（我想这不太公平。他出去工作一整天了，等回到家还要做家务；而我呢，在家里一整天却显得什么都没做）。

只要有罗恩在，我一整天的挫折和失败感就都烟消云散了。我真傻，我宽慰自己，毫无疑问，所有的新妈妈都会有这样的感觉，我只是没安全感，没经验罢了。罗恩很善解人意，会开导人，每个晚上都能令人重新振作起来。

"我相信这只是一个阶段而已。"他不止一次这么说。我点头赞同，但是从他的眼神里我看到了不安，他心里其实并不那么想。我不敢再看他。

每天晚上肖恩睡着后，我和罗恩便会促膝长谈，事无巨细——罗恩在学校里这一天是怎么过的（他在学校教英语），我正在读的书怎么样，家人有什么消息。但是，有很长时间有一个话题我们不会涉及——我俩都觉得肖恩恐怕有问题，但这些话我俩都说不出口。

三

我和罗恩从小在俄亥俄州一个叫波兰的小镇上长大，婚后仍住在那里。亲戚们——叔叔、婶婶、表兄弟姐妹们，经常会相互走动。对我们来说，参加大型的家庭聚餐简直是种折磨。从我们一到，肖恩就开始哭闹，怎么哄怎么安抚都没用。我们说他特敏感，他太累了，他一次见这么多人有点儿怕生。大家都很包容——他们轻声交谈，生怕吓着他；有人会冲我们微笑着，看能不能帮上什么忙。看到所有的努力都是枉费心机，他们就照旧用餐，佯装一切正常，并没有被一旁尖声哭叫的婴儿和他那汗流浃背的爹妈所打扰，但屋子里弥漫着尴尬的气氛：我们自己感到难堪，因为他的举止，因为自己的无能——连他需要什么、我们该给他什么都不知道；我们觉得他们也替我们难为情，因为我们连自己的孩子都掌控不好。

一吃完饭，我们就会尽快溜走，在那里，罗恩和我都会觉得头疼欲裂，胃里边也是翻江倒海的。通常我们一回到车里，肖恩就会安静下来，并很快进入梦乡。回家的路上，我们俩发誓，永远永远不再参加这种活动了，我们再也不让自己和宝宝受这份罪了，但一两个月过去之后，他们会这么说："他现在长大些了。""这是节假日，他得和家里其他亲人一起度过。""这次保准和上次不一样。"他们都这么想，但次次都一样。

在身体上，肖恩的发育速度比一般儿童都要快。我查了育儿宝典，上面警告说，千万不要拿一个婴儿和另一个婴儿做比较，因为每个孩子的生长发育状况都不一样，但它还是给了一份图表供人参考。我们的宝宝比同龄孩子要大些、重些。6个月大时，肖恩已经能用手掌和膝盖支撑着起来，准备好爬了。可当他想挪动时，却扑通一下趴在地上，用前臂带动身体匍匐前行，像个步兵似的。他总是被稀奇古怪的东西所吸引。他会爬过一堆我们为他精心挑选的色彩艳丽的玩具，径直爬向地板上的暖气炉通风口。一爬到跟前，他就会把手指从铁箅子的窄缝里伸进去，看着自己的手指头在里面动来动去。他卧室的木地板上有个小洞很吸引他，这个小洞能让他忘掉周围的一切。他会把手指头伸进洞里四下蠕动，一玩就是几小时。他到底在干什么啊？

肖恩刚过1岁生日就学会了走路。开步走之后不到15分钟便学会了跑。罗恩和我觉得这太不可思议了——我们的小婴儿一下就变成了一个小男孩！我发现我也得不停地跑来跑去，要不然就跟不上他。肖恩获得了新的行动能力，各种各样的变化也随之而来。

有天晚上，我们闻见屋子里有股特别的味道——很浓烈而且很快就弥漫开来，像是整座教堂里的蜡烛一下子全部熄灭了。我碰巧注意到肖恩的蜡笔盒子空了，我放在里边的蜡笔都不见了。我皱着眉头，在房间里四处寻找。突然，我明白它们在哪儿了。我跪在客厅地板上查看了暖气炉通风口——很明显，铁箅子边上还残留着熔化了的蜡笔痕迹。罗恩看着我："他把蜡笔从这儿扔到炉子里去了，是不是？"答案不是明摆着的吗？我们转过身来看着肖恩。"**不能这样，不能这样！**"我叫道。罗恩一把抱起他，看着他的眼睛。肖恩把目光移开了。"肖恩，你不能再这么干了！"他严厉地说。可在这之后的两年里，我们不得不天天闻着屋子里那股熔蜡的气味。

一天下午，我正在准备晚餐，听见有马桶冲水的声音，紧接着是肖恩古怪的咯咯笑声。我冲过去看个究竟。他站在浴室地板上的一摊水中，周围都是马桶里溢出的水，我蹚水过去把水阀关掉。因为家里只有一个卫生间，我马上给水管工打了电话，他一个小时之后就赶到了。他不得不除掉马桶底边的密封胶，把马桶整个拆了下来。终于，他发现了问题——一块崭新的连包装纸都没撕的香皂堵在了存水弯的部位。请他来这一趟我们花了40美元[①]，罗恩和我都快崩溃了。而在往后的几个年头里，我们又付了好多遍这40美元。肖恩把各种各样的东西冲进马桶——积木块、拆装玩具部件、婴儿鞋、抹布，无奇不有。

肖恩最喜欢做的一件事就是没完没了地拨弄电灯开关。要是我们制止他，他能停下来，但也坚持不了多长时间。他会在另外一间屋找到另外一个开关。有一天早上，他站在阁楼楼梯下面啪啪啪地拨弄着电灯开关。我让他不要弄了，但他不理我。"咳，随他去吧，"我突然想，"跟他较什么劲儿呢？"说到底，他这么做

---

① 译注：根据美国人口普查局（United States Census Bureau）的数据，1960年时，美国家庭的年均收入为6 227美元；公立学校教师的年均收入为5 135美元。一次维修相当于罗恩月工资的十分之一。

也真没妨碍到什么——这比他干的其他一些事要好多了。所以我假装没看见,好奇地想看他到底会玩儿多长时间。我想,要是我不去关注他,不去阻止他,说不定,他也就没什么兴趣了——也许他只是用这些不正当的方式来吸引我的注意,虽然吸引的都是些消极的注意。

我让自己在厨房忙着,忽略从门口传来的一闪一闪的灯光。我能听见他咯咯地笑。我忍了15分钟,然后跑到楼梯口。他没看见我。他盯着闪烁的灯光,神情恍惚。他那样子看起来我都不认识了,像个机器人。我满心愧疚,一把抱起了他,走进卧室去给他讲故事,而这一路他都在挣扎反抗。

我还记得自己躺在地上用手指揪地毯的情形,这是我记得的第一件事。某个东西摸上去不是十分平滑的感觉会让我很不舒服——所有不带人造贴面的地方我都会用手去抠一抠。家里有块地毯上起了一条条的小皱纹,我用手指把它们捻搓过之后发现,虽然这地毯有些地方看上去和其他地方不太一样,但实际上它就是一样的东西。我得不停地揪啊、抠啊的才能确信这地毯的各处感觉都一样——对我来说,一整块地毯的感觉都得一样,绝不能有变化的地方!

稍微长大些后,我发现光脚在家里走动非常不舒服。即便光脚站在那儿不动,也让我觉得浑身不自在,难受得要命。我的脚非常敏感,所以要是不得不光着脚,我就得把脚趾向下蜷着,这样便能用脚趾去抠地毯。无论用手或脚在地毯上感觉过多少次，我还是要无休无止地这么做，这样我才更有安全感，也才能确认每回地毯的上上下下都一模一样，好让自己放心。

我喜欢把蜡笔顺着暖气炉通风口扔下去。我对那上面的一道道窄缝特别痴迷，那里面黑洞洞的样子也非常吸引我。我看不到通风口那头能通到哪儿去，也不知道它能向下延伸到多远。我会把蜡笔一支支地从缝隙里丢下去，然后等着听它们一个个掉到底的声音。有时候我就喜欢往通风口里看，我会把手指伸进铁箅子，使劲地往里伸。不能把铁箅子掀起来，把整条胳膊伸进去，这让我非常气恼。我越想知道这条通道通向哪儿，它就显得越神秘。我必须得知道这个洞通到哪里去，通道到底有多大，它的尽头是什么样的，但这些恐怕我永远都没办法知道。

四

我又怀孕了。我们的第二个孩子将在 11 月份出生。这次怀孕像上次一样反应不大,但我却一直都感到很累。肖恩整天在屋子里飞跑,我要想跟上他,就得时时刻刻地盯着他,这简直不可能。他是那种每分每秒都得有人不错眼珠地看着的孩子。他要是没在哪儿干什么坏事呢,也就没安静的时候。只要他醒着,他就在动。

虽然肖恩都一岁半了,但他玩什么都玩不起来,我也没办法让他坐下来读书给他听。到了下午,我会累得仰在客厅的椅子里把脚翘起来。我刚一坐下,肖恩就开始以最快的速度从房间的一头跑到另一头,像只困在笼子里的野兽。他会一气儿跑上 45 遍、50 遍、60 遍,我看着他,头就开始疼。他怎么这么疯狂呢?我妈妈说,男孩就这样;有时候他精力过盛,但他需要这样;他只是不想被"拘"在家里。

我母亲毫无保留地爱着她的第一个外孙子,她的出现也对肖恩有着十分积极的影响。难道她不觉得他的行为看上去有些奇怪吗?我说,我让他做什么他都不做,而他做什么我也都阻止不了,什么招都试过了,没用。而她说是我反应过激了,在她家时,她就能让他乖乖听话。她觉得,是不是罗恩和我对他的要求太高了,超出了他的年龄范围。

这么说，还是**我**了，我想。是**我**有问题。"还有，"她继续说道，"要是他和我在一起时不规规矩矩的，我就跟他说，'肖恩，如果你再这样，我就得把你送回家了！'"（恰好那天下午我试了一试。他把一堆玩具哐里啷当顺着楼梯扔了下去，把牙签胡噜到通风口里去了，把电灯开关上下拨弄了上千回，还把新买的一瓶洗发露通通倒进了浴缸的下水道。最后，我对他说："肖恩，如果你再这样，你就得回家去！"他还真看了我一下，一脸的困惑，然后就跑开了。我知道我可能失去理智了，但那一刻我真是太得意了！）

我认为我已经完全乱了方寸。我真的不能再把所有的关注点都放在消极的一面上了。没错，肖恩做的每一件事的确都是重复做的，大部分还都具有破坏性，但也还有很多事他是不做的。我们认识一对父母，他们的孩子和肖恩一样大。要知道，他们必须把厨房里各个柜橱的把手用链条锁起来，才能防止他们的儿子爬进去。有些孩子，乳臭未干就开始把所有的时间都花在看电视上，而我们的儿子从来不这样。还有些孩子会打妈妈！我告诉自己，这已经相当不错了，情况有可能比现在糟糕得多呢。肖恩是个漂亮孩子，动作也很协调灵活。他可能只是太无聊了——是，他有很多玩具，但可能这些玩具都引不起他的兴趣吧。有朝一日，当我们的儿子当上一名富有奉献精神的科学家时，罗恩和我就会笑着想起我们曾经多么担心这个孩子，而实际上人家一直以来都是在探究重力原理，体验物理定律的局限性呢。

别人都没觉出有什么不对劲的地方。我跟儿科医生谈了肖恩的行为,我告诉医生罗恩和我都感到很无能为力,因为肖恩根本不理睬我们。"哦,你们以后能应对的,"他安慰着我们微笑着说,"一开始都会很难。"我追问道:"那他吃东西是怎么回事?他不吃任何新鲜的水果和蔬菜,煮熟了也不吃,碰都不碰。他只吃淀粉类的食物——麦片、面包、土豆泥、通心粉、意大利面,而且量都很大。我能允许他一次吃10个或12个烤薄饼吗?他不可能那么饿,一定是特别渴望什么才会那样。"

"我曾经有个病人,"他说,"他是一个4岁的孩子,他妈妈快疯了,因为除了柏亚迪厨师这个牌子的意大利面罐头,其他什么东西他不吃。我告诉她:'那就多喂给他吃!等他吃腻了,就会吃其他东西了。'"他拍拍我肩膀,陪我走出了办公室。

我听明白了。他是想告诉我,别那么紧张,我有点小题大做了。我妈妈也是这个意思,她让我别把所有事都看得那么严重。我妈妈抚养了两个孩子,那位医生见过成百上千个孩子,他们一定知道自己在说什么。

但是,只有我和罗恩是日复一日地和肖恩生活在一起的。我们的儿子都快2岁了,我们跟他说什么,他都充耳不闻。我跟他叫嚷,他也不理不睬。他不是挑衅,而只是好像没注意到我。我要想引起他的注意,就得抓着他的胳膊摇晃他。渐渐地,摇晃的程度要越来越激烈才行。我对自己发过誓,不打孩子,但我却一次又一次地食言了。我不但打了他,还越打越重。开始我还只是拍两下,后来就真打屁股了。我要是揍他揍得狠,他有时就会看上我一眼。我想,我怎么也得让他明白吧!如果非得这样才行,那我也只能如此。

可是，他一点悔意都没有。我打他屁股时，他很愤怒，倒好像是我做错了什么，好像我是某种非常讨厌的干扰物，他还得想办法对付。尽管他仍然堂而皇之、毫不犹豫地当着我的面捣蛋，可我想，现在他得明白，什么事是我们不允许他做的。因为我们极不情愿实施体罚，所以我们把惹事的东西从他手里拿走，并告诉他我们在做什么，为什么这么做。结果所有的玩具都被拿走了，他也没怎么在意——毕竟，房间里总还有电灯开关什么的，对那些东西，我们也没什么辙。

罗恩和我都觉得我们俩是通情达理、心平气和的人。我们之间很少争吵，从不跟对方红脸，即便生气也两分钟就好，没有隔夜仇。我们希望能找到积极的方式来管束肖恩——教导他，而不是伤害他。我俩还真想出了一个办法：如果他不听话，我们就干脆让他在客厅里的一把椅子上坐几分钟，直到他认识到他必须按大人说的话去做。我们决定就这么干。家里绝不能再整天大呼小叫的了。

肖恩有个大型的木制拼图。那天晚上吃完晚饭，他拿了堆拼块，在椅子上一块块摞起来，然后哗一下扫落在地。我把拼块收走了。他开始从书架上把书一本本抽出来，扔在地上。"不行，肖恩。"罗恩说。肖恩没反应。罗恩把肖恩抱起来，放进我们预先设想好的那把椅子里。"**不行，你不能这么做**。现在你坐在这儿，我让你下来你才能下来。"肖恩下来了。

罗恩又把肖恩放回到椅子上："你**坐在**这里。"肖恩又下来了。罗恩抓过肖恩，再次把他放到椅子上，下手有些重。肖恩拼命挣扎想要逃脱，罗恩按住他不放。肖恩终于安静了下来，罗恩把手松开了。肖恩又下来了。罗恩砰的一声把肖恩狠狠放回到椅子上。肖恩尖叫起来——他被惹恼了,非常愤怒。

"别这样!"我大叫,"他还小,什么都不明白。他根本不知道我们到底想要他干吗!"我想要结束眼前这一切。

"得了吧,他明白——他就是犟,就是不听话。"罗恩说。罗恩把肖恩按在椅子上,神情坚定,一字一顿地又跟他解释了一遍:"你要是干了坏事,还知错不改,不肯听话,你就得坐在这把椅子上。"几分钟后,罗恩放开了肖恩。肖恩从椅子上出溜下来,看都没看我们俩一眼。没过几分钟,肖恩已经开始顺着阁楼楼梯乒乒乓乓地往下扔玩具了。

罗恩和我也不是傻瓜,我们懂,在对孩子的说服教育上,父母必须坚持——天晓得,还得有耐心。那天晚上,还有之后的无数个夜晚,我们反反复复、不屈不挠地把肖恩放到那把椅子上,但每次结果都一样。我们没能让他长记性,这是显而易见的。不过,他终归有一天会明白——要是不听爸妈的话,就得坐在那把椅子上。我们对此深信不疑。可是,他依旧每次都义愤填膺的。我们一放开他,他就跳下地,好像我们没权利管教他似的,又好像他根本不明就里。于是,我们的非暴力方式又转为了暴力。

原以为随着时间的推移我们一定能降伏他,但这份信心我们逐渐丧失,我们认识到所做的一切都是枉然。在我们第 50 次惩罚他时,他的反应仍跟第 1 次时一个样儿,没任何区别。那么,会不会是,不管出于什么原因,他就是太小,不能领会究竟发生了什么事?还是说,我们有个缺根筋的孩子——没有理解后果的意识或能力?于是,罚坐椅子的方式后来也就不了了之了。

我喜欢重复。每次去开灯时我都知道接下来会发生什么。我一拨开关，灯就会亮。这使我很有安全感，因为每次都一模一样。这种感觉特别好。有时一块板上有两个开关，这种我更喜欢——我特喜欢猜哪个开关会让哪个灯亮。就算我知道了结果，一遍一遍地开啊关的，还是会令我兴奋不已。结果永远都一成不变。

我不喜欢人，和人在一起会令我感到不安。我不知道他们会干什么，也不知道他们会对我做什么。他们令我捉摸不定，跟他们在一起，我一点安全感都没有。这个人即便是一个总是对我很好的人，有时候可能也会不一样。只要我跟人在一起，事情就会变得不对劲儿。就算这些人是我经常能见到的人，他们给我的印象也是支离破碎的，我对他们没什么感觉，无法将他们和任何事联系在一起。

我还记得妈妈不让我做我喜欢做的那些事，比如，她说："不要把蜡笔扔到通风口里去！"我认为，我的记性不错，但她说的话对我没什么意义，因为我想干这件事时就会把她的话屏蔽掉。我不明白我的行为会有什么后果，也一点儿不在乎后果是什么。

当下我的注意力都在我正在干的事情上呢：我百分之百的注意力都在那上头。我隐约能感觉到妈妈就在近旁，但是如果不是她对我做出一些不好的举动，比如，冲我大喊大叫或阻止我做我想要做的事，那我基本上意识不到她的存在。她对我不是那么重要。回头想想，我相信我在五六岁的时候，都还不能从一群女人中找出我妈妈。我从没正眼好好看过她。从某种程度上说,她是我可以感觉得到却看不到的一个存在,一个消极的存在。我对爸爸的感觉也是如此,真的。

有时他们硬让我在一把椅子上坐着,这让我非常生气!我记得他们跟我说过一些话,但也就只不过是一些话而已。我甚至都不知道那些话是什么意思,但对我来说这都无所谓。我只知道,他们打断了我,干扰了我,可我没有做任何错事。

五

"巴伦太太,你这次生了个女孩!"我凝视着医生放在我肚皮上的这个不可思议的小生命。我一直以为我们想再添一个儿子,可现在突然意识到,我其实很早就想要一个女儿了。一阵狂喜涌上心头,我的眼里充满了泪水。

梅根看起来难以置信的脆弱,像只小鸟。她在肖恩差一个月两周岁的时候出生,我心里有些惴惴不安。肖恩会怎么想她?他会有什么样的反应?如果她和他一样怎么办?在第二次妊娠期间,我一直遭受着噩梦的折磨,有时甚至更糟,大白天好好的,一些可怕的画面就会突然闪现在我脑海里——肖恩变成了一个肢体残缺不全的婴儿,正拿着刀袭击我。虽然,在身体上,肖恩除了他自己还从来没有伤害过任何人,但我怎么知道将来他会做什么呢?我对他还一无所知。

罗恩和我父母一起来医院接我们回家,肖恩也跟来了。我有五天没见到我的儿子了,他看上去好像胖了一圈儿。开车回家的路上,他死死地盯着我,这是他有生以来第一次这样看我。我们把小婴儿抱到近前给他看,但是他的目光动也不动。我冲他微笑,伸出手去摸他,但他躲开了,仍死盯着我。我试着去解读他要表达的意思——他那表情就好像正在看着一个陌生人做着一件他难以理解的事情。

眼下我对梅根是否安全的忧虑看来没什么来由，也没什么必要了。肖恩对她完全不感兴趣；我认为他都没有注意到家里又多了一个新成员。梅根太容易带了，只要给她换换尿片，喂喂吃的，抱一抱，她就满足了。恍然之间我突然领悟到，有了孩子应该就是这个感觉才对啊！我的大部分时间还是用来看着肖恩，他仍那么为所欲为。我在他屁股后边追着他，一遍又一遍地说着"不行"，声嘶力竭地喊着"不要"，抓着他，摇晃着他。有那么两三回，我的确成功地让他看了看刚刚出生的小妹妹。有一次他还真伸出手去摸了下她，我激动极了！

我们家喜迎新生儿，亲戚们纷至沓来。他们随时来访——出门购物的时候，从教堂回家的时候，或者只是开车路过。客人蜂拥而至，肖恩的行为开始明显恶化，就好像他能感觉到我会因外人在场而不能把他怎么样似的。只要门铃一响，他就会立刻跑去干坏事，而且干的是在那一阶段最让我生气的事。他会从厨房里抄起一把银叉子、银勺子什么的，当着我们的面兴高采烈地把它们顺着通风口扔下去；他会拿起扫帚，让它直立保持平衡，然后撒手让它倒下——如果扫把倒下时敲到了他脑袋，他就会更高兴，不管敲得多重，他都会咯咯怪笑。

亲戚们的反应是，肖恩不过是在瞎胡闹，只是"闹得离谱"。他们会试着规劝："肖恩，过来，坐我旁边来！"几次不成功之后，他们的脸色就会变得很僵硬。他们会顾左右而言他，在本次来访剩下的时间里也会尽可能地对他视若无睹。

一天下午，梅根在午睡，我决定烤个香蕉蛋糕。这是罗恩最喜欢的甜点，但不太好做。之前我做过的几个都是刚出烤箱时看着还很不错，但几分钟之后就塌了下去，变得黏黏糊糊的，样子很难看。别说，这次做的这个还真挺完美的。只不过在做的过程中我老是被打断——每隔一会儿我就得去追下肖恩，逮着他"惩治"一番。那一下午我都在跟他较劲，冲他尖叫。我心里充满了怨恨，他没完没了地干扰你，让人根本没办法踏踏实实地干任何事。我也很憎恶自己，嫌自己太没控制力，太缺乏耐心。

门铃响了，我透过窗帘向外望了一眼，见是姨妈黑兹尔站在台阶上。我知道她一定已经听见我在屋里咆哮了，就不太可能假装我们出门不在家了。再说，我们唯一的车被罗恩开到学校去了，俄亥俄州的冬天冰天雪地的，我们能去哪儿呢？于是，我热情洋溢地开门迎接了她。

她刚在客厅里坐下，肖恩便飞快地跑过我们身边，冲进厨房里，把水池子的两个水龙头都拧开，拧到了最大。哗哗倾泻的流水打在一个大金属勺子上，变成了喷泉。我飞奔过去关水龙头。水顺着墙纸和柜橱往下流，天花板上也在滴水，我刚刚烤好的香蕉蛋糕上已经形成了一个小水洼。我脑袋"嗡"的一下。我把肖恩挤到墙角，拼了命地揍他屁股。我被气疯了，浑身发抖。他一声都没吭。

深吸了几口气，我回到客厅重新和姨妈聊天。她微笑着好像什么都没看见，也什么都没听见——这是我家人处理不愉快场合的一贯方式。我们东拉西扯了几句。我心里暗想，她今天怎么来了——她可不是那种有时间就过来拜访一下的女人。

"我说，"她最后说道，"你不让我看看你们新出生的小宝宝吗？我可还没见过她呢！"

宝宝？哦，我的天呀，我的宝宝！我都忘了我还有一个孩子呢！我去婴儿床里抱梅根，她已经醒了，高兴地咯咯笑着。抱起她时我哭了。什么样的母亲能忘了她还有个刚出生的宝宝啊？

妈妈带着个婴儿回到家里，这真把我搞糊涂了。她到这儿来干什么？我不认为这孩子会留下和我们生活在一起——我脑子里从没有过这想法。我不明白怎么没人来把她带走。我现在想起来，妈妈在这孩子出生前就和我谈论过她，但当时我并不理解她说的那些话是什么意思，也没把她的话和这个孩子联系起来。我一直都没意识到她是我妹妹，直到很久很久以后我才明白过来。

家里有客人来时，我感觉我可以有那么一会儿不会被打扰了，不会有威胁了。有外人在场我感到更安全。我不在乎他们，甚至连看都不看他们，但我知道妈妈会忙起来，我也就有机会想干什么就干什么了，干的时间也能长点儿。

对肖恩，我们试图以智取胜。我们尽力去揣度他的想法，把一些他可能使用不当的东西通通从家里清除掉，一样不留。我们试着思其所思，想其所想，想象着什么样的东西和活动会吸引他，

再想方设法把它们转变成某种比较"健康"的游戏,但这些皆成为徒劳无功之举,最终只让我们认识到,我们的儿子是个多么陌生的人啊。

那些最无关痛痒的小事开始成为我们和肖恩对抗的焦点。厨房桌子旁的墙上有一部电话,他第一次注意到的时候,就引起了惊天动地的后果。那天我喂完他,准备好了梅根喝的奶和我自己的午餐,想着可以边吃饭边喂梅根。我去婴儿床里抱梅根,一分钟后转身回到厨房时,我发现奶瓶掉在了地上,我的午饭到处都是,一大碗汤泼洒到了窗帘上。肖恩干的!没过一会儿当他重复这一壮举时,我目睹了整个过程。他把电话线拽出来,拽得直直的,然后一松手,电话线弹回去时捎带着把桌上的东西扫了个精光。我们后来把电话线紧紧绕在话机上,可他会把线解下来。我又把线重新绕好,还用胶带粘上,不让它有哪段悬在那儿招惹他,可他还是把线解下来。我们是不是应该把电话给拆了?

在厕所里,他喜欢用力扒拉挂在卷轴上的卫生纸,他让卷轴飞转,一卷卫生纸很快就都垂到地上,堆成了一堆。我们是不是应该不要再用卫生纸了?

我决定试着再跟我母亲谈谈,她是这个世界上肖恩唯一能够给出回应的人——他允许她抚摸他,有时甚至允许她拥抱他。我能看得出来,他在她家里时更放松。虽然他的行为还是和以前一样,但是有时候她可以分散他的注意力,能拉着他的手带他到外面去,让他离开那堆他从她橱柜里拿出来正要扫进通风口里的弯管通心粉——她假装没注意到他要干什么。我是不是也应该这样做呢?

我对她描述，我们千方百计地阻止他，可他就是死不悔改，十分顽固。"但所有的小孩都那样啊，"我母亲说，"特别是男孩。他还太小，什么都不懂，而且我觉得也许你对他太严格了。""但是，"我反驳道，"也许所有孩子都做这些事，但他们并不是所有时间都在做这些事，也不是只做这些事而不做任何其他的事！"她不想再听下去了——我让她感到不舒服。我开始觉得，我好像在控诉自己的孩子犯了什么滔天大罪，好像在为自己控制不了他而找寻借口。很明显，尽管我觉得肖恩有问题，而我母亲却认为，有问题的那个人是我。

虽然肖恩已经两岁多了，但他还是不会说话，甚至都没有像其他孩子那样牙牙学语。一天，我们偶然听到他自言自语，说的好像是一串数字，但我们也不太确定。几天以后，罗恩和我带着肖恩顺道在街角的面包房买面包。排队等候的时候，我们听到一个稚嫩的声音说道："11—16—30。"罗恩和我低头去看，见肖恩正抬头盯着柜台上面悬挂着的大钟。罗恩说："他刚才是在向我们报时间，精确到了秒。"还真的是呢！我们激动万分——他终于讲话了，而且他居然已经能认时间了！但后来我们再问他几点了，他就没回答。他似乎不明白我们的意思。

肖恩会坐在厨房桌子边，拿着 把刀和 把叉，把它们摆弄到不同的位置，就像钟表的指针一样。"4点20分。2点10分。"有时候，他会把"指针"摆放成某个特定的时间，说道（比方说）："6点15分。"然后，他绕着桌子走到对面，从反方向看刀和叉的位置，接着他会说："9点整。"我们都颇为惊奇。但是，为什么他不说些别的呢？

梅根长到快一岁了，跟她在一起的时光实在是令人开心。她最喜欢玩水，只有几个月大的时候，她就在浴缸里潜水和游泳。每天晚上她洗澡的时候我们俩都会浑身透湿，却乐此不疲。她很爱笑，对周围的人和事反应敏锐，是个鬼灵精。她极热爱书，喜欢坐在我腿上，没完没了地听我一页一页地读给她听或讲给她听。我也是经常无法自持——能和自己的孩子一起玩耍，相互偎依，竟然是如此美妙的事情！

梅根对她哥哥很着迷，每当肖恩靠近时，她都伸出手想要去抓他。可是肖恩根本不去注意她，但她似乎并不介意。她会被他干的事情逗得咯咯直乐，但只要一听我训斥他，她的脸色就会立刻阴沉下来。我真不愿意看到她的笑容因为我的声嘶力竭而消失。

可是，我和梅根在一起的时间会缩短，甚至会被完全剥夺——就因为肖恩的那些行为。对此，我心里的怨恨与日俱增，我痛苦不堪。只要我和梅根坐下来，我都会试着让他也和我们坐在一起，听故事，看插图，但是他会起身跑开——跑到电灯开关那儿、水池子那儿、电话线那儿。我一次又一次地下定决心：管他呢，他爱干什么就干什么吧！我不管了！就算他把我们所有的东西都毁了，又能怎样？我就任他变得疯狂，变得痴迷，变得像个上足了发条的玩具去横冲直撞。顶多，在迫不得已时，我再走过去说他、摇他、制止他。但是，每次我都会大叫大嚷，直到把嗓子扯破。

八月，我们一家四口开车到伊利湖，和我父母一起过周末。他们在那里租了个度假小屋。隔壁邻居家有个小男孩叫杰伊，两岁半，正好和肖恩同岁。我一直目不转睛地看着杰伊，就没法把眼睛从他身上挪开——他活泼、机敏、友好,与人互动自如,还口齿伶俐。他和肖恩之间的不同之处令人震惊。我认为这次度假会对肖恩有好处——这正是他需要的:他会看到杰伊怎么说话,怎么表达需求,怎么听话按要求做事。

自从孩子们出生以来,这是我们第一次外出度假。头一天我们去了湖边沙滩。8个月大的梅根一见到水就兴奋得不行。尽管她以前从没见识过比浴缸更大的水池子,但罗恩刚把她抱进湖水里,她就推开他,无所畏惧地在水里游开了——小家伙疯狂地狗刨着,奔着加拿大游去。等我们觉得她晒得够呛了,想把她从水里抱走时,她愤怒地尖叫起来。我们只好给她罩上一件大大的T恤衫,再给她扣上一顶帽子,让她在水里继续游泳。

杰伊一整天都跟着肖恩。一开始,杰伊试图吸引肖恩来一起玩玩小汽车,挖挖沙坑,但没得到任何回应。肖恩抓起一把沙土,让沙粒从他的指缝间倾泻而下。接着,他干起了老一套——一遍又一遍地重复这一行为。杰伊也跟着他一起这么干。那天傍晚,太阳从伊利湖落下时,杰伊已经不说话了,只是自己嘴里咕哝着什么。第二天,他妈妈把他留在了家里。

六

1

梅根1岁时已能蹒跚行走,还会说很多词,很快就学会了连词成句。我们希望肖恩能模仿他妹妹,开始说些什么,但他仍然成天咕咕哝哝的,只会说些数字。他身形硕大,看上去比3岁孩子大很多。人家跟他说话时都会把他当成大孩子,问这问那。见他不但不答话,还表现出令人费解的举止,不免一脸诧异。无数次了,有人跟我说:"其实,你知道吗,爱因斯坦4岁时才开口说话,之前什么都不会说,那可是个天才啊!"(直到今天我都不知道这是不是真的,但在俄亥俄州,这个典故好像尽人皆知。)

像以往一样,我们的儿科医生仍觉得没什么好担心的。"你得认识到,儿童都有自己的发展轨迹,每个孩子的发展速度都不一样。"他告诉我说,"他只是有些语迟,但早晚会开口讲话的——没准儿是你对他照顾得过于周到,他根本不**需要**说话!瞧他这大块头,多壮实。耐心点!"

那阵子,肖恩又有了一个使他的其他爱好都相形见绌的新癖好——链子。我们房子后面有个双门车库，两扇门从中间对开，门上带玻璃窗。每扇门上都各有一条沉甸甸的铁链子与车库相连。肖恩会找来长木棍、笤帚或铁锹，去够那两条铁链子，他把它们挑得高高的，然后松手。他会退到车道上，看着两根铁链子荡来荡去，咯咯直笑。他一遍又一遍，成百上千次地重复着，百玩不厌。大概一个星期后，他把这个游戏变了个花样玩。他先将这两条铁链子荡起来，然后转身冲向屋子，跑进厨房，扒在窗边洗手池上，探头观看窗外还在悠荡着的铁链子。他目不转睛地望着那两条铁链子，直到它们静止不动。如果我恰巧站在水池子边，他就用胳膊肘把我顶开，就好像我是挂在绳子上的一件衣服。

不久之后，这个游戏进一步升级——他荡起铁链子，飞奔进屋，从厨房呼啸而过，又一阵风似的跑上楼梯，冲到二楼窗边，站在那里向外看，直到铁链子完全停止摆动。即便他经过厨房时我正好挡着他的路，他也会对我视若无睹。如果我躲闪不及，他就会撞上我，再接着"赶路"；如果我抓着他不放，他就会歇斯底里，像只被困住的小野兽，又喊又叫，连踢带踹，拼命想要挣脱。他必须在铁链子停止摆动前跑上楼——他的生活中再没有什么比这更重要的了。

有一天晚饭后，我们一家四口去了趟超市。我们从收款台处排队等候结账的顾客身边经过时，肖恩走在罗恩前面。突然，我注意到队伍里的一位老妇人脖子上挂着一副带链子的眼镜。我赶快去找肖恩，但他已捷足先登，刚好挤过众人，站到了人家跟前。他伸出手去，马上就要够到链子，把它悠起来了。我扑上前去，一把抓住他的手。老妇人那双惊恐的眼睛越过他的头顶望向我。

我掰开他的小手，松了松他的手指头，冲老人家微微一笑，说了声对不起——就好像这一切根本就是个不大不小的误会而已，然后赶快把肖恩拖走了。

我最喜欢的一样东西就是链子，我喜欢链子的规律性。每一个链环看上去都和其他的一模一样，甚至摸上去的手感也都完全相同。我们家车库的铁链子太高，我够不着，它们就显得特别神秘——我太想亲手摸摸它们了，但却不得不用木棍。因为用手够不到，我就只能让它们荡起来。我喜欢事物在摆动中无休无止地重复运动——我想要从所有不同的高度和角度观看悠荡着的链子。越看它们悠来荡去，我越着迷，就越想接着看下去，其他什么都不想干。这是我最喜欢的事。这是我的例行常规。妈妈总想打断我，但这阻止不了我。

每天，肖恩都要跑到车库门那里去。我们试图转移他的注意力，但和以往一样，一切努力都是徒劳。后来罗恩想出了一个绝妙的主意——他给肖恩做了个车库仿真模型，作为圣诞礼物。模型很棒，是木制的；门上有真的细铁链子，两扇小门也可对开；房顶可以开合。这是用来当玩具箱的，非常完美，可肖恩连碰都没碰它。他抄起扫帚，又跑到外面的车库去了。

后来他打碎了一块窗玻璃——那块玻璃被他荡起来的铁链子狠狠击中，打得粉碎。我们意识到，不能让他再玩这个游戏了，得想办法阻止他。我们打扫了碎玻璃，罗恩换了块新的玻璃。我们跟肖恩解释说，他不能再玩那两条铁链子了，他会打碎玻璃，伤着自己的。

我们给他拿来别的玩具——我们想，像他现在这个年龄也应该开始对真正的玩具感兴趣了。我们尝试让他和我们一起玩游戏，但只要我们一眼没看住，他就会跑到外边去用木棍打铁链子。之后他又打碎了一块窗玻璃，我当时真的没能及时拦住他。

我们意识到，跟肖恩讲道理肯定无济于事，于是就去买了把挂锁。罗恩给第二个被打坏的窗户换上了新玻璃。一切弄妥之后，他用锁把门结结实实地锁好。这下好了，都结束了。一个小时之后，我在厨房里收拾采购回来的食物，突然听到打碎玻璃的声音。我抬头向外张望，肖恩站在车道上，咯咯乐着，他手里拿着一块长木板，门上面挂着那把仍然锁着的新锁。他手里还拿着一块金属板，他正在观看铁链子在空中摇摆。我做了自己唯一能做的事——拿来相机，给他拍了张照片。

2

我们的儿子肖恩只有在他生病的时候才会消停下来，这样的时候十分罕见，而他在病中的表现也会令人万分惊讶。他发烧或肠胃不适的时候，会允许我把他抱到床上去。我会坐在他身边，摩挲他的后背，轻抚他的额头。他能安然接受这样的照料，有时还伸出手来握住我的手。我给他读故事，跟他说话，一遍又一遍地告诉他我爱他。尽管在看着我时，他的那双眼睛显得有些暗淡无光，但他并没有半点不安和害怕。有时，他会长时间盯着我看，好像在努力回想我到底是谁。他完全变成了另一个孩子。**这才是我儿子**，我想。这个温柔可爱、不再被狂乱行为驱使的天使般的小男孩，才是我的儿子。

在病中的那一两天，肖恩很温顺，显得弱不禁风，而他的康复也总是一成不变的模式——一眨眼的工夫，说好就好。我去厨房给他端碗肉汤的工夫，再回到他的房间，就会发现床上没人了。只见他正蹲在床边，将玩具从小桌上胡乱地撒到地上。他还黑着眼圈呢，却又能开足马力，全速行驶了。

肖恩对疼痛有着不同寻常的、极高的忍耐度。他无论是摔倒还是身上什么地方被划破了，甚至是烧到手，都几乎没什么反应。我们在地下室的楼梯口装了一个木制的伸缩儿童安全护栏，防止他一个人跑到下面去。有一天，他猛冲上去，撞烂了护栏，整个人腾空飞了出去，一个倒栽葱，砰的一声直接摔到了地下室的水泥地上。我尖叫一声，心想，完了，他肯定摔死了。我和罗恩飞跑下去救他。他坐在那里咯咯乐着，看上去有点晕晕乎乎的，一只胳膊扭成了骇人的角度。我们急忙把他送到医院，医生把他断了的胳膊给接上了。他的头没受伤，身上其他地方也没青没肿。肖恩在医院里接受救治的整个过程中，一声都没哭。

我们把胳膊上打了沉甸甸石膏的肖恩带回家。一到家他就跑进浴室，在洗手池边玩水龙头。我倒了杯水给他喝，递过去的时候，他刚好坐在浴缸边沿上，打了个滑，向后一仰，摔进了浴缸里。他躺在里面咯咯笑着,直到我们把他拉出来。当然,他那只打了石膏的胳膊也摔坏了。他挣脱我们,跑进了他的房间——该干什么还干什么去了,一切如常。

有一个举动会弄疼他——触摸他的头皮。我给他洗头时,他会扭来扭去,还会大喊大叫,总想把我的手推开。尽管我极力地小心翼翼、轻柔和缓,但他还是显得很痛苦。我给他梳头时更糟——他会一声接一声地尖叫着,死命从我这儿挣脱开。他为什么会觉得这么疼呢?他的头皮看上去一点问题都没有,我用的是我能找到的最软的梳子。我问我们的儿科医生时,他说:"嗯,我认为其实你并没有真的弄疼他,很多小孩子都不喜欢洗头或梳头。"

七

肖恩出生的头四年，我在不知不觉中变得越来越与世隔绝，我甚至想不起来家里最后一次有亲戚朋友来是什么时候了。我们与其忍受儿子的行为带来的紧张不安和尴尬难堪，倒不如干脆不请人来。尽管靠罗恩挣的那点儿教师工资，我们都没多少闲钱用来娱乐，但只要有可能，罗恩和我就会出去消遣消遣。我们外出时一般都是我父母照看两个孩子，他们从没让我俩觉得我们提出的要求过分，或者是在给他们添麻烦。我们找临时保姆很成问题，不光是因为负担不起，更主要的是，他们带过肖恩一次之后，通常就都不愿意再来了。

我是不是该出去找份工作？这事儿我从没认真想过。那是二十世纪六十年代，我们住在俄亥俄州一个小规模的白人中产阶级社区里，在我认识的职业妇女中，没人家里还有学龄前的孩子需要照顾。有一回，在绝望中我跟母亲说："我得走出这个家，我得出去工作。"她看着我，表情十分诧异，就跟我要去当电话应召女郎似的："你怎么能有**这种想法**？！你家里有两个孩子需要你照顾呢！"

于是，我读了上百本书，我打扫卫生，我像十九世纪拓荒者家的家庭主妇一样亲手烘烤每餐的面包。罗恩晚上下班回家,我会等着他对我的赞扬——看那擦得光可鉴人的窗玻璃,刷得锃光瓦亮的地板,还有洗得洁白如新的床单。如果罗恩没吱声,我就会非常失望:"别看肖恩闹成了那个样子,我一整天在家里还是努力做了这许多事的,难道你就不能多看上一眼吗?"

晚上,罗恩前脚还没进屋,我就会迫不及待地把我这一天经历了什么一股脑地汇报给他听——肖恩的不听话,他对挡住去路的一切"障碍"的不予理会,他干的那些匪夷所思的事。我一一陈述着我的挫折感,我的无能。我陷入了阴暗的情绪中……一天一天就这么过去,我每天除了叫喊、打骂,一事无成。作为一个母亲,我一败涂地。罗恩总是那么心平气和,始终对我表示支持,他会侧耳倾听,从不打断我。但是,我心想,他有什么理由不乐观肯定、积极向上呢?他每天都能离开家,有份工作,有人给他发工资,还能和现实世界中的人,那些成年人,说说话。我都不记得自己跟另一个成年人聊天是什么样子了——一想到这里,我自己都吓了一跳。罗恩还算是在**生活**,而其他人也会对他做出回应。他是个好老师,工作起来得心应手,他的学生都喜欢他。可我呢?我是个极不称职的妈妈。

学生时代,我是个出了名的头脑清醒冷静、临危不乱的人。上高中时,天晓得,我还被大家选为最有幽默感的人,但我再也笑不出来了,我也再不是那个做事合乎逻辑,总能镇定自若,轻易不感情用事的我了。我整日都活在波动的情绪中,动不动就火冒三丈、怒气冲冲。我用一把木勺子揍肖恩,免得打得我手疼。开始时,我只是在他屁股上轻轻给一下子,但拍那么两下根本没用，于是我下手越来越重，直至发展到使出浑身力气狠狠揍他。即便这样，我也几乎引不起他的注意——我觉得我一定打得他挺疼，可他却没什么反应。

我用正常声调跟他说话时，他会充耳不闻，好像人类语言根本就不在他的理解范围之内。我只得提高嗓门，说话声越来越大，后来我就整天在那里喊，拼命想要让他理解、明白。我现在完全变成了一个用身体和言语暴力来对付儿子行为的妈妈。

我和罗恩得寻求帮助了。肖恩一点进步都没有，我们俩非常绝望。"即使你家人不愿意谈这件事也没关系，"罗恩说，"咱们找愿意谈的人，找能帮得了咱们的人谈谈。"

"我敢肯定，等他再长大些就什么事都没有了。"我说，脸上挤出一个微笑，"要是发现情况比我们想的还要糟糕呢？"

"我们至少能知道，现在面对的到底是什么问题。"

我点了点头。

"我明天就去学校找人给咱们推荐个专家。总能找到的，别担心。"

罗恩和他学校里的一个指导老师的关系不错，这个朋友把我们介绍给了一位心理学家，据说这位专家对孩子很好。我们没跟家里其他人说，约了个时间就带肖恩去做咨询了。

心理学家在一间教室里等我们。教室空空荡荡的，一侧安着巨大的木窗子，后面墙上装了个老式的四门衣帽柜。肖恩看都没看他一眼，直奔那几扇门而去，哗的一下拉开这扇，又砰的一声关上那扇。接着他爬到桌子上，使劲儿去够上面的柜橱，够不着就哼哼唧唧地叫。罗恩怕他摔下来，赶快跑过去扶他。肖恩又跑回去鼓捣门。那位心理学家，柯恩医生，仍试图将我们之间的谈话进行下去，但他说的话基本上被咣当咣当的开门关门声淹没了。他问了我们很多问题——肖恩出生时的情况，我的病史什么的，但我们根本听不清他在说什么。罗恩和我轮流想抓住肖恩让他坐下来，让他过来见见这位心理学家。人家一直想跟肖恩说两句的。罗恩最后终于设法让肖恩在一张桌子边坐下了，柯恩医生问肖恩问题，但没得到任何回应。我们解释说肖恩还不会说话——这点我们事先在电话里是提到过的。

柯恩医生把几张纸放在我们的儿子面前，可肖恩把这几张纸在桌子上推来转去的就是不看。"肖恩，指指汽车。"柯恩医生说。肖恩没反应。柯恩医生把指令重复了一遍，接着，又换了一张，肖恩仍没反应，但柯恩医生很坚持，重复了很多遍之后，肖恩很不情愿地指了指其中的几张图片——他看上去有些不耐烦，给我的感觉是，他不是不会做别人让他做的事，而是不乐意去做。

柯恩医生当场做出了诊断，当着肖恩的面。"很显然，他的智力水平属于临界迟钝。"他说，"他并非真的有智力障碍，但他也成不了好学生；对他来说，将来学什么做什么都会很困难，但他尚属于那类我们称之为'可教育的'对象。"他转过来，问我："你生第二个孩子时，肖恩多大？"

"快2岁了，23个月。"

他若有所思地点点头。"这是最不适合要第二个孩子的时间。"他不无惋惜地说，"你知道吗？18个月到24个月之间对年长的孩子来说是最糟糕的时段。"我望着他心想，有多少人跟我一样也是在这个时期生的小孩？肯定有成百上千万！但我没听说过谁有个像我们这样的孩子。

可他还没说完呢。"肖恩,过来。"肖恩过来了,磨磨蹭蹭地,很不情愿,他避而不看柯恩医生的眼睛。柯恩医生单腿跪地,用手臂环住肖恩的腰,脸对脸地跟他说——柯恩医生挨着肖恩的脸很近,肖恩很不舒服地蠕动着。柯恩医生又问了些问题:"你都喜欢做些什么,肖恩?你是不是有个小妹妹?你喜欢到外面去玩儿吗?"肖恩看了柯恩医生一会儿,很困惑的样子,然后扭身挣脱开,又跑去折腾衣帽柜的那几个门去了。

这位心理学家站起身,掸了掸膝盖上的土。"你们瞧,要是降到他的视觉水平,他的回应不就好多了吗?"他说。罗恩和我面无表情地对视了一下。"你们意识到没有,"他继续说道,"你们的个头不知道比他要高出多少。每回你们跟他说话,他都得不停地仰头看着你们,想想看,他会是什么感受!你们跟他说话时,要是这么蹲下来,他就不会因为你们个子高而产生那种渺小的感觉了!"

是这么回事吗?我的第一反应是差点乐出声来,但转瞬间我的内心便充满了悔恨和内疚。我们自己怎么就没看出来呢?——多么明显的一件事!我们驱车回家,神情恍惚,不知道该哭还是该笑。临界迟钝,多么可怕的字眼啊,但它是个事实,我们不得不接受。我们的儿子将来学什么做什么都会很困难,而且,这还不算,我们还在最不该生梅根的时候生了她,八成就是这么毁了我们的儿子的。

那间屋子里有好几个一模一样的门，我需要知道这些门通到哪儿去——是到头了，还是通到别处去了。一看见那些门我立刻觉得好多了，而在这之前我觉得很不自在，因为上这儿来打乱了我的日常常规。

　　我一站在那儿开始开门关门，就没事了。不过，我得不停地这么做，因为即便我看到这扇门通到哪儿去了，我也觉得它还有可能会变呢，我就得一遍又一遍地打开它，看个究竟。我对所有的门都得这么做，不这么做我就没法确定。

　　房间里还有个人跟我在一起，但我不知道那人是谁。他还在我旁边蹲了下来——他竟然会这么做，简直吓了我一跳。我一直不明白他在干什么。我对他的举动感到非常惊讶，我记得我还看了看他。

　　单凭教师的薪水，罗恩供不起我们全部的日常开销，于是他又找了份兼职，做电视导演，每个星期六、星期日从下午 4 点工作到凌晨 1 点。学校还经常要他做些额外事务，但并不给他加班费——在运动会上卖爆米花，在舞会上给学生伴舞，戏剧演出前指导排练，等等。同时，他正在一所大学里攻读教育学学位，每个工作日晚上都要去上课——虽然他是艺术学学士，但在公立学校教书教师必须具备教育学文凭。因此，一天到晚就只有我和孩

子们独自在家，而我跟肖恩在一起，每天都感觉度日如年。

我觉得自己快要被淹死了。在很多日子里，有时甚至是连续几个星期，我都恍恍惚惚的，对现实没什么意识。我变得心不在焉，很多事开了个头就又丢在一旁。

肖恩明显开始嫉妒梅根。他侵入她的房间，撕毁她画的画，把她的一些玩具扔到窗户外面去，还将积木和拆装玩具一股脑儿都倒进她的壁橱。他怎么会不嫉妒呢？毕竟，她会做的事他都不会，我们也从来不跟她大喊大叫。她整天被表扬，他却整天挨罚。尽管他值得同情，但我还是对他造成的恶果怒不可遏。

我会盯着时钟，直到罗恩终于下班回到家。如果他晚上没事，我们就会开车去公园转转，换换环境；要是再有些闲钱，我们就会全家出去吃个饭。我们最喜欢去的饭店是个又宽敞、又吵闹的乡村饭馆。虽然那家的饭菜很难吃，也没什么气氛，但它有个让我们难以抗拒的特点——空调设备下面的角落里有张桌子。因为那里噪声太大，没人愿意坐，它就成了"我们的桌子"。肖恩在那儿怎么踢、怎么叫都没人能听见。

八

  我们像死囚期待着缓刑令一样盼望着春季和夏季的到来。罗恩在院子里给孩子们搭了个游戏屋，屋顶带有可开合的天窗，十分精巧。梅根很喜欢它——那是她的房子，她的飞机，她的轮船。当她在那座小屋里快乐地游戏，或者在塑料游泳池里开心地戏水的时候，肖恩就在一旁，不停地往院子中心的一棵树上扔东西，逮着什么扔什么。通常，他捡自己的玩具来扔。只要他扔的不是那种很重的、从树上掉下来会砸破头的东西，我就不管。他爱把什么抛到树杈子上都行，随他去。和往常一样，他一个人自成一个世界，如果没人干涉他，他就会一气儿玩上好几个小时。

  等他的玩具都被扔光了，都卡在我们脑袋顶上的什么地方了，麻烦也就接踵而至了。他开始扔梅根的玩具——从她的手里生抢过来，猛地扔到树上去。等没什么可扔了，他就哭叫，举着双手，向树上张望。

  接着，罗恩和我就开始有了很多下面这样的谈话。

  他：你用我的扳手了吗？

  我：没有啊，怎么了？

  他：我记得我就放在地下室的架子上了，现在它不见了。

我：嗯，我没拿。

他：你肯定吗？

我找不着我的改锥了，还有瓶起子和面包夹子。罗恩丢了把锤子、一只拖鞋，还有领带和鞋拔子。等到了秋天，院子里那棵树的树叶落尽，我们就什么都找到了。罗恩和我站在光秃秃的树枝下——呵呵，确切地说，并不秃——向上凝视。那上面有一把汤勺、一只隔热手套、一只拖鞋、几条手巾、一条围巾、一把尺子，还有带着包装盒子的灯泡、打蛋器、温度计、厨用海绵，以及各种不知名的水果。我们肩并肩站在那儿，一样样指认着失踪了几个月的物件——简直是两个航空考古学家。

后来，我们发现肖恩还会玩这个游戏的室内版。我们俩都曾兴致勃勃地给他买过玩具，总想着"他那么不屈不挠地干这些事，兴许会玩有同类功效又没危险的玩具"，但他根本不玩。他屋里大部分东西都坏了，很多玩具干脆就不翼而飞。直到来年春天，我修剪他卧室窗户下面的灌木丛时，才找着那些玩具。他卸下了一个纱窗，把玩具从窗户扔出去，看着它们坠落。

拆装玩具一直都是个麻烦。我们本以为他肯定会喜欢玩这类玩具——他也的确是喜欢，但是以他的方式喜欢。有时候，如果罗恩或我坐在他身边，他也能跟我们一起玩上一两分钟，搭个什么，但一转眼，他就会把那些零碎插件推到桌子下面去。他要是逮着机会拿到一整盒，就会打开盖子，把它们通通倒进他的壁橱里。我会要求他把插件都捡起来，然后我会拿走收好。但是，他会立刻跑去拿梅根那盒，梅根有一套一模一样的，紧接着他就又把里面的插件都倒进他的壁橱。我发现他会倚靠在壁橱门边，很专心地倾听。很显然，正像大部分他做的事那样，他的行动对他来说是有某种"意义"的，但我实在想象不出他到底在干什么。他从没试图遮掩他的行动，但要是有人阻止他，他的反应总是很愤怒或是很沮丧。

这个孩子是罗恩和我的孩子，他长得既像他也像我，然而，我们在一起生活已经四年多了，他对我们来说还完全像个陌生人。我们从来都不明白他在做什么，也不知道他在想什么。他不说话这个问题变得越来越让人担心——他想要什么的时候，仍然只是用手指着，嘴里咕咕哝哝，通常极不耐烦。我开始怀疑他是不是从另一个星球来的。

往我们后院里那棵大树上扔东西，能让我获得无与伦比的快乐。我不在乎我扔的东西是什么形状的或是多大——我从沙箱里拿玩具，还从厨房里找东西（要是我能溜进去抄着件什么的话），然后把它们都扔到树上去。我想看它们能飞多高，最后会卡在哪儿。我喜欢那一整套程序：尽量把东西往高了扔，看它会打到树上的什么地方，目光追随着它卜落的轨迹，看它会卡在树上的什么地方。不过，有时候，扔完东西之后我会扭头看向别处，专心倾听它从树叶和枝杈中穿梭而下时发出的沙沙声。我太喜欢干这事了，我会不停地把一件东西一遍又一遍地往树上扔，直到它待在上面——就算是要搭上所有的时间，我也在所不惜。我忙这事的时候，对时间完全没概念——几小时过去了我都意识不到。妈

妈见我玩这个游戏就会来制止我,我特生她的气,心想:"她凭什么不让我做我想做的事!"不管我做多少遍,做多长时间,它总能给我带来安全感和巨大的快乐。我又没想伤害谁;我在自己的世界里,周围不管发生了什么,我都无知无觉。

　　妈妈叫我的时候,我会猛然一惊。我知道,我又要因为做自己喜欢的事被她吼了。这是我的世界,是我在控制一切——我控制着那件东西,它上了树是因为我让它上去的。即使扔的东西是别人的,我也觉得无所谓,甚至是不是别人的我都没想过。如果他们吼我或惩罚我,我就觉得像是被侵扰了,我就失去了对这一切的控制——别人又在控制我了。

　　拆装玩具是我最喜欢的东西之一。我会抱起一整盒,打开我的壁橱门,把它们都倒进去,再以最快的速度把门砰地关上。我相信这时候我的壁橱里一定像洗衣机似的在转个不停,拆装玩具的那些插件在里面飞速旋转。不过,我永远不可能目睹它发生时的情形,因为我一开门,旋转就会停止,就像我打开洗衣机的门时那样,但我知道那里面发生了什么。

　　我恳求我们的儿科医生给我些意见,我们能带肖恩到哪儿去看看呢?儿科医生有些不太情愿地给了个建议:听力语言中心。我约了个时间带儿子过去。跟肖恩待了不到半个小时,那位言语治疗师说:"他的问题绝对**不是**我们这里致力解决的那种语言问题——我们真的帮不了他。不过,我要是你,就带他去看神经科

医生。"看到我的表情，她说："也许根本不是神经上的问题，但不管怎样，那是个起点。"

她推荐了一位医生，说这个医生是城里最好的。我们要等上漫长而焦虑的三个星期才能见到他。神经科医生？那位言语治疗师到底是觉察出什么问题来了？可我当时怎么不敢问她呢？这位医生的出诊费是100美元，高得令人咂舌，我们肯定负担不起，但如果他能找到肖恩的毛病到底出在哪里，那也真值了。于是，我们去借了一笔钱。

罗恩和我一人牵着肖恩的一只手走进了诊所。前台接待员看到我们似乎感到有些意外。"噢，"她说，"医生半个小时后得回医院，医院突然有事找他。他不得不缩短给你们看病的时间，时间最多只有15分钟。我希望这样没什么问题。"罗恩请了一下午假。我们一直在焦急地等待着这次就医，等了整整三个星期，可是我们如果将这次看病推迟，就还要再等。"等四个星期。"她"自豪"地宣布。我们实在等不了那么长时间了。可她怎么没打电话通知我们呢？她说她一直忙着，没顾得上。她跟我们说："你们今天还是可以见到医生的，就是时间短点儿。"

她把我们带到了诊室。罗恩和我坐在两把靠背椅上，正对着桌子。医生就坐在桌子后面。他一头银发，脸上布满了深深的皱纹，神情说不上冷酷，也称得上严厉。肖恩从罗恩那里挣脱开，冲进了里面的卫生间。医生皱了皱眉头："他去那里面干什么？"

罗恩过去查看。肖恩站在马桶盖上，伸直了身子在够百叶窗上的绳子。那绳子正在剧烈地左右摇摆着。罗恩把肖恩抱下来带回到桌边，他一路叫喊着，挣扎反抗。罗恩把肖恩抱在自己的膝盖上，他却一直在不停地扭动着。

医生问了我些问题。他似乎对我很不满，只要我在回答问题时有些犹豫，他就会不耐烦。他问了问我怀孕时的情况，还有肖恩出生时的情形。我没什么可坦白的了：不吸毒，不喝酒，不抽烟，没生病。我那九个月里一直很累，也就这样了。我甚至连阿司匹林都没吃过。

"我们要做的第一件事是给他做个气脑造影，然后再看。"他站了起来，看了看手表："我的护士会给你们安排。"

"等一下，"他往诊室门口走的时候，我追上去说，"我们不想让他做那个。我看到有资料说，做那个会让人觉得头痛难忍，再说，结果通常也都是错的。"（自从预约了这次就诊之后，我把能找到的文献都读遍了。）

他带着毫不掩饰的愤怒瞪视着我："你到这里来征求我的意见，我给你了。要是你不遵循我的建议，我对一切后果概不负责。这是一个非常不正常的孩子。"

"难道就没有替代气脑造影的其他方法吗？"

"有，去找别的医生吧。"他说，"对不起，我很忙。"

他把我们送了出去。这次看诊从头至尾总共用了8分钟，花了我们100美元。

我们又回去找我们的朋友，那位指导老师。"总会有什么人吧，"我们请求他说，"总会有人能帮帮我们，给我们些答案，给我们些理由，告诉我们怎么才能理解我们的孩子，让我们不再浪费时间吧。"他又推荐了一位专家，洛根医生。我们的朋友讲，这是位儿童神经科医生，全国只有五位，他是其中之一。他应该能告诉我们肖恩的问题到底出在哪里，也应该能帮我们了解肖恩所需要的任何帮助。虽然他收费很高，但值得一试。而且，他就在俄亥俄州的亚克朗——离我们这里96公里的一座城市，但罗恩和我都没去过。他说，很遗憾，在附近地区他真没什么人好推荐了。

这次我们的预约是在一个星期六的上午。我们开车过去，一路默默无语，罗恩和我都心事重重。我们找到了地方，把车停好。那是座二十世纪五十年代的建筑，混凝土结构看起来阴郁沉闷，黄色的铝合金门窗也显得枯燥乏味。我们走进诊所。狭小的候诊室里有一位接待员。有两位妈妈已经带着孩子坐在那里等候。我仔细打量了一下那两个孩子，他们好像没什么问题啊。一个看上去有些智力低下，另一个则相当"正常"，规规矩矩的。

轮到我们时，接待员让我和罗恩单独进去见医生，把肖恩先留在她那里，等叫他进去时再进去。我们看了看她，她坐在自己桌子旁，衣着光鲜整洁，头发纹丝不乱。他们这里看的是那种孩子吗？——那种父母不在也能在候诊室里坐得住的孩子？我想提醒她，但又不知道说什么。罗恩在跟肖恩解释接下来会发生什么事："我们就在那扇门里边，过不了几分钟你也进去跟我们在一起，但现在你要先在桌子旁这位女士这里等着。"肖恩在他的椅子上摇晃着，起劲儿地荡着两条腿，眼睛东瞧西看，就是不看罗恩。

我俩进了屋，接待员在我们身后把门关好。洛根医生站起来和我们握手。他身材矮胖，比我想象得要年轻。我们面对着他坐下来。洛根医生双臂交叉在胸前，一言不发地望了我们一会儿，然后开始问问题，矛头都指向我。他的目光就没从我的脸上移开过，他也没做笔记。

"好吧，妈妈，"他开口说道，"跟我谈谈你儿子。"

他叫我妈妈？从何谈起呢？我试图解释肖恩的行为是什么样的，但语无伦次。我发现自己净找理由为他的所作所为开脱。肖恩开始在候诊室里大喊大叫。他砰砰砰地敲着关着的门（我们这才发现，门是锁着的），试图把门打开。门打不开，他就开始用脚踹。我们能听见接待员想要把他拉走。洛根医生依然两眼直盯着我。

罗恩准备要站起来了。洛根医生目不转睛地看着我，漫不经心地朝着门挥了挥手，"别管他，"他说，"继续，妈妈。"

"对不起，"我说，勉强笑了笑，"我不是你妈妈，我叫朱迪。"他眨了眨眼，屋子里一阵沉默。

"我明白了，我们现在面临的是母亲身份的认同障碍。"

"不是，根本不是这么回事。我的意思是说，我是肖恩的妈妈，不是你的。"为了缓和语气，我似笑非笑了一下，而他仍面无表情。

这当口，我真想隔着桌子俯身过去，照他脸上来一巴掌，给他那张木然的脸上拍出些表情，但我觉得像是有什么东西堵在了胸口。也许他是对的？也许他能觉察出我自己一味想要逃避的东西？罗恩拉过我的手，用力握了握。他开始解释和肖恩一起的生活是什么样的。他的描述清晰而简练，用了最恰当的事例说明问题之所在。

洛根医生看都没看罗恩。他打断罗恩，又问了我些问题。我除了肖恩在外面制造的噪声，其他什么都听不见，脑子也不转了。我尴尬难耐，反应迟钝，真有点希望他们让我们一家三口赶快走人,再也别回来了。我继续说着,虽然心不在焉,不太知道自己说了些什么,但能意识到我又在对肖恩的失常行为轻描淡写了。我浑身冒汗,湿衣服黏黏糊糊地粘在木头椅背上。我猛然想到,绕一大圈之后,洛根医生最后会说,"那不是他的错——是你的!你就不是个好妈妈,你连我的椅子都弄坏了!"

"我说了这么多你怎么记得住啊?"我问他,想把他的注意力从我身上转移开,"你也没做笔记。"

"我什么笔记都不用做。"他说,"我听到的事,只要是重要的,我都记得住。"

我偷偷往门那边瞟了一眼,不由得有些担心,怕它随时都会四分五裂——门中间有个挺大的洞,肖恩的身影闪现在那里,手里握着块参差不齐的板子。

问题总算问完了。"现在你们可以让肖恩进来了。"洛根医生说。罗恩打开门,肖恩箭一般地冲进来,小脸涨得通红,仍大声叫喊着。在他身后,那位接待员正在整理衣服,头发乱蓬蓬地散落在耳边。她别过脸去,关上了门。

"肖恩,跟我来。"洛根医生牢牢抓着肖恩的胳膊,肖恩却死命往回退,一边扭动着身子一边叫喊着,想要挣脱,出了一脑门的汗。"我在这里给他做检查。"医生扭过头来说。他把肖恩拖进里边的一个小屋,关上了门。罗恩和我相互望了望,"弗兰克斯坦的实验室"?

15分钟过去了,周围一片寂静。接着,洛根医生再次出现,"请跟我来。"我们跟着他走进一间光线昏暗的小屋,屋里有个检查台,还有个三脚架,上面有块儿童小黑板。肖恩看上去有些魂不守舍，满脸的泪痕，头发湿乎乎地贴在脑门上。我上去搂住了他。对发生在他身上的这一切他得怎么想啊？

"他的生理反射没什么问题。"洛根医生没头没脑地开口说道，"我给他做了个体检，没发现他身体上有什么异常，但我想让他到儿童医院再去做个脑电图。我会安排的。好了，肖恩，来给我做件事。"

他递给肖恩一支粉笔，"在黑板上给我画个叉。"肖恩没动。洛根医生转过肖恩的身子，让他面对着黑板。"这里，看着。画一个这个。"洛根医生用粉笔在黑板上画了个大大的"叉"，"来吧，肖恩，你也画个这样的。"

肖恩画了曲里拐弯的一条线。"画完它，就像这样。"洛根医生又画了个"叉"。肖恩又画了一条线，但没跟他的第一条线交叉。

"好吧，那现在画这个。"洛根医生画了个圆圈，肖恩画了条不规则的曲线。洛根医生又试了几个几何图形，但肖恩把粉笔扔下，什么都不再画了。

"下次再见你们之前我要让他做个脑电图，我需要拿到检查结果才能做出诊断。你们一个星期以后做脑电图，再下一个星期你们回到这里来。到那时候我们应该就有些眉目了。"

我们开车回家，有些震惊，也有些困惑。我们从没见过肖恩如此老实服帖。我们谁都不喜欢洛根医生，但这又有什么关系呢？如果他能提供帮助，那我们继续来见他也未尝不可——说到底，还**有**谁能帮我们呢？再说，一个脑电图检查也没什么太大害处——即便结果通常都是不确定的，也不会引发头疼。至少他没让我们去做什么气脑造影。

第二个星期，我们找了一天在上午九点去了儿童医院。我们尽量跟肖恩解释整个过程是什么样的。让他平躺到检查床上时，他很抗拒，好在护士们既和蔼可亲又手脚麻利。她们刚把那些电极贴到他头上，他就立刻放松下来了。我都快要晕过去了，而且一定是让人看出来了。一位护士笑了笑，拍了拍我的肩膀："别担心，他什么感觉都不会有，而且八成会睡过去。"

呵呵，走着瞧吧，我心里暗想。她太不了解我的孩子了！可她说对了——肖恩立刻就睡着了，罗恩把他从床上抱起来带到车上时，他都没怎么醒。我们拥抱了他，笑着松了口气，跟他说："你真是个好孩子，表现真棒，你看上去简直就像个宇航员！"（他知道宇航员是什么吗？）

之后那周的星期六我们回到了洛根医生的办公室。这次我们三个他是一起见的。他说，脑电图结果没显示出有什么异常，但他也没指望能查出什么，虽然他怀疑肖恩有轻微的脑损伤。"不过，我们这回碰上的恐怕是孤独症。"

孤独症？我们以前从来都没听说过这个词。

"这是一种脑功能障碍。"他解释说，"很显然肖恩一出生就这样。没人知道致病因素是什么，很多人甚至连孤独症到底是什么都不清楚，这病本身也没得治。他缺乏正常交流的能力，这和他的智力无关，他有可能很聪明。麻烦的是，得了孤独症的人，会出现很多基本功能障碍；不仅如此，这些功能性的障碍继而会导致各种各样的心理问题。"

原来还真有这么回事，这还真是种病。这个人认识其他像肖恩这样的孩子，其他像我们这样生活着的家庭。郁积在我心中这么久的一个结终于解开了,我长长地舒了口气。对啊,可能根本就不是我造成的!

"那我们能做些什么?"罗恩问。

首先,我们要给他吃药,吃盐酸哌甲酯片,以便能控制他的多动。"你得先让他平静下来,才有可能竭尽全力地去跟他解释,去让他理解。"洛根医生说。另外,我们还要去见一位临床心理学家,他也在亚克朗市,之后我们每个月都要去见他一次。他会根据肖恩的特殊需要制订一个干预方案,让我们跟着执行。实际上,我们今天就可以去他的办公室,跟他见个面,定一个时间表。

"肖恩还有一年就该上学前班了,没时间再耽搁了,照他现在这样子他可能永远都上不了学!"洛根医生给我们开了药方并做了说明。

我们马不停蹄,立刻去见了罗西医生。他的办公室坐落在一幢老旧的维多利亚式建筑里。房子掩映在茂密的灌木丛中;内部的房间破败不堪,装饰陈设年久失修,到处都显得破破烂烂。罗西医生个子很高,一脸浓黑厚重的络腮胡子,深褐色的眼睛闪烁着犀利的目光。我们把肖恩这样那样的行为以及我们应对他的种种困难又描述了一遍。罗西医生跟肖恩谈了谈,让他画了些什么,又让他朝不同方向走一走,自己则在一旁仔仔细细地观察着。

我非常惧怕罗西医生。还没见到他本人,我已经被吓坏了,被他那所房子的外观吓坏了。那房子有三层楼高,让人感觉惴惴

不安，心生厌恶——它看上去神秘而又陌生，四周还净是些高高的灌木丛。我有种非常强烈的感觉——我不想在那儿待着。我从车上一下来就有这种感觉。我不属于这里，不属于这座古怪的房屋，它与我的世界格格不入。带着这些感觉，我被他们领进了这个地方。

一见到罗西医生，我的恐惧进一步加深了。最让我感到害怕的是他的大胡子。那胡子还是黑色的，更让我感到紧张不安。实际上，他有很多灰暗的特点——他的声音，他的头发，他皮肤的颜色，还有他的衣着。所有这些都让我感到心神不宁，但是，那络腮胡子是我恐惧的根源。蓄胡须的男人带给我一种胁迫感，所以，后来我爸爸留胡须的时候我就觉得很讨厌，好长时间以后我才接受，但我从来没告诉过爸爸我的感受。

眼下跟罗西医生在一起的这种恐惧和不安，让我很不乐意待在这所房子里。我被这个人检查了一通，天晓得是为什么。反正，我觉得自己身体挺好，我没生什么病！反而，他看我的那种方式，让我觉得他不但会对我施加控制，还很有可能会在身体上伤害我。对我来说，像他这种黑黢黢的人总是带有威胁性的——不是黑人，而是那些有深橄榄色皮肤和乌黑头发的人。

我不想进他的办公室，既因为我害怕他，也因为在那里让我觉得我有什么病。我不仅要在家里因为一些能给我带来快乐的事而不断受到惩罚，现在，就连个陌生人也这么对我——他似乎也认为，不知出于什么原因，我是个非常"坏"的孩子。

他让我做这个做那个。他要我画一座房子——一个正方形，带个三角形做屋顶。我听懂他说的了，但我没明白那个正方形应该跟三角形是连在一起的，我分开画的它们。他说我没按照他的要求画，我觉得很气馁，就不想再试了。我假装我是在自己的世界里——这是我知道的唯一能将自己从不喜欢的处境中抽离出来的方式。现在没事了——我能听见他说话，但可以把他说的话屏蔽掉，不受他干扰。

我们都觉得肖恩对自己的感觉简直就像个纸板人，他似乎意识不到自己的身体还有背面和侧面。他洗漱时只洗脸的正面（要是我们能让他洗上一把脸的话）、头发正前方那一撮、手的一面。他不会自己穿衣服。他会把衬衫正对着自己举在眼前，像穿精神病人的束缚衣那样反着穿到身上。他分不清裤子的正反面，还经常把裤腿朝上往身上穿。扣扣子和系鞋带根本就别想。每次要不是我逼着他，他都不会去试着自己穿衣服。吃饭也是一样，他以前都不会自己吃饭。我一遍一遍地教他，鼓励他拿起勺子，自己喂自己，他慢慢才学会了。他好像很害怕失败——如果什么事情第一次进行得不顺，他通常就不会再试第二次了。他用蜡笔的时候，手的动作是从右往左、从下往上的。

罗西医生说，我们需要立刻对肖恩实施干预训练。他所有的动作都要被矫正过来，很多感知觉也要得到修正。训练每天要进行半个小时，由我来给他做——如果罗恩和我都参与的话，肖恩就会被搞糊涂。训练所需用品简单而又便宜。他向我示范了到底该做些什么。

我一点儿时间都没耽搁，立刻付诸了行动。终于，有这么一件我能**做**的事了，一件我能帮助到肖恩的事。第二天我就把什么都准备好了。我做了砂纸字母板和几何图形板，肖恩要用手指一遍遍地描摹——这是一种能教会他写和画的方法。我买了几个沙包和一个小桶，要让他把沙包投进桶里；买了一些衣服夹子和一个圆形废纸篓，要让他把夹子夹到纸篓上。我买了玩具木钉板和木钉，临摹纸和新蜡笔。医生开的药都按药方配好了，我们给他吃了第一次。一切准备就绪。

首先，我们先进行协调性练习。梅根午睡时，我和肖恩来到了楼上他的屋里。我拥抱了他一下，告诉他我们要做几个他会喜欢的游戏。我给了他一个沙包，指了指一米开外的那个小桶："看着，把沙包投到桶里去，就像这样。"我示范了一下。他把沙包丢在地上，自己也坐了下来。我把他拉起来，又拥抱了他一下。我把指令重复了一遍，结果仍是一样。罗西医生曾告诫过我要"慢慢来"。我又试了一遍，然后，换了一个游戏。

"看，肖恩。"我指了指那些衣服夹子——我已经把它们分别刷上了鲜艳的红黄蓝三色。我给他演示了夹子怎么开合。"我们来把夹子夹到这个纸篓上吧！"我边说边把几个夹子夹到了废纸篓的边沿。"看见了吧？"我递给了他一个，他随手就扔地上了。我捡起来又递给他。他把夹子放到桌上，胳膊轻轻一拂，将它扫到了地上。我把夹子捡起来。"不，别这么做。把它夹在这里。"（我本来要告诉他的是："夹两个红色的夹子；现在夹三个黄色的夹子；现在再夹一个蓝色的夹子。"然后他会按我说的去做，但不是那么回事。我知道我期望的太多，也太快了。）

我坐在他的小桌旁，拿出临摹纸和蜡笔给他看。我拉着他的胳膊把他拽过来，让他坐在我身边的小椅子里。我在临摹纸下面画了一座很简单的房子，把他拿着蜡笔的手放在画的上面，让他也来画。他在透明纸上画了长长的一条线。我握着他的手跟他一起把房子描了一遍，然后又描了一遍。"瞧，宝贝，就像这样，画这个房子。"我一松开手，他就从椅子上出溜下来，坐到了地上。

罗西医生的嘱咐在我脑海中回响："别催他——让他按自己的节奏来。"我决定，我们第一天就先到这了。

但第二天仍然是这样，第三天也一样。肖恩不友好，不合作，不安生，不耐烦，甚至还颇具破坏性。也许真的是我让他做的事情没有一件他会做，因为对他来说都太难了？我不知道是应该继续努力还是应该干脆放弃。看起来倒好像是我使他比以往更沮丧了。我给罗西医生打了个电话。

"就这样坚持下去，别放弃。"他说，"对他耐心些，到时候他会有起色的。"

肖恩和我每天下午都要面对这些干预训练。真的很糟糕。我知道他能做其中的一些项目，但他拒绝尝试。我力图利用梅根午睡的时间和肖恩一起做练习，但有时她睡不着，就和我们一起到他的房间来。她会观察上一两分钟，然后试图帮忙。"看，我也来玩儿，瞧，肖恩，就这样玩儿！"接着，她会把沙包投进小桶里。她对他很温和，倒好像还不满3岁的她是个大姐姐在帮小弟弟。"他还不太明白。"在他用双手捂着脸，看都不看他妹妹便转身走掉时，她会这么说。

盐酸哌甲酯片的确对肖恩的行为产生了影响。前四天他比以前安静，也没那么歇斯底里了，但第五天，他又恢复了原状，马力十足，东冲西撞。到了周末，我给洛根医生打了个电话。"加大剂量，"他说，"有时候能让你我这样的大人都睡着的药量，对这些孩子却不起作用。"我们照着他说的做了，但心里惴惴不安。明显的镇定效果持续了大约一个星期，就又渐渐消失了。洛根医生建议我们继续给他用药。"要是不用，"他说，"肖恩的多动会加剧。"

我想尽了一切办法让肖恩投沙包，夹衣服夹子，在木钉板上插小木钉。我应该强迫他吗？要是不强迫他，不就等于在纵容他的"坏"行为吗？我开始变得强硬起来。"肖恩，现在就画这个！"我的嗓门越来越高，说话越来越咬牙切齿。我开始变得绝望。要是这些训练真的能帮助他，促进他的协调能力，纠正他的想法，那他就**必须**做，否则他明年连学都上不了，之后可怎么办？但是训练得有趣，要像做游戏什么的，我还不能给他压力。**必须得有趣！**

新的一天，新的开始，不要给压力。"宝贝，咱们一起用手指来描这个字母 A 吧。"肖恩的眼睛瞄着壁柜。"快点儿，过来描字母 A。"不行，没门儿。他咯咯地乐，来回扭动着身体。我把他抓过来，按在椅子上，让他老实坐着。"肖恩，给我做这个，就现在！"没反应。我又开始声色俱厉，开始绝望哭泣了。

这时候，我们已经告诉我父母我们去了趟亚克朗，得到了诊断，回来要对肖恩进行训练。他们静静地听着，满怀同情，最后就只问了一个问题。"为什么你要这样做？"我母亲难过地问。（凭空捏造出他有这些问题？不理解他？不爱他？为我没本事当个好妈妈而惩罚我自己的孩子？）"为什么？"我说，"因为我们走投无路了。肖恩不是一个正常的孩子，我们需要帮助！"她难过地摇了摇头，转身走开了。

我们的儿子快 5 岁了，除了几个词，还是什么都不会说；他想干什么就干什么，不听我的，也不听罗恩的。看他平时那样子，他就希望谁都别理他，任由他去做那些五花八门、稀奇古怪的事情。我们还指望着一年之后能送他去上学呢——在学校里，他得和一屋子小朋友安静地坐在课桌旁，专心听老师讲课。我的天啊……

妈妈试图让我在家里做罗西医生教给她的那些训练项目。我很讨厌去做她要我做的那些事——那些事枯燥无聊，而且根本不是我想要做的事。我想要的是自由自在，我想要去玩我自己发明的那些重复的游戏。不管怎么说，我做自己选的事是不会失败的。我要是去做妈妈让我做的那些事，就会有失败或做不好的可能。我知道接下来我会怎样——我会非常沮丧，非常生气。

我知道，我拒绝去做妈妈让我做的事时她很恼火，但我全身心关注的都是我自己的行动，根本不明白她为什么发火。她的反应只会令我困惑不解。

"根本不行！根本没用！我干不了了！"我的眼泪快要下来

了,"不管我怎么费尽心思,不管我有多耐心,他试都不试。我就又开始跟他生气,又开始跟他喊——整个事情真的是弊大于利!"

"你**不能**跟他生气。"罗西医生毅然决然地说,"你还得再耐心些,还得继续尝试。记住,这些对他来说都很不容易。"

我们又来到亚克朗,这是我们第一次的每月定期回访。我经历了四个星期的失败,有一肚子的沮丧。"但我还能做什么呢?"我问,"他没完没了地重复那些我们不允许的行为——那些行为特有破坏性,让人提心吊胆。他做的事都很怪异,要是我不予理会,他就会更加肆无忌惮。我们要阻止他,就得对他叫喊,就得惩罚他,可我无法忍受自己这个样子。"

"你不要再对他做的每件事都产生消极反应。从现在起,你要开始强化他的好的行为。每次只要他做了积极的事,你就要表扬他,不管他做的是什么——哪怕是微不足道的小事。目前,他的自我形象很糟,所以你要尽一切努力帮他建立对自己的良好感觉。"

我完全同意!这是个多么简单的道理啊。可他有**什么**好的行为呢?难道没人听见我在说什么吗?根本没有任何好的行为!不好不坏的都没有!我们既不愚蠢,也不冷酷——要是我们发现他有什么可夸赞的地方,还不早就把他捧上天了?我愤怒至极,这人竟然可以对现实情形如此麻木不仁,但片刻之后我就意识到,罗西医生给了我很好的建议,这是他能给我的唯一忠告了。毫无疑问的是,我跟自己说,他认为我夸大了肖恩的行为,他觉得是我太生这孩子的气,所以对他的行为言过其实了。也许吧,我想,大多数父母都会有这样的反应吧。但我不由得还是有些纳闷:我真是这样吗?

罗西医生带着肖恩做了一会儿训练,给了他一些指令——那些我尝试过但完全行不通的指令。他口气严厉,用那双锐利的眼睛紧紧盯着肖恩。肖恩看上去紧张不安,他不习惯一个长着黑色大胡子的陌生人这样跟他说话。罗西医生给了他一些指令让他做动作:向前走一步,举起一只胳膊。肖恩做出了反应:他往前走了一步,举起了右臂,然后就到此为止了,他跪在地上滑到屋子的另一端去了。

罗西医生转向了我:"你看,他**能**做。你得有耐心,还得坚定,要不断坚持下去。"

我开车回家,信心满满,心里琢磨着,半个小时的训练时间太长了,我要把它分成两段来做,每段 15 分钟。我很有耐心,大多数时候很有耐心,也一直坚持着。我跟自己玩起了心理游戏,告诉自己说,我在演个电影,扮演的是一个耐心永不枯竭的非凡母亲——一个真正的安妮·萨莉文①。这只是份工作,我劝告自己——在工作上不能牵扯个人情感。

那个星期结束时,我们有了突破性的进展。"肖恩,把沙包投到小桶里。"他投了!我愣住了,盯着小桶里的沙包看了半晌。我抬头看着肖恩,大叫一声:"你做到了!"我将他一把拽过来,搂在自己的怀里,眼里充满了泪水。他又拾起一个沙包,投进了桶里。投第三个的时候,桶翻了。他笑了起来——不是充斥我们日常生活的那种古怪的笑,而是真的在笑。我陶醉在胜利之中,又

---

① 译注:安妮·萨莉文(Annie Sullivan),美国著名的残障教育家,海伦·凯勒(Helen Keller)的启蒙老师。

加了几条指令：向后退两步，再投掷。他照着做了！向前挪一步，再投掷。他又照着做了！

我把肖恩的表现告诉了梅根，还告诉她我们玩得有多开心，她高兴地鼓起掌来。罗恩一回到家就听说了我们所发生的一切。他欣喜若狂，紧紧地拥抱了肖恩，还兴奋地把肖恩抱起来转了几圈。

可是，第二天却又好像什么都没发生过一样。肖恩表现得就好像他以前从没正眼看过那些沙包，好像他根本就不明白我说"向后退两步"是什么意思。我把所有的训练项目都过了一遍，他一点反应都没有。

我真难以理解。现在我已经知道了他能做这些练习，他也明白我要让他干什么。再说他玩得也挺**高兴**的啊！我们表扬了他，我们所有人明明白白地表示了我们对他的表现有多骄傲。可他为什么就不再做了呢？

镇定，我还是要去做那个**非凡母亲**，但这次更困难些——就好像海伦·凯勒终于明白了语言是怎么回事之后，却又不打算再对它费什么心了。几天过去了，一点点进展都没有，我又开始绝望。"看，像这样……把衣服夹子夹到纸篓上。"肖恩把纸篓从桌子边推了下去。我的眼泪夺眶而出，我忍不住啜泣起来。我双手捂着脸，沉浸在自己的悲伤中。他真的是**不可救药**了，真的。我抬起头来，发现肖恩正站在屋子中间，目不转睛地望着我。我们默默地凝视着对方。他脸上有种我从没见过的神情——惊讶，我觉得，还有好奇。他走上前来，一只手放在我的膝盖上："妈妈？"

我用双臂搂住了他，他摸了摸我的面颊，又看了看他指尖上的眼泪，"哭？"他说，脸上带着悲伤，十分的真诚。他用胳膊搂着我的肩头，也轻轻地拥抱了我一下。我又搂了他一会儿，他便挣脱开，开始不停地按电灯开关去了，脸上也没了表情。我望着他，心里暗想，那里面有个真正的孩子，他被困住了，我们得把他拉出来。

又一个星期过去了。终于，我们又有了新的进步。肖恩在临摹纸上画了一个完整的房子。我们这么做当然是为了教会他看到一幅画的整体，而不是零碎的部分。例如，简笔画的一个房子，他看到的就是三个互不关联的碎块。

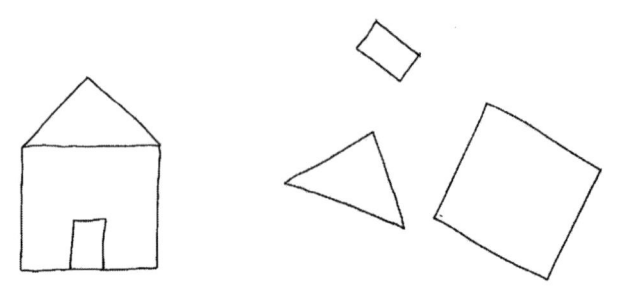

描摹了房子之后，他又描了一个雪人，各个部分都是连在一起的，而不是一个部分一个部分地摊在那儿。几天后，他把一排彩色衣服夹子夹到了纸篓上。他得到了拥抱和表扬。然而第二天他就又拒绝做任何事了，他会把桌子上的东西都扫到地上。怎么在他这里成功就不能接踵而来呢？他怎么就不明白呢？怎么他好像总要前进两步就退一步似的呢？

我常想，没有什么比看到自己的孩子在承受痛苦更糟糕的事了，但肖恩显然能从他那些强迫性的怪异行为中自得其乐，获得安全感。具有讽刺意味的是，我现在却在千方百计地逼迫他走出那个他苦心营造的避风港，为此使他痛苦，让他煎熬。他不想要人与人之间的交流。的确,世界现在这个样子足以证明,最危险的动物其实就是人——难道说,肖恩不知怎么还真就觉察到这点了?他是不是站在某个制高点上意识到了,只要和人打交道就总会有背叛,有失落?也许吧,我想,但事实上我们能拥有的也就是彼此,要是允许儿子将自己隔绝在人类生活的冒险与欢乐之外,那他活在这世上还有什么意义?

我妈妈执意要让我做那些训练,每天都做。我下定决心不做她让我做的事,因为我不想再给她任何理由向我大喊大叫或指责我。我并不知道,我做事是可以失败的,而妈妈她会理解我的失败,不会为此向我叫喊。

有时我也会做些她让我做的事。如果我做对了,如果我知道自己不会失败,那我觉得这件事还是挺有趣的,但事情是这样的,我从来就没把第一天和第二天联系在一起过。比如,我在星期二做对了某个项目,那跟星期三没什么关系。我做的事不会强化我应该去做什么——到现在我也不知道为什么。我认识后果的能力很差,建立联系的能力同样差。昨天的成功对我没有任何意义。就算我头一天用对了某样训练用的东西,第二天当妈妈把它们再拿出来时,我还是会觉得以前从没见到过。

肖恩5岁了。过去几个月他一直只可以说些单个的词汇，现在终于能说得多一些了。他模仿梅根，她说什么他就说什么，但他说的别人很难听懂。他发出的似乎只是那些单词的音，而不是它们的意。要是别人不能马上听懂他在说什么，他就会发怒。另外，如果他设法提出了他想要什么的要求，他就会希望马上能得到——他对他的要求说一不二。

大多数时候他说的都是他不想要的。"不，不，不，不，不！"他会这样喊。与其说他在期待一个结果，不如说他是在表达愤怒。他跟他的玩具说"不"，如果它们没按照他期望的方式倒下来；他跟他的衣服说"不"，如果我给他穿衬衫时他的胳膊卡在袖子里了。

我知道梅根会说话而我不会，我对此并不是特别在乎。但是，当我真的开始说话时，我觉得这真是个小奇迹——归根结底，这是我自己干成的一件事，对我来说是个重大成就。我认为，别人也应当这么看，但有时他们不明白我说的是什么意思，这让我感到非常愤怒！这说明他们根本就没看到这个奇迹。我得到的信息就是这样的：他们认为我的成就一点都不重要。妈妈和爸爸听不懂我说话的时候，我要让他们知道我有多生气，但要是对方换成外婆和外公，我就会忍住不发作。

我想，如果我因为外婆和外公听不懂我说什么而跟他们发脾气，他们就也会掉转头来反对我了。我的爸爸、妈妈讨厌我，我知道这点，不然他们还能因为什么总是冲我大喊大叫的呢？我不能冒险让外婆讨厌我，不然她永远都不会让我再去她家了。对我来说，这意味着"牢笼"之外的唯一去处也会被剥夺。

我在日后的生活中与外婆建立了非常深厚的情感（这大约是从我8岁时开始的），而眼下，她只是唯一能容忍我、能包容我的行为的人。她是我摆脱妈妈的唯一途径。

我独自带着肖恩，开着我们家那辆大众甲壳虫去亚克朗见罗西医生，进行每月一次的复查。车上的暖气坏了，大冬天的我还要从里面刮掉挡风玻璃上的冰碴儿。冰末子在我腿上积起了一个小雪堆。肖恩在车里左颠右晃，疯狂地折腾。我一边开车，一边还要时不时地提防着他。

罗西医生给肖恩做检查，用那些训练项目来检测肖恩的进步程度。每次走之前，他都会跟我谈一下。

"我需要些建议，"我说，"还有没有能应对他的其他办法——我已经没招儿了。虽然偶尔他也做几个项目，但大多数时候他都拒绝。为什么呢？"

罗西医生难过地摇了摇头。

"另外，所有其他的情况还跟原来一样，甚至更糟。一定还有些什么是我能做的吧！"

他耸了耸肩，又摇了摇头说："就先继续按照现在的做法做吧——你也看见了，他还是有进步的。"

但我并不满足,我想知道这一切是怎么发生在我儿子身上的。"你瞧,我怀孕时非常健康,我根本就没生过病,但有件事,我差点儿忘了……"

我告诉他我怀孕三个月时发生过的一件事。当时罗恩的一个学生邀请我们去她父母家吃晚餐。我们在那儿见到了她的小弟弟,一个3岁的小朋友。小男孩爬过来,坐在了我腿上。他看上去昏昏沉沉、无精打采的。"他病了,"他妈妈安顿他上床睡觉时跟我说,"他得了麻疹。"麻疹?这个女人知道我怀孕了,还让她的孩子在我身上爬来爬去的?第二天我跟我的医生说了,问他有没有事。"最好打针德国麻疹疫苗,"他说,"为了保险起见。"我打了。那一针让我病了好几天,有点发烧,还有点胃不舒服。但我的医生向我保证,打那一针不会对胎儿有任何不良影响。

"会是因为这个吗?"我问罗西医生。

他又耸了耸肩。"这真的不重要了,你说呢?"他说,"不管是不是这个原因,你现在都得找到一个应对他的办法。贴上个标签对他不会有什么不同。"

"当然会有不同了!"我心里很想大喊一声,却只能默默无语地看着他。我想让他告诉我,我的孩子是被疫苗伤害的,这一切不是我造成的,我是清白无辜的。

我有这么一个让我带到哪儿都觉得尴尬的孩子;一个看上去如此正常,但行为举止如此怪异,做的事让我觉得丢尽了脸的孩子。我觉得自己是个一败涂地的妈妈。每个人——家人、朋友、陌生人——他们眼中都有着同样的疑惑,他们好像都在无声地问:"你怎么能允许你的孩子有这样的行为?"

肖恩很讨厌去见罗西医生。有一次，为了减轻肖恩的不快——我也能够轻松些，在去见罗西医生之前我带肖恩去了个冰激凌店。那几个月肖恩会对餐厅给客人放在桌上的那一杯水感到恐惧，因此，我们得记着告诉服务生不要送水上来，否则肖恩就会不可避免地大发雷霆，最后很可能一发不可收拾，我们不得不走人。

那天在冰激凌店里我有些心事。从扬斯敦开车出来时，我感觉车子不大对劲——引擎像"没有了"似的。我一直在想，这下糟了，要修它得花一大笔钱；我还担心，车会在路上坏掉，我们回不了家。肖恩和我坐在靠窗的一张桌子旁。玻璃窗很大，我呆呆地仰望着窗外寒冬里俄亥俄州铅灰色的天空。突然，肖恩尖叫了一声。

一名女服务生将两杯水放在了我们桌子上。肖恩跳起来，推翻了那两杯水，把椅子也扔了出去；椅子砸中了玻璃窗，又重重地摔在地上。他自己一屁股坐在翻倒的椅子边上，扭动着身子，双手紧紧捂着耳朵，大哭大叫起来。那窗户居然没碎，真是奇迹。女服务生看看肖恩，又看看我，"我的天哪！"她说。我抓着肖恩的胳膊，猛地一把将他拉起来，使劲摇了摇他。

10分钟后我们到达罗西医生的办公室时，我仍在浑身打战。"他为什么要这么做？这到底是什么意思？"我把事情从头到尾描述了一遍之后问道，"他为什么会为了一杯水尖叫？我控制不了他，一个5岁的孩子，但他控制着我的一切——我不能在餐厅里吃饭，我不能去商店买东西，我甚至连坐下来10秒钟想想自己的事都不行，我得没完没了地去猜他会怎么想、怎么做，尽量避免他会发脾气的场合。我该怎么办啊？"

罗西医生沉默地看了我一会儿，然后转向肖恩："我说，肖恩，你为什么要那么做？"

我瞪大了眼睛看着罗西医生。他正在等待肖恩的回答！我的天，我心想——一个新思路。问他！我儿子长这么大还从没就任何事做出过解释。根据我们的观察，他根本就不懂像"解释""原因"和"结果"这样的概念，但我现在在这里，正目睹一位临床心理学家问一个孤独症孩子，他为什么会做出那些强迫性的、不合理的、怪诞的行为来。我也等不及了，想要知道答案！可是肖恩一扭身走开了，对我们两人理都没理。罗西医生站起身，把肖恩带到办公室里间做测试去了。

我们在餐厅吃饭时，我在心里对服务生给客人送上来的水是设了条规则的。对我来说，水是无味的、淡的，一点劲儿都没有，**在餐厅里，水就不应该跟饭菜一起端上来**。这是我的规则。服务生必须给我提供我喜欢喝的东西，比如可乐。因此服务生一把水拿来，放到桌子上，就会激怒我。这违反了我的规则，让我觉得对一切失去了控制，非常无助。我知道那个服务生是故意这样做的，他就是为了要伤害我，让我觉得无可奈何。我得让他知道知道，我的规则是不准打破的！

等候的时候，我翻了翻罗西医生办公室里那摞休闲读物，里面有几本过期的妇女杂志，没什么专业刊物，也没有那种有关儿童问题、有关孤独症的小宣传册。我已经去过图书馆，查阅了所有我能找到的相关资料。"所有的"其实也就是一本书，《玻璃球中的孩子》(The Child in the Glass Ball)，一位妈妈关于她的孤独症儿子的叙述。那个小男孩跟肖恩有着惊人相似的行为——一样的旋转和晃动，一样的强迫性行为，一样的不会对他人做出反应，但那个孩子更为冷漠、封闭，最后被送进了收容安置机构，将在那里度过余生。这本书把我吓得半死。

我偶然间获得的其他信息也不多，就是在精神病学和医学杂志上读到的几篇简短论述。大多数专家都将孤独症视为儿童精神分裂症[1]；没人知道孤独症是什么原因引起的，它也没有什么已知的有效治疗方法。我还读到过一篇关于利奥·凯纳（Leo Kanner）医生的文章，他在1943年发明了"孤独症"一词[2]；他将孤独症

---

[1] 译注：美国精神病学会制定的《精神障碍诊断与统计手册》第一版（1956年）和第二版（1960年）都将婴幼儿孤独症归类为儿童期精神病，直到1980年的第三版才将孤独症列为广泛性发育障碍之一，以提示孤独症是一种发育性障碍而非精神性疾病。肖恩生于二十世纪六十年代，"将孤独症视为儿童精神分裂症"正是当时盛行的观点。

[2] 译注：英文的孤独症"autism"一词源于希腊字的"autos"，意指自我（self）。它最早出现于1910年，由精神科医生尤金·布鲁勒（Eugen Bleuler）创造，用来形容精神分裂症患者与外部世界隔绝，并自闭性地退缩在自我幻想中这一伴随症状。1943年，美国儿童精神科医生利奥·凯纳详细描述了11位具有相似症状的儿童，认为他们生来就具有"在情感交往中的孤独样障碍"，并将这一此前无人报道过的疾病种类称为"早期婴儿孤独症"(early infantile autism)。孤独症作为一个诊断类别便由此而产生。

描述为一种精神病,症状表现包括:"这些孩子从生命之初就没有能力按照正常方式建立起自身与他人及环境之间的关联,对保持同一性具有迫切的、强迫性的愿望,在行为上则以表面无意义的重复行为为特征"。凯纳认为孤独症儿童是由"冰箱父母"导致的①,"冰箱父母"这个词像把冰冷的匕首扎在了我心上。他说:"这些父母都有很高的教育程度,也相当聪明,但情感冷漠;孩子在哺乳期时如果从母亲那里得不到温暖和爱,就会退缩,将自己与外部世界隔绝开来。"这篇文章激怒了我,让我在绝望中感到饱受责难。

里间的门开了,轮到我见罗西医生了。肖恩看上去有些难过,还有些愤怒;他跪在地上,远远地躲着罗西医生。

"嗯,"罗西医生说,"我还是不知道他为什么要打掉水杯,他不肯说,所以,我打了他的屁股。"

我可能是听错了:"你说什么?"

"他必须明白,他不能走到哪儿都表现出那样的行为!"

"你**揍**了他?"

罗西看着我点了点头。

"但这是只有**我**能干的事!可我不想让他挨打——看在上帝分

---

① 译注:凯纳医生认为,他观察到的那11名儿童家长的主要特征为:高智商、疏远、冷淡、孤僻、缄默。他也的确提到过,情感上表现冷漠的父母,可能会对儿童早期人格发展产生不良影响。这些观点在二十世纪六十年代被布鲁诺·贝特尔海姆(Bruno Bettelheim)采纳并发展成为"冰箱妈妈"理论,即情感冷淡的母亲是使自己的孩子罹患孤独症的根本原因,但几乎在同一时期,这一理论就已开始遭到挑战和质疑,时至今日,早已被主流学界所摈弃。

上，我们就是为了这个才到你这儿来的。我们是想要找其他方法跟他打交道！"

我把肖恩从地上抱起来，搂了一会儿。他在发抖，但他没有看我。

我从没料到他会打我。我简直不敢相信！现在我觉得："我一定是太坏了！要不然为什么不光爸爸妈妈打我，连这个陌生人也打我！"

我真不知道我到底做了什么招得他打了我——要知道，我并不是故意去做他不让我做的那些事的。我躲在自己的小世界里，根本就没注意屋子里发生了什么。我们做训练的那间小屋，还有他给我的那些指令，都被我屏蔽掉了。我真的一点儿都没注意过他。我只想离开那儿，只想赶快回去做我喜欢的那些事，但现在他因为什么在惩罚我。从那之后，从他揍了我之后，我跟他就再也没有任何关系了。不管他说什么做什么，我都无动于衷了。

"我再也不带他去那儿了！"

"好吧，"罗恩说，"行。"一阵沉默。

"但话又说回来，"罗恩又说，"自从我们去见罗西医生之后，他一直都有进步，至少有一些吧。"

"我知道他有进步,更何况还有4个月他就该上学前班了。如果我们现在停止,那我觉得他恐怕永远也上不了学了。"

"我也这么觉得。另外,要是他准备去上学的话,他必须习惯于听别人的话,按别人的要求去做。"

"我们是不是还是应该接着送他过去,就送到学校开学为止?"

"我看我们也没什么别的选择。"

我们跟肖恩解释,一遍又一遍地解释:罗西医生犯了个错误,他打你屁股是不对的,他再也不会那么做了,他这么做我们也非常生气。"我们就再去三次,"我说,"然后我们就再也不去了。"

我给罗西医生打了个电话:"我要说清楚,你绝对不可以再打他,也不能用任何方式惩罚他。"

"都随你,"他平静地说,"你自己决定。我被他气得够呛。对不起,我发了那么大的脾气。"

之后的几个月我们又去了几趟亚克朗,一直去到肖恩该去上学前班的时候。罗恩和我都觉得,虽然那个心理学家有些疯狂,但我们还是应该继续实施干预计划,至少肖恩还是有些进步的。

不管是因为什么——康复训练也好,发育成熟也好——在过去几个月的训练过程中,我们在肖恩身上看到了变化。肖恩的左右定向能力有所提高;他开始喜欢画画,用不用临摹纸都可以;沙包游戏也变成了我们俩真正的游戏——这是第一次他能真正跟我玩起什么来;他也经常在玩得开心时高兴地笑起来。我仍期望着他能从一个胜利走向另一个胜利,期望他能以我们赞许的行为来回应我们对他的表扬,期望我们的鼓励能影响到他整体的行为。

但是，事情并非如此。强化他的好行为从来不会使好行为再度出现，但那又怎么样呢？我转念一想，他长这么大头一次有了稍许的进步，就先知足吧。

那年春天我们又去了趟亚克朗，去见洛根医生。肖恩似乎对盐酸哌甲酯片已经产生了耐药性，服药对控制他的多动症状没有太大效果了，于是洛根医生给我们换了另一种药——盐酸硫利达嗪片。同样，这种药也就让肖恩安静了一个星期左右。洛根医生让我们接着给肖恩用药，他说通常药效会累加起来。我们不愿意给肖恩吃任何药，真不明白，如果那药对他没用，为什么他还得继续吃？末了，洛根医生承认，可能还有其他适合的药物，但在开药之前，他想再见一见肖恩。

洛根医生观察了肖恩几分钟，问他问题，让他画画。肖恩没怎么注意洛根医生，拒绝执行他的指令。洛根医生把肖恩送到了外面的候诊室，转身对我们说："跟我说说他现在怎么样。"

我解释说："我们还是没什么办法改善他的行为，大多数时候他迷失在自己的世界里，但我一直在给他做罗西医生推荐的康复训练，肖恩偶尔会对此给出反应，还是挺鼓舞人心的。"

洛根医生沉默着看了我一会儿。"你会宁愿你儿子生来就有听力障碍、言语障碍或智力障碍，"他说，"因为孤独症是最糟糕的。就算你儿子有什么进步，通常也会在青春期就停止。你们得面对现实——你们很有可能不得不把他送进专门的安置机构。"

我惊呆了，两耳嗡嗡作响。我看了看罗恩，他脸色惨白，愣愣地盯着洛根医生。一个声音开始在我脑子里回旋：**绝不**。我们**绝不**把我们的孩子送进那样的机构，我们也**绝不**能失去他。我们两人都从肖恩的眼睛里窥视到了这个孩子的困扰,他深陷于自己的强迫之中,惧怕这个他无所适从的世界——无论如何我们都要把这个孩子拯救出来。

"我们不相信。"罗恩说。

洛根医生带着那种他比别人懂得多的优越感望着我们俩,"只是让你们有个心理准备。"他说。

他让我们给肖恩试一种新药——盐酸异丙嗪片。"这药实际上是一种兴奋剂,"他解释说,"但对这些孩子,通常起的是一种相反的作用——镇定,它的药性也没其他的药那么强。仔细观察着他,要是有什么问题马上给我打电话。不过,最初几天你可能觉不出任何疗效来。"

我们是星期二给肖恩服用的盐酸异丙嗪片。星期三他却显得比往常更好动了。到了星期四下午,他的多动达到了非常严重的程度。他就好像被一群马蜂追赶着,在房子里东窜西窜,边跑边叫,疯狂挥舞着手臂,要么一头撞在门框上,要么整个人撞到墙上。我试图抓住他,但他会猛地挣脱开,力气大得吓人。

罗恩从学校下班回到了家。我们俩一起把肖恩弄进了他的卧室,关上了房门。肖恩爬上书架,跳下来;又爬上衣柜,跳下来。我慌忙去抓他,想要控制住他,以防他伤着自己,可他根本不让我碰他。罗恩这时已冲到楼下,去给洛根医生打电话。谢天谢地,我松了口气,我们总算还能向洛根医生求援!

罗恩上楼回到了屋里。洛根医生正在休假,去加拿大钓鱼了,星期一才回来。我们没办法联络上他,因为那里没电话。他也没找人替班。

我们看着肖恩在屋子里横冲直撞,大喊大叫。我靠着墙,头晕目眩。罗恩在肖恩呼啸而过时一把拽住他的胳膊,拦下了他。他抱着肖恩,想要安抚他;肖恩舞动着胳膊,两脚又蹬又踹。"用水试试——在浴缸里放些温水,也许这样能让他安静下来!"

我冲到走廊里,梅根瞪大了眼,站在她房间门口:"你们把他怎么了?"我把她抱起来,搂着她说:"宝贝,不是因为我们,是那个新药,那药使他的情况更糟了!"

她开始哭起来:"那药在伤害他!别再给他吃了!"

"哦,我们不会了!来,帮我给浴缸放满水,我们好让他平静下来。"

我们三个人一起力图要把肖恩弄进浴室,但他挣扎得太厉害,我们一不小心就会伤到他的身体。罗恩放开了肖恩。肖恩跑掉了,他在房子里四处乱窜,搞得我们眼花缭乱,目不暇接。他从这屋冲到那屋,跳着,爬着,叫着。依我看,他不可能一直这样下去吧!

我觉得身体不太对劲儿。我的心脏跳得很快,我完全失去了控制。我觉得自己像是被什么驱赶着——如果停下来我就会疯掉,所以我只能不停地跑,不停地叫,不停地动。

我一度爬到了楼梯口的一个架子上,从上往下观望。危险对我来说没有任何意义。爬这么高令我兴奋得浑身战栗,我差点儿跳下去,但最后还是没跳。我有种异常欣快的感觉。我的身体里积聚着无限的能量,我感觉自己就在跑道上;我看着一间间屋子从我眼前飞过,越来越快,越来越快。我是这世界上速度最快的人!

肖恩一刻不停地跑着。过了凌晨三点,他突然陷进沙发里,沉沉地睡了过去。罗恩把他抱起来,送进了他的卧室。我们站在小床边看着他。他看上去呼吸匀称,毫无异常。我们相互对视了一下,蹑手蹑脚地走出了卧室。我们觉得自己好像一下子老了10岁。

这是所有药物于肖恩的终结,也是洛根医生于我们的终结。我星期一给洛根医生打了个电话,告诉他,当他在另一个国家钓鱼时,我们一家经历的噩梦。

"别再给他吃那药了,"他说,"那药对他没用。"

九

1

那年夏天,我父母给我们办了附近一家游泳俱乐部的会员卡。多亏这份礼物让我在暑期那漫长的几个月里还能保持神志清醒,没有疯掉。肖恩喜欢下水,在水里他明显表现得很放松,但以前他并不是这样。

两年前我们曾去过朋友家的游泳池。罗恩站在游泳池中,1岁的梅根兴高采烈地从岸边的跳板上蹦到他的怀里,像只小蝌蚪一样在水面上欢快地游来游去。

但肖恩吓坏了。一开始,他甚至拒绝用手触摸水面。罗恩把肖恩抱在膝盖上,坐在了游泳池边上,两人的脚悬空着,在池边摇来荡去。罗恩把肖恩紧紧抱在怀里,慢慢地走进水中。肖恩高声尖叫起来,扭动着身子想要离开;他的眼睛瞪得大大的,眼中充满了恐惧。罗恩把肖恩带出了游泳池。肖恩却又爬回到了游泳池边上,似乎想要再试一试,于是罗恩再次把肖恩抱进游泳池。肖恩又是一阵尖叫。罗恩就反复这样做,把肖恩抱进去又抱出来,抱出来又抱进去，让肖恩放心，水里很安全。最后，肖恩允许自己被放进游泳池里了，但他仍挣扎着用双手抓住游泳池边沿，使出吃奶的劲儿瞟在那里。

我们第二次去朋友家的那个游泳池时，他的恐惧丝毫没有减少，他的反应就好像怕被水吞掉似的。罗恩还是一边向肖恩解释，一边安抚他。罗恩给肖恩看，水会淹到身体的什么位置，并演示水深没有变化。

我觉得游泳池特别恐怖。即便在这一刻我能探到底，下一刻我也有可能会被吸进水里。我不觉得安全恒定不变。我只知道游泳池可能深不见底，我可能会把命丢在那儿。我得抓住个什么，就只能这么办了。我需要得到百分之百的保证，我不会出什么事。水本身令人感到舒适镇静，我很喜欢它带给身体的感觉，但问题是——要是我松手了，池底真的还在吗？

最后，经过无数遍的尝试，尖叫声终于停止了。肖恩可以搂着罗恩的脖子，让爸爸把自己带到游泳池中间，远离岸边。肖恩的头转来转去，左瞧右看，确保什么都没变，游泳池里的水没升也没降，一直都保持着原本的样子。

好几个星期之后，肖恩自己下水了。他滑进了浅水池，双手抓着游泳池边沿站直了身子。这可真是个巨大的胜利。一旦他战胜了自己的恐惧，你就别想让他从水里出来。那个夏天剩下的日子里，每次我们去朋友家游泳池玩，他都待在浅水池，双手抓着游泳池边沿，一忽从水里蹿出来，一忽又沉到水下去。他最后能松开一只手，但从没双手都松开过——对他来说，"留一手"以防不时之需总是更保险的。

现在，两年过去了，他不再害怕水了，但他发展出一种对岸上一摊摊湿水泥地的嫌恶。如果水从游泳池里飞溅出来，把附近的地面浸黑，他就不会去踩在上面。他只去走浅颜色的、干干的水泥地面，就好像湿了的一块块地面是一个个黑洞，他会掉进去似的。于是，我们站在那些湿的地方，抱着他站在上边，让他用手去摸摸，跟他解释，但这些都不能减轻他的恐惧。直到一个多月后的一天，他突然之间就不再害怕了。

我讨厌游泳俱乐部里的暗色水泥地。它看上去令人生畏，就像罗西医生的那种深色皮肤，我很怕它。我真觉得，保不齐自己会被它吸进去，就像流沙吞人一样。我小的时候，曾经有过很多类似的幻想，就是想象有什么东西抓住我的脚，把我拖下去，最后吞掉。所以，对我来说爸爸妈妈让我用手去摸湿的水泥地，没什么意义——敏感的是我的脚，我的脚非常非常敏感。

梅根喜欢"大人"的游泳池,肖恩就跟着她一起去了。那里的水,深可没顶。她游泳的时候,他就抓着游泳池边沿,一会儿一头扎进水里,一会儿又露出水面。几个星期后,他竟能真的待在水里了。他会沿着游泳池边慢慢下水,直到脚踩到池底,然后跃出水面高声宣布:"一米五!"水的深度标注在游泳池的墙上,他从一个数字挪到另一个数字。他会在水面下消失片刻,就为再跳出来叫道:"一米六!"即便他学会了在水下游泳(但不会把头露出水面游),不用再扶着游泳池边沿了,他也把全部时间都用在了探索水深上。

我至今仍能清晰地记得,我们有间屋子的地板上有个小洞。那是一块老木板上的节孔,我喜欢蹲下来往里面看。有时候我用手指绕着洞的边缘转圈,就像家里的洗衣机那样转。我会把手指使劲往洞里伸,想试试洞到底有多深;也会把手指拿开,往洞里窥视,看看洞延伸了多远。我心里很清楚,它通到地窖里去了,但我就想看看它通到下面后是什么样。妈妈会说,"肖恩,你知道那个洞通往地下室",希望借此扼制我的兴趣,但这可不合我的意。我要自己亲眼一遍又一遍看到才算数。我需要考察小洞与地下室地板之间的厚度,尽管我完全明白,实际上我从这里根本不可能摸得到地板,因为它太远了。我只是用我的手指来做参照罢了。我总要自己亲自验证,那个洞的深度至少要和我的手指长度一个样。

在游泳池，我心里也是同样的想法。我得不停地检测它的深度。就算我知道最深的部分有三米半也毫无意义。我必须要亲自验证，要自己用脚去感觉游泳池底部的确是在逐渐倾斜向下，朝纵深延展下去的。我对水还是不太放心。

我很担心梅根，担心她整天都跟肖恩待在一起而疏远了其他同伴。他开始没完没了地戏弄她，不停地在她耳边重复一个词——随便什么词——直到她开始尖叫。一般她会打他几下，让他走开，但这只会引得他咯咯笑。他不会还手，但会继续弯腰在她耳畔重复那个词，直到惹得她站起来从他身边跑开。

很多时候他会忽略她的存在，沉浸在自己的世界里，但她经常会被他吸引，参与到他的活动里去。看到她把玩具顺着楼梯上滚下来，模仿他干的那些事，我吓坏了。我知道自己的担心毫无道理，不一会儿她也就厌倦了他的重复行为，但我讨厌看到他们之间这样的相似之处，哪怕只有一点点。

有几次，我们邀请了别的小女孩来家里做客，但梅根好像不太知道跟她们一起玩什么。很显然，她觉得她们很无趣，她早就习惯于哥哥那些五花八门的行为了。最近一次，有个小女孩带来了一堆她的宝贝娃娃想和梅根一起玩儿。

梅根，这个 3 岁的孩子，说起话来像个小大人儿。她趴在我耳朵边悄声说："哎呀，糟了，你看见她带什么来了吗？"

"没事的，你先试着跟她玩一会儿她的娃娃，然后你们再一起玩个你喜欢的游戏。"

"但我**讨厌**娃娃!"

"我知道。那你就带她上楼到你屋里去,也许她能发现什么别的让她感兴趣的东西。"

半个小时后,梅根回来向我汇报说:"没辙,她就想玩她那些娃娃。"

"这样啊。"

"要是我去外面玩儿,你觉得她会介意吗?"

"会的,"我说,"我觉得她会介意的。"

梅根深深叹了口气,转过身,慢吞吞地爬上楼见她的小伙伴去了。

那次来访是在一场混乱中结束的。尽管我竭力不让肖恩靠近两个小姑娘,可他早就盘算好了他要去哪儿。他突然冲进了屋子,抢过一只娃娃举在手里,追着梅根满屋子跑:"看这儿!看这儿!看这儿!"我夺下娃娃,把它还给了它的主人,但肖恩又回来了,在屋子里一通乱转,把人家的玩具推到地上,在梅根的纸上乱涂乱画。我一把抄起他,准备把他抱出屋去,可他连蹬带踹地想要摆脱我。我低头朝小女孩笑了笑:"还是你们俩好好玩儿吧!"她凝视着我。别看才3岁,这孩子一定在想,这家人怎么都疯疯癫癫的。

所以,我现在对游泳俱乐部寄予了很大期望。我肯定那里会有很多其他孩子,有那种和梅根一样活泼可爱的小女孩,她准能跟她们交上朋友。但是,当她真跟另一个孩子玩起来之后,肖恩总在一旁,不是大声叫她名字,就是使劲拉她胳膊。我试着转移他的注意力。因为他已经学会从游泳池边跳进水里了,所以我鼓励他表演给我看,看他跳得有多棒。可没过几分钟,他就又跑到他妹妹跟前去了。他想引起她的注意,他办到了。从另一角度来说,游泳池是他唯一不戏弄梅根的地方。在水里,他们俩能一起玩得很好。对他来说,不让他靠近妹妹简直就是另一种惩罚,我实在不忍心那么做。听到他的笑声,我心里暖融融的;看着他乐此不疲地在水里玩那个他称之为"绝招"的把戏,我十分愉快。肖恩在游泳池里表现出来的行为,是我见过的他最正常的行为。

还是等到秋天吧,我想,等到梅根去上幼儿园的时候,她会在那儿接触到其他的孩子,她不会有问题的。眼下,肖恩很需要她——我真的没办法把他们两个分开。

2

那个夏天,肖恩开始真正说话了。他说得很机械,声调平淡,没有抑扬顿挫;词序混乱,代词也不加以区分,随意乱用。"坏女孩她是,"他会指着梅根对她说,"他们马上就要揍她了!"词有可能没选对,但意思再清楚不过了。

他从来都称自己为"肖恩",而不是"我",而且总是用第三人称指代自己:"他现在就要水喝!"(有两年多的时间他一直这么说话,听着倒像很急人所急的口吻。)

看他学语言学得如此艰难费力,我觉得一般儿童能依靠直觉轻而易举地掌握语言中无与伦比的复杂性,实在是令人叹服。学习任何一件事对大多数儿童来说似乎都那么轻松自然,但对肖恩则不然。语言在他这儿就像是一团乱麻，他得解开、理顺，编成他能讲得通、用得来的形式。他好像是在自造语言，而不是在学习运用已经听了很多年的语言。我寻思着，也许，以前周围人说什么他就没怎么真听进去过；现在他显然需要别人能明白他说的话，所以才真正开始对语言上了心。

3

肖恩上学前班这事一直像块石头一样压在我心上。九月份该来还是来了。除了妹妹，肖恩几乎没和其他孩子打过交道。他对街坊四邻的小朋友们没表现出过一丁点儿的兴趣，他们接近他时，他会完全忽略他们。我们家隔壁住着一对双胞胎男孩，他们常来招惹他，但他从没什么反应。有一次，我看见他们从后院的铁丝网围墙向外拉他的胳膊，直到弄伤了他才住手。还有一次，他们揪他头发，朝他扔东西，我发现后跑出去制止了他们。这两次肖恩都没回应，他好像不知道他们就在身边，不知道他们伤害了他似的。我还是跟他谈了谈，告诉他，他们只是想让他跟他们一起玩儿，但他面无表情地转身走开了。

十

1

不管我多么不情愿,夏天终归还是结束了。还有4个月就是肖恩的6岁生日,他要去上学前班了。我们已经向他描述过上学是怎么回事,他在学校都会做些什么。我给他看有关学校的书,给他讲他班上的老师(是我认识的人),告诉他,他肯定会非常喜欢她——别说,他后来还真的很喜欢那个老师。她跟我妈妈长得惊人的相似,行事作风也像——温柔,说话轻言细语,极具耐心。开学前,我们带肖恩去见了她,也参观了教室。

开学那天,梅根和我送肖恩去上学。我带他走进教室,把他交给了克雷德勒老师。他就那么跟着她走了,都没回头看我一眼。我在门外站了好长时间,等着他的叫喊声,但似乎没有。我走到外面,和梅根在车里一起等。他那边现在到底什么情况啊?我心里打着鼓。他现在有可能在干什么呢?反正,我劝自己说,老师有我的电话,我们还是应该回家。回家的路上,梅根问:"你觉得他在学校里会怎么样?你说他们会对他好吗?"

"我希望他们会。"我虽这样说,但很难想象那样的情景。

家里一片寂静,静得能听得见回声。只有我和梅根在这房子里,感觉有些怪怪的——没人四处咚咚乱跑,也没人满屋大喊大叫。我从进门的一刹那就悬着心在等,但电话铃居然没响。我不停地回想着刚刚看到过的那间教室,一屋子孩子,肖恩也在他们中间。我真想象不出,他在集体当中的表现会是什么样的;也说不好,他到底对自己周围的一切感觉如何。

梅根和我一起玩了几个小时。时间到了,我们去接肖恩。他走出教室,手里攥着一些纸团儿。他什么也没说。我们跟他说话,拥抱他,问这问那,要求看他手里拿的是什么。他把纸团儿递给我们,就好像它们跟他没关系似的,用"是"或"不是"回答了我们的问题。我一点儿也不知道他到底是什么感觉,有什么想法,但他总算是过关了——他顺利通过了第一天,漫长的三个小时,就他自己。

从某种角度来说,学校对我起到了很大的镇静作用。我立刻发现了它规律性的特点,这让我觉得我多少可以掌控。上学前我已经学会认时间了,我能确切地知道什么时候会发生什么事——这让我觉得很放心。一天被分割成很多小部分,我确信在每个时间段里要预期什么——这是我能应付得了的。在学校里,我能稍稍走出自己的世界;我能看到其他人是如何互动的,也能看到他们在集体活动时会做些什么。

我早就知道我跟其他孩子不同,我会观察邻居家的孩子。现在,在学校,我非常努力地要表现"正常",要像其他孩子那样做,这样我就不会那么显眼。我不想那么不一样,因为我知道那种不一样是错的。

肖恩现在成了一名学前班的小朋友,他像所有普通小孩那样走进了教室。罗恩和我简直有些目瞪口呆。这怎么可能呢?

开学前,我们跟肖恩的老师谈了谈他的问题,但没提**孤独症**这个词。一个星期后,我又跟她谈了一次,这次,我们涉及了这个话题。

"他基本就沉浸在自己的世界里,"她说,"什么事都不太参与,也确实是坐不住,但他会跟上的。放心,他会没事的,我认为。"我长长地松了口气。

在我们住的镇子上,除了公立学校,肖恩没有别的地方可去。我们曾试图寻找其他可能的选择,但真的没有。公立学校里的特教班是为"问题"儿童提供的唯一帮助。那时候,教育机构尚未将一些孩子定义为"学习障碍儿童",也没有将他们从普通班级划分出来,为他们提供专门的特教老师或辅导老师。特殊儿童可以上的特殊学校都是些私立学校,位置偏远,价格不菲,对于我们来说可望而不可即。我们希望能克服重重困难,把儿子留在公立学校。

肖恩在家里的行为却越发糟糕了。我被吓坏了。从学校一回到家，他便砸开大门，飞驰而入，在房子里东奔西跑，开始了各种疯狂的活动——简直像是爆炸了一样。他噼里啪啦地拨弄电灯开关，把玩具顺着楼梯扔下去，把所有能转的东西都转起来。他对我的话置之不理，就像聋了一样。要是我想控制住他，他就会激烈地挣脱我，还会对所有形式的惩罚异常愤怒。我试图让他放学后在外面待着，但他坚持要进屋，要是我不让，他就尖叫。

想让他参与任何游戏或安静活动的努力全是白费劲儿。给他讲故事他不听，要是他手里拿着本书，他会飞快地将书页哗啦啦地翻动过去，根本不看里面的内容。玩卡片也是这样，他会用拇指一遍遍快速娴熟地划过另一只手里攥着的那摞卡片，并不细看上面写的或画的是什么。平心而论，这些都是他最不具妨害性的活动，我通常都会允许他持续进行半小时左右，不去打断他。我其实很清楚它们的自我催眠效果——看看他那无神的眼睛，听听他那令人紧张不安的咯咯笑声就知道了。

罗恩，这个我见过的最好脾气、最和善的男人，一直竭力对肖恩保持耐心宽容，尽量在我们母子之间调解斡旋，并尽最大可能接受我们每天都要面对的那些行为。大多数时候他都能成功，总能在我即将大发雷霆的危急时刻把肖恩支开。但是，偶尔也有那么几次，罗恩扛不住了，耐心突然丧失，结果往往很戏剧性。

肖恩有个金属陀螺，他特别喜欢转着玩。那还是我小时候的玩具，日久经年，陀螺底端的小橡皮护套已经磨破，露出了尖尖的金属头。当肖恩疯狂地抽打它，让它飞速旋转的时候，金属尖就在厨房地面上钻出了密密麻麻的一个个小孔。罗恩告诉肖恩，得把陀螺拿到外面的水泥过道上去玩，不然地板都被糟蹋坏了。

罗恩给肖恩看那些小孔，肖恩置之不理。又是一阵疯狂的旋转，又出现了更多的小孔。罗恩把陀螺拿走，肖恩高声尖叫起来，还用双手捂住了自己的耳朵。罗恩把肖恩抱起来，扳过肖恩的身子，强迫他看着自己，严厉地说道："听好了，你现在把这个拿到**外面**去玩，**不要在厨房里转它**。"

罗恩回去看他的书了，肖恩又回到了厨房。我们立刻听见地板上开始发出"锵、锵、锵"的声音。罗恩跳起来冲进了厨房。他抓过陀螺，扔在地上，狠狠地一脚跺了上去。接着他发疯似的在它上面蹦上蹦下，直到那小玩意被压得跟罐头盖儿一样扁。肖恩看着罗恩。我开始被吓呆了，之后大笑起来。罗恩也跟着笑开了，我们俩抱在一起，歇斯底里地笑得前仰后合。肖恩看看罗恩，又看看我，表情木然——这不过是又一个令他费解的父母的行为。

2

6岁时，肖恩突然开始迷恋车的仪表盘。我们开车时，他会从后座上探过身子来，瞪着眼看那指针上上下下地跳动。他不关心我们要去哪儿，也不关心路上经过了什么地方——他的眼睛就盯着仪表盘。当他意识到其他车辆上也有仪表盘时，这种痴迷就变得危险起来。在街上走时，他会挣脱开我的手，跑到停靠在路边的汽车旁，扒着车窗看里面的仪表盘。

有一天下午，肖恩和我一起走在人行道上。梅根在我们前面，骑着她的小三轮车。突然，肖恩箭一般地冲到了马路当中，一辆行驶而来的小轿车来了个急刹车，车子打着滑发出了尖锐刺耳的声音。肖恩抓住那辆车一侧的后视镜,一下子贴到车身近旁,想要探看车内的仪表盘指针。司机脸都吓白了。我连忙跑上前去道歉,把肖恩从她车边带走。她看着我连连摇头,显然对我的疏忽大意感到震惊。

我浑身发抖,四肢瘫软。我把肖恩带回家,让他待在自己的房间里。"你永远永远不能再做这样的事——你差点儿被撞死!"他根本没注意听。我一边大叫一边摇晃他:"肖恩,**你给我听着!**"他的脸上什么表情都没有。

如果没有人每时每刻看着他,我一分钟都不敢让他到外面去。即便我**在**外面,拉着他的手,他也可能一眨眼的工夫就跑了。

几天之后的一天,我在厨房里,两个孩子在客厅,外面突然传来一声尖锐刺耳的刹车声,我被吓得动弹不得。"妈!"梅根大叫了一声。我跑到前门,门居然开着。一位中年男士,身着笔挺的西装,头戴羊毛花呢鸭舌帽,拽着肖恩的胳膊走了过来。

"这孩子是你的吗?"

"是。"我说。

"他差点儿没让车给撞死,他直愣愣就跑到我车前面来了!"

这个陌生人连气带吓,面如死灰。

我咕咕哝哝道了歉,把肖恩领进屋。他是自己打开的纱门(以前从没这么干过),跑出去时我一点儿都不知道。我开始打他屁股。满腔的愤怒和惊惧使我完全失去了控制。打他的时候我也明白,这么做没用,根本镇不住他。我在肖恩身上施加的疼痛,无法让他在脑子里和自己做过什么联系起来。他不会觉得后悔,只会因为我妨碍了他而感到愤怒。我的举动对他未来的行为没有任何影响,他下次仍会我行我素,但我唯有如此,别无他法。

  我真的很喜欢从车窗玻璃望进去,看里面的仪表盘,但我真正的兴趣是那根小红针。我拼命地想要看到它,因为它能带给我强烈的愉悦感。我尤其喜欢从上往下看仪表盘,因为这样我能更多地看到那根跳动的指针。

  我对仪表盘的着迷是从小时候家里的一幅画开始的。我真的对那幅画本身没太多印象了,但它强烈吸引我的是,画上的那个男人是裸体的。他的生殖器赫然展现在眼前,这令我觉得很兴奋,也很困惑。我一直在想:"我会不会有一天也看上去像这个男人这样?"有好多次,我走进那个房间,就为盯着那幅画看。

  后来,我对那幅画的痴迷不知不觉转移到了汽车仪表盘的指针上。在我看来,指针暴露的部分越多,就越显得"光溜溜"的。帕克夫人的车停在街边时我最激动,因为她车上的仪表盘指针并不像大多数的指针那样,固定端藏在数字板中心一个圆钮的后面。我能看见她车上仪表盘的整根指针,包括那小段圆圆的顶端。

  有一天,我跑到马路上去了。在我脑海深处,我意识到一辆车正朝我开过来,但这对我来说并不意味着危险。我实在是太着魔了,完全身不由己。我必须要看到这辆车的仪表盘!开车的男人停下了,揪着我的胳膊,把我带回家。我想象不出自己做了什么,也不明白他为什么那么生我的气,我只不过想看看他车里面。他把我吓坏了。

接着妈妈也对我大发雷霆。我就知道,只不过因为我喜欢看汽车仪表盘,我就又要挨罚了。事情明摆着,不管我喜欢做什么,都是错的——特别是像这次这样,连个完全不认识的人都会生我的气。我实在搞不明白,往人家车里看看有什么可怕的。

妈妈揍完我,教训了我一通,告诉我跑到马路中间去会被车撞到。这之前我真不知道自己在马路上会受伤。有那么一小会儿我意识到了那是危险的,就是她跟我谈这事的时候,但这个意识立刻就被我抛到九霄云外去了。我现在仍记得她说过那些事,但当时,我并没有把她说的话跟我做过的事或将要做的事联系到一起。

在这个年龄我还缺乏想象力,我就是无法在脑海中描绘出一桩桩事情。很多年之后我才会这么想象。那时候我根本不怕行驶中的车辆,因为我想象不到它们有可能会撞到我——对我来说,行驶的车辆和停放的车辆没什么区别,不具有任何潜在威胁。

喜欢汽车仪表盘的阶段过去之后,肖恩又开始迷恋一样新事物——死胡同。我们开车经过一条死胡同,如果不转进去看看它会通到哪里的话,他就会发疯。开始时我们还试着安抚他,如果有时间我们就会开到那条街的尽头,满足一下他的好奇心,但这么做却令他的痴迷程度有增无减。下次我们再经过那条街时,他会坚持让我们再开进去。即使我们跟他说"你知道那条路通到哪儿",也没用。

他认得"此路不通"的标志,只要看到这个标志,他就要让我们开过去探看一下。我们不厌其烦地跟他解释，现在没法满足他的要求，还要去别的地方，没时间了，诸如此类。他根本不听。我们要是继续开我们的，他就会变得越来越焦躁不安，还会撕心裂肺地又哭又叫。吵闹声在车子里回响，像把锤子，一下一下砸在我头上。

开车出门简直是活受罪。以前开车带肖恩出去还算是我们跟他相处起来最容易的方式。车子移动时的颠簸似乎能使他安静下来。另外，开车出去无论对他还是对我们来说都是一种解脱，这件事可以让我们暂且避开肖恩的激烈行为给家里带来的紧张气氛，但现在，这样的逃避也是不可能的了。

我对死胡同有极强的兴趣。我喜欢做的事，通常都是那些带有些微变化，但本质上是重复的事情——死胡同就非常理想。我知道这样的街道可能会是不同的样子——两条紧邻的街道很可能都是死胡同，但看上去和感觉起来却可能完全不一样。它们都没出口，从这点来说，它们又都是一样的。

所以，死胡同很合乎我的规则——不断重复中带有一点变化。我喜欢乘车时看到"此路不通"的标志；我想要去探看那条街，能看多远就看多远，最好能顺着它一直看到头。有时我直接就能看到那条街的"尽头"，但多数时候看不到。看不到的时候，我就不顾一切地希望能乘车过去看上一眼——这是我的好奇心能得到满足的唯一方式。各种问题开始在我脑海里闪现：那条街会穿过那片小树林吗?它的尽头是一个圆形弯道吗?它顶到头是别人家的车位吗?这些问题萦绕在我心头,反反复复地问个不停。

大多数的街道都没有尽头,但我喜欢死胡同,它们带给我一种安全感。每次我们接近一个死胡同的时候,我的期待都会直冲云霄。之后会怎么样?我们的车就从它跟前呼一下开过去了!我父母会拒绝开到那条街里去。我觉得这么做太可恨了,我会非常生气,非常愤慨!我只是想看看一条街的尽头是什么样,可他们却偏偏不让,这会一下就激怒我。我唯一的要求不过就是让他们开车带我到那条街上去,连这他们都不干!我觉得自己挚爱的东西被剥夺了,而且我只能依赖别人带我过去,又是在受制于人。至少,要是我想把我的玩具电话扔到树上,我可以自己扔上去!汽车不在我的掌控范围内。这次,肖恩·巴伦又别想如愿以偿了!我觉得无能为力,这让我非常非常生气。

我明白他们什么意思了:他们不会带我到那条街上去的,因为他们认为,凡是我喜欢的事,从某种角度来说总是错的。其实没用多久我就感觉到了,我真的有什么毛病,但话又说回来,把车开到一条死胡同去看看又有什么大碍呢?我又没想伤害谁,到底凭什么我就得被伤害呢?于是,我形成了这样一个认识:我是个坏人,而且,我无权又无能。我们可能连续经过了五条死胡同,但我一条都去不了!再经过的下一条街道就会是开放式的了,它必定会是我爸妈的选择。我真的觉得怒不可遏。

等我们再次开车经过那些地方时,要是有死胡同,每一条我都要扭着头拼命张望,但要是路过没有尽头的那种街道,我就会目不斜视或朝相反的方向看,假装那条街根本就不存在!这样我就能显示我有力量控制那些街道，还有车里的人。我会想："他们能强迫我转到这条街上来，但他们无法强迫我去看它或接受它的存在。"

除了对死胡同的狂热，肖恩还形成了一种好像是对左转弯的恐惧。罗恩或我一打左转向灯，肖恩就开始尖叫："不！不许那么做！不要，你不要转！"他的叫声震耳欲聋。这又是闹的哪一出？他到底哪儿来的貌似对左转弯的这种恐惧呢？他害怕**左转弯**？

他开始拒绝和我们一起开车出去，如果他认为我们在一个既定行程的某个时候可能会向左转的话——事实上还真有可能会。所以，还没出门我们就已经开始了一场对抗。通常的结果就是，我们当中一人强行抱着连踢带踹的肖恩出了门，把他硬塞进车里。又是一次忙乱得不亦乐乎的全家出行。

我们掰开了揉碎了跟他讲道理，我们要去做什么，为什么要去做，不喜欢左转弯一点儿道理都没有，很愚蠢，但一切皆是无用功，什么效果都没有。这一强迫性行为后来越来越严重，一直持续到他 7 岁多的时候，最后被他自己发明的一套新规则所取代。

我讨厌在车上时我们不得不左转弯。我对左和右本身没什么特别的感觉——只有在车上时才会成问题。他们一打开左转向灯，

我就会发怒。其实很简单，对我来说左转代表"蠢笨"，右转代表"更好"。现在我已经不记得自己为什么会那么想了，但那时候真就那么觉得——它是我的一个信条。

我将左转弯等同于愚蠢。因为我父母认为我很蠢，所以，每次他们左转弯，就等于在发表一次反对我的声明，在说我非常愚蠢。而如果向右转弯我就不觉得生气。左转弯时，我会往同一个方向倾斜，以抵抗车子向外甩的自然拉力——这样我还能假装我们好像不是在向左转而是在向右转。

上车后，我必须要坐在后座的右侧，梅根坐在左侧，因为右边更好。有时候，为了否认我们在左转弯，我就使劲缩在后座里，这样我就看不见车子在往哪边走了。

后来，我迫不得已要在脑子里描绘出我们开车要去的地方。我会想出行车路线，一个转弯一个转弯地想，这样我就能算出我们需要的左转弯和右转弯各有多少个。如果有太多的左转弯，我就拒绝跟着一起去。如果我父母无论如何还是强迫我跟着去了，我就会跟他们大发脾气。我生气不仅仅是因为他们没给我选择，还因为我不喜欢的事不但会发生，还会一而再，再而三地发生很多次。乘车出行对我来说真是太困难了，从上车之前我就开始生气。我惧怕所有的左转弯，而且我会因为拒绝同行而遭到呵斥，但终归还是会被连拖带拽地硬逼着跟了去！

十一

1

我们买了所新房子,就在三公里外,一个叫博德曼的小镇上。一直以来,孩子们的卧室都在二楼,而我们的在一楼。现在这样不行了,他们离我们太远,我们没办法保护梅根,让她不受肖恩的侵扰——他经常疯跑进妹妹的房间,随心所欲地想拿走什么就拿走什么。

"新"房子很老旧,有很多需要修缮的地方。所有的木工活都是罗恩利用周末时间来做的,我则负责粉刷墙壁和门框。我通常都是在晚上罗恩去电视台兼职当导演的时候干这些活。两个孩子都在我父母家过夜。我拼命地干着这些艰苦的体力劳动,对我来说这是种发泄,每天的愤怒、焦虑和挫折感就这样随着汗水一并流走了。撕去破旧的壁纸,铲掉碎裂的油漆,打磨粗糙的木家具——这些粗活累得我腰酸背痛,但我却感觉像是在度假。我太享受这一切了,一人独处的机会实在是难得。

但真到要搬家的时候,我们俩都忧心忡忡。肖恩会做何反应？他可是连最小的改变都受不了的。更糟的是，当时刚好是上半学年结束，他下学期要转到另一个学前班去。

新房子的空间比原来的要大得多。我们的卧室位于肖恩和梅根的卧室中间，这样梅根清静的时候就能多些。学校走几步就到，而且和罗恩任教的学校在一个系统。美中不足的是，后院太大，也没有围墙，我们要想看住肖恩就更困难些，他会说不见就不见了。

他们告诉我，我们要搬家了。我一开始不太喜欢这个决定。他们开车带我路过一次新房子。我看得出它比我们原来的房子大，而且它有个地方吸引了我——这房子有种神秘感。我一向喜欢神秘感：那些房间都通到哪儿？洗衣房里有运脏衣服的通道吗？壁橱里面什么样？地板上有窟窿吗？后来的事实证明，这种感觉完全战胜了我不喜欢改变的习惯——不知道为什么，搬到新家去对我来说并没什么太大的不同。况且，我知道那里面还是会有我喜欢的那些东西的：电灯开关、通风口的铁箅子、我们的洗衣机。等他们准备好搬家的时候，我已经里里外外查看过新房子，对所有房间里的所有电灯开关的位置早已知道得一清二楚。

肖恩被新房子里的洗衣机和烘干机深深吸引了。只要有可能，他就会溜到地下室两眼凝视衣服在机器里的旋转或侧耳倾听它的

声音。我经常会在那儿发现他——靠在洗衣机上，自顾自地咯咯笑着。

一天，我把全家人的棉袄洗完了放进烘干机烘干，拿出来时发现衣服上粘了一大块一大块鲜艳的颜料。肖恩把一堆蜡笔扔进了盛着衣服的烘干机，蜡笔融化掉，颜色粘在衣服上去不掉了。几百块钱的棉袄就这样报废了。

我找到他，把他带到楼下，让他看看自己都干了些什么。我知道他不理解因果关系，但我还是教训了他。"瞧，我不得不把咱们的棉袄都扔了，"我告诉他，"这是**你**干的好事。你把蜡笔丢进了烘干机，它们受热融化掉，都粘在衣服上了。现在我只能把它们都扔了。"我当着他的面把衣服塞进了垃圾桶："看见了吗？"

他似乎没注意看也没注意听，看上去还有些恼火。要知道，他已经上学了——平时也要跟其他孩子一样，坐在课桌后面听讲的。要是我不这么教他，他哪天才能明白自己的行为是有后果的？

万一哪天他半夜醒来，我说过的这些话又在他耳畔回响，击中了他脑子的什么部位，**能够**引起他的某些反思了呢？要说他根本不能理解，我无法接受；说不定什么时候——下周二、下个月、十年以后——他突然有能力领会因与果之间的关系了，而如果我那时却已经放弃让他去理解的努力了，那他可真就无可救药了。

肖恩的饮食也一直令我担心。他从小到大一直就吃那几样食物，几乎从来就没怎么变过。我到现在也没能让他尝尝水果或蔬菜，但他却越来越爱吃高碳水化合物的东西。他不是说先尝了某样食物，觉得自己不爱吃就不吃了，他是连嘴唇碰都没碰过那些吃的。他会用手去摸一摸，用鼻子闻一下，然后就到此为止，再也不会去碰它了。他似乎在生理上对大多数食物，特别是含多种混合成分的食物，有种难以抵抗的反感。他不肯尝家常的炖牛肉，也不愿意碰俄亥俄州的特色风味——焙盘炖菜。他喝的唯一一种汤是鸡肉面条汤，还得是最清淡无味、不加任何蔬菜、看不见任何调料的那种。

我吃东西很成问题。我喜欢吃无味、简单的食品。我最喜欢吃的东西是麦片，而且是干的、不加牛奶的，还有面包、烤薄饼、通心粉、意大利面、土豆和牛奶，因为这些都是我很小的时候就吃的食物，吃起来可以让我感觉安心又舒适。我不想尝试任何新食物。

我对食物的质地极为敏感。在我把一样东西放进嘴里之前，我必须要先用手指摸一摸它，看看感觉如何。我特别讨厌一样食物里掺和着其他食物，比如面条里加进蔬菜，或者面包里加这加那做成三明治，我永远永远都不会把这样的东西放进嘴里。我知道要是我吃了准保会生场大病。

还在我很小的时候，有一回我曾为了外婆试着去吃香蕉，但我吃不下去。从那之后我就拒绝吃任何其他水果。我想吃我习惯了的那些食物，因为其他的食物对我来说都带有威胁性。妈妈想让我吃什么新食物时，我会非常生她的气——我知道我想要吃什么！

我每天还不得不做一些让我感觉非常不舒服的事，其中一件就是洗澡。我觉得端端正正地坐在澡盆里极其不舒服,所以我一丁点儿都不喜欢洗澡。我特别讨厌屁股顶在澡盆上的感觉,我也没办法让自己去想别的,而忽略掉那种感觉。我要是好好坐在里面,就会觉得黏糊糊的,而我对这种感觉极其敏感,怎么努力都摆脱不掉。类似的感觉我以前也有过,就是光脚站在地毯上的感觉,那时我就无法忍受。为了能更好受些,我把身体大部分重量挪到一边,这样我的身子就只有一部分贴着浴缸了。如果他们坚持让我"坐直了",情况就会更糟。我没别的办法,只得不自然地这么坐着。洗澡可真是受罪。我觉得我恐怕真有什么毛病,要不干吗老得那么坐着。

肖恩上完学前班,升入了一年级。我们觉得这有些难以置信,继而大喜过望。我们看了看他的成绩单,所有"有待改进"的小方格都被打了钩。他的老师给他的评语是:不具备可测量的注意力持久度,听从指令及协同配合的能力较差,与同学的"交往互动"几乎没有。但是,不管怎么说,他上一年级了!

这一年来,他带回家的每一份小小的功课我们都仔细看过。他学过写字母,他会拼自己的名字,他完成了很多学前阅读预备练习。他画的画,有的奇特,有的怪异(大多是些不明所以的形状,老师说,对于一个6岁的孩子来说,它们显得过于"幼稚"了),但它们就在眼前,画在纸上,上了颜色,我们还把它们贴在了冰箱上。

两个孩子和我在游泳俱乐部度过了一夏天。罗恩还是晚上在电视台上班，这个夏天也没放假，他每天早上都开车去80公里外的肯特州立大学（Kent State University）上课，继续攻读他的硕士学位。所以，天气好的时候——我指的是所有零度以上，不管天色如何，只要没有电闪雷鸣的天气——我们仨就去游泳俱乐部。

这个夏天和头一年一个样儿，梅根在池子里游来游去，肖恩则在池子里溜着边儿，一遍遍从浅处游到深处，时不时跃出水面宣告池水的深度。我开始注意到我们在人群中被孤立了起来。偶尔，梅根会碰到个她认识的小女孩，两人会在一起玩上一会儿，但那孩子的父母好像总有理由把自己家孩子从梅根身边叫走。肖恩总是和梅根在一起。很显然，肖恩有些"古怪"，有些不对劲。游泳俱乐部的会员很多都是职业绅士，还有他们的太太——这些妇女当中的很多人都以离家工作为耻。每个人做事都循规蹈矩，不越雷池半步——衣着要得体，正统价值观要追随。所以，大多数俱乐部会员在面对自己身边出现的异常行为时，做了唯一一件他们知道该怎么做的事：对肖恩及其家人全部视而不见。

2

梅根虽然只有4岁，但秋天也要上学前班了。她通过了一个测试，测试结果是让她早入学一年，和高一个年级的孩子一起上课。给她做测试的心理学家说："她的智商很高，我建议她今年就上学。要是等到明年，我担心她会觉得学的东西没什么意思了。不过，就她的年龄来说，她在社交上发育还不够成熟，你需要仔细观察一下,看有没有什么问题。"我听从了他的建议。

我们的小丫头要去上学了这件事,让我内心充满了失落和悲伤。我百感交集,却欲哭无泪。我不能让她去,这也太快了!我觉得我跟她待在一起的时间太短了,远远不够!我把我们在一起的宝贵时间都浪费掉了,我的注意力全都给了肖恩——尽管给他的都是些消极的注意力。梅根一直都太容易照看,太容易相处了——她充满好奇心,可爱有趣,讲道理,反应机敏。相比之下,肖恩呢,跟他在一起肯定是没什么乐趣,也事事费劲。他做的事差不多都是"错的",很多时候,我甚至连看都不愿意看到他。

我想跟梅根重新来过。这一次,我不会再浪费那么多时间非要去纠正肖恩,非要去改变不可能改变的事,但是我意识到,我想到的是我自己,而不是梅根。那个心理学家是对的,到了明年,所有学前班的功课对梅根来说就太容易了,而她最不喜欢做容易的事。我不能这么对她。

梅根是一个生性极为快乐的孩子,她总能找到自己的消遣。每天早上一睁眼,她都充满朝气与活力。她自己发明游戏,画画,看书。她热爱所有跟她有缘相会的小生命。她养过两只鹦鹉、两只青蛙、一只狗,还有奇普——一只螳螂。她因为不忍心看到小苍蝇成为奇普口中的美味,就决定把狗粮串在铁丝上喂给奇普吃。我跟她解释说,这样肯定行不通,奇普是要自己逮过路的小飞虫吃的,但她锲而不舍。你别说,奇普还当真用一只爪子勾住了梅根举着的铁丝,津津有味地大嚼起狗粮来。这可真让她欣喜若狂。我们后来才知道,奇普原来是只母螳螂,因为有一天我们在它附近发现了一个卵鞘。第二年春天,就是奇普已经死掉被隆重埋葬了很久之后，卵鞘裂开了，成百上千只小奇普飞满了我们的门廊。

梅根的卧室里摆满了她种的一盆盆植物，后院里也有一个她的小花园。她能在外面一口气连续玩上 10 个小时也不愿意进屋。

尽管身为成长在电视时代的儿童，梅根却不怎么看电视。近来，她对唯一一个她爱看的节目《星期日晚间迪斯尼》（Sunday-night Disney）也失去了兴趣。节目里有一部分"动物故事"她本来一直都很喜欢，但看到后面她说："这些故事老是一个样，一家人捡到一只小野生动物，带回家去当宠物养，后来它长大了，麻烦就来了，他们就不得不把它送给了动物园。故事每次只不过换一只动物来讲而已。"她后来再也不看那档节目了。

夏末秋初，是最令人忧心的时节。梅根去年还在每周上三次幼儿园，今年就成了学前班里年龄最小的学生，她如何适应这样的新生活？我又如何适应她离家上学的日子？肖恩在一年级里会怎么样？——要开始动真格的了，老师真的会给他打分数，他还要真的学习阅读和算术。另外，不消说还有最重要的一件事，他要在教室里待上一整天。真是难以想象。

开学那天早上，肖恩好像对所有的事都提不起精神。他懒洋洋的，反应迟钝，不能（或不愿意）试着自己穿衣服，也不听从最简单的指令。一通儿挣扎之后，他终于准备好了。

我领着他们俩往学校走，心里有些惶惑不安。梅根在一旁边走边跳，喋喋不休地说着她是多么想学会阅读和识字，那是世界上她最想做的事——她认为下午老师便能教会她，之后她就能在家里守着她的那些书度过余生了。肖恩什么都没说。梅根满心想要分享她的兴奋劲儿,却没能引起任何反响。他肯定过不了这关,我对自己的悲观想法深信不疑。他在只有他一个人的世界里,跟其他孩子毫无共同之处。让他设法去适应一个自己永远都无法理解的世界,那可真是个残酷的幻想。我差点儿就转身带他回家,但在最后关头我还是让他去了。他径直走进新教室,头也没回。我送梅根去了她的学前班。

回到家,我在房子里来回走,拿起样东西,看也不看,随即又放下,想说开始做件什么事吧,然后又忘了自己想要干什么。我心神不宁地等着,等着电话响,等着一个愤怒的声音说:"赶快过来把你儿子接走。你怎么能把他送到这儿来?你居然还指望有哪个老师能受得了这个孩子?"

但没人打电话。我中午去接了梅根。她热情洋溢地从教室里蹦蹦跳跳地跑出来,急不可待地想要把每件事都讲给我听。我们回家一起度过了一下午。她一度抬起头来看着我说:"你觉得他会怎么样,妈妈?"

两点一刻了,我们俩一起去接肖恩。回家的路上,他一句话都没有,也不回答我们的问题。一到家他就炸了,在各个房间东奔西跑、上蹿下跳,把东西都打翻在地,扯着嗓子大喊大叫。

学校对我来说是个令人愉快的地方。当然,最重要的一点是它的日程安排每天都一模一样,非常规律。我最喜欢做的一件事就是测试蜡笔的颜色——和其他深颜色相比,松绿色到底有多深,

或者嫩绿色画在纸上到底有多浅。我对比起颜色来，可以一口气比上几个小时，这样在学校里的时间就不显得那么漫长了。我也同样喜欢各种颜料——深颜色都很像黑色，因而，深色颜料和深色蜡笔对我来说都有种神秘感。尽管午夜蓝看上去很像黑色，但我会想，真要画在纸上，它的颜色到底会有多深呢？探究那些看似黑色又跟黑色有所差别的不同颜色，实在是太令人着迷了。我画的彩虹常常都只用我喜欢的那些深颜色。我喜欢对比蜡笔本身看上去的颜色和它们画在纸上的颜色。浅颜色不吸引我，因为我能看得出它们画在纸上会是什么样。黑色则不同，它是我"看"不到的颜色。当然，我能看见蜡笔，但那并不是它实际的颜色。是什么组成了黑色？有没有可能找到一支颜色甚至比黑色还要深的蜡笔？这类问题能把我迷上几小时。我对黑色的这种痴迷继而也会蔓延到其他的深颜色上去。

一直到今天，我们都不知道肖恩是怎么设法在学校里生存下来的。我们的确有个不可否认的优势——罗恩任教的学校和肖恩上学的学校同属一个教育系统，我们认识肖恩学校里的很多老师，包括校长和教导主任。显而易见的是，他们真的很尽力，很通融，为肖恩和我们提供了很多方便。多年后肖恩的一个老师告诉我们，每当她给全班布置任务时，肖恩就会开始在课桌上撞脑袋。他会一直撞个不停，除非她走到他跟前，耐心、细致、有条不紊地把要做什么再解释几遍，直到他听懂为止。

不过，要是他在教室里的表现像在家里那样，没有老师能允许他继续待下去的。来自其他25个孩子的压力，老师的权威，严格的纪律要求和每天日程安排的规律性，多多少少都使肖恩在班上的行为受到了抑制。家长会上，他的老师告诉我们："嗯，肖恩在努力，但事情对他来说没那么容易。上课时他还应该更注意听讲些。"我们真是喜不自胜。

显然，肖恩不是个容易带的学生。一年级结束时，他升入了二年级，我们收到了他老师写的一封信。信的开头，字迹端庄秀美，老师告诉我们肖恩一直都很难对付；接下来，老师开始描述肖恩那些古怪的、通常极具破坏性的行为，这时的字就开始变得歪七扭八了；到信的末尾，我们几乎辨认不出最后一句话写的是什么了。就我们能读懂的内容来看，这位老师说她将离开教师岗位，提前退休。

肖恩的语言和其他六七岁孩子的完全不同。他随意使用介词，仍用第三人称指代自己。我问："你为什么这么做？"他会回答："肖恩不知道。"他从没用语言交流过情感、想法或问题，他说的话听上去都像是死记硬背学来的。他从不告诉我们任何事，倒是会回答问题，只是程度有限——能多简单就多简单，通常都没细节，只给个"是"或"不是"——但有90%的时候他是在问问题。天哪，瞧瞧他是怎么问问题的吧！他的问题一定跟他当时痴迷的事有关：几点了（其实他会认时间，认得好着呢）？这水有多深？这个洞有多深？这个有多大？我们的回答从来都不能满足他（即便有，也很少）。只要有可能，我们就会指给他看，但从没起过任何作用。好像他想要知道的是别的什么，更多的什么，但我们想不出究竟会是什么。

他会一遍又一遍地问相同的问题，问上个千八百遍。他不管我们在哪儿，也不管我们在干什么。要是我们说"你知道答案"，有时他听了会咯咯乐，有时他会大发雷霆。我们知道他的问题来自焦虑，来自恐惧，但他担心什么，又害怕什么呢？我们不知道要怎么样才能安抚他。

他上学前班的时候，我们给他买了个木制的美国地图拼图，每一块的形状就是一个州，还有一大块代表新英格兰地区的6个州。他能很快把整个拼图拼好，正着、倒着、反扣着（只看无图的背面），都行。他能背得出所有州的州名和首府名。有三年多的时间他一直在问一些与各个州有关的问题，令人不胜其烦：佛蒙特州有多远？艾奥瓦州有多远？缅因州的首府是哪里？他一定要我们回答，如果我们拒绝对他这些车轱辘似的问题做出回应，他就会非常生气。我们通常会回答头几个问题，但每次都只会令他变本加厉——他的问题会越问越多，听上去也越来越疯狂。这种感觉就像是我们在坐旋转木马，木马越转越快，最后令人惊恐得想要大叫。其实每个问题的答案他都知道得一清二楚——他到底想要什么啊？我想，也许他渴望的只是声音，或是一问一答的说话方式。我就试着给他读儿歌，给他念简单、易重复的诗词，但他听都不听。

有客人来家里的时候，他纠缠不休的问题就像是绕着人头顶飞的苍蝇，嗡嗡地响个不停。

"你去过多少个州？"他会这样开始。

"哦，大概20个吧，我想。"

"你去过怀俄明州吗?"

"没有,那个州没去过。"毫无戒心的客人答道。

"你去过亚利桑那州吗?去过俄勒冈州吗?去过犹他州吗?"

随着问题密度的增加,客人会开始感觉局促不安。我会试着转移肖恩的注意力,转移话题,但没用。最后,不是罗恩就是我,只得把他强行带走,他会气急败坏地哭啊闹的。

只要肖恩在房间里,什么别的谈话都别想进行。有一次,一位宽厚而又有耐心的朋友听凭肖恩把 50 个州都过了一遍,让他就这么一直问"你去过……吗",我们觉得他问完一遍就会满意了。结果,肖恩又从头开始了。就没个完!

很显然,他需要控制谈话,因为他似乎听不懂别人在说什么,所以他就想要强迫我们所有人遵从他的规范,而他的规范模式永远都离不开:清单、程式、重复。

有些话和行为——通常是些不可预估的,会让他暴怒。"不行!"他会大叫,"他**不能**坐在**那儿**!""不,她说了'冷'这个词!"然后一屁股坐在地上撒泼打滚,哭闹起来。这让我极其难堪——他到哪儿都这样,跟谁都这样,我一时也想不出合情合理的理由向吃惊的路人解释。一般情况下,我会佯装他这行为举止没什么好人惊小怪的——是够傻的,但你知道啦,小孩子都这样。

惹恼他的,有时候是别人说的话,穿的衣服,走路的样子,站立的位置。他常常要求屋里的人都不能笑,谁也不许穿蓝色的衣服。我实在是百思不得其解,也不知道该拿他怎么办。

我记得，我是需要对重要的事情进行分门别类的，这就是为什么我有种难以抑制的强烈愿望，总想去问别人他们去过哪些州或哪些州他们从来都没去过。我喜欢看美国在地图上的形状，喜欢研究每个州的轮廓。我还喜欢研究每个州和其他州的位置关系是什么样的。我最喜欢的是最南边的那些州，因为那些地方从来不下雪，我觉得天气比俄亥俄州的要好。我画画的时候也会选这些州来画。

我迫不及待地想要问关于这几十个州的问题，因为我觉得自己不能按"正常人"说话的方式说话，也不能参与他们的谈话——我听不懂他们在说什么。他们每个人说起话来都能那么不费吹灰之力，他们的谈话就像奔涌的小溪，流畅自如；我觉得自己相形见绌，被排斥在外，无足轻重。我得弥补这不足之处，所以我要在他人面前显示我知道所有的 50 个州，知道它们在地图上的位置，知道它们每一个的形状，还有比这更好的弥补方式吗？我需要向每个人表明我到底有多聪明，而问那些问题正是为了证明这点。我从没问过："你去过哪些州？"而是问："你去过蒙大拿州吗？"这样我就能在别人面前表现出我知道所有州的名字。

这些问题也是我逃避的一种方式。比如，我在问蒙大拿州的时候，就会想象自己是在那儿而不是在现实中的这个地方。我的脑海中不一定有蒙大拿州非常精确的样子，但我当真知道，它离俄亥俄州很远，也就是说，离我很远。所以，从某种角度来说，我至少让自己暂时摆脱了目前境况所产生的痛苦。

我讨厌俄亥俄州。我不喜欢它的大小，也不喜欢它在地图上的位置。我爸妈给我买了个地球仪，因为我那么喜欢谈论这个州那个州的，但我一拿到它，就用指甲把俄亥俄州抠掉了，连跟它相邻的几个州也一同抠掉了。我甚至都没看一眼地球仪上的其他国家。妈妈见我毁了他们给我买的地球仪非常生气，但我却没法告诉她我为什么这么做。

我从没问过任何人他去没去过宾夕法尼亚州，原因是它跟俄亥俄州接壤，而且离我们很近。偶尔我也问过某人是否去过密歇根州、印第安纳州、西弗吉尼亚州或肯塔基州，这几个州也都挨着俄亥俄州，但离扬斯敦——我住的这个地方很远。

我喜欢关于各个州的话题的另一个原因是它的模式。这种模式让我见谁就能跟谁聊，在对方容许的范围之内想聊多久就聊多久，而且我从来没对这个话题感到厌倦。要是没人拦着我，我会把50个州都问遍了。这能让我感觉到是我在控制谈话。即便我不能像其他人那样与人交谈，我也能支配和控制说些什么。不管怎么说，我有50个州可聊呢！我不希望他们看到我做的什么都是错的，我需要自己因为做对了什么而得到关注！

现在回过头来看，我已认识到自己引导的谈话都是零零散散、相互脱节的，不会有任何有意义的结果，但在当时，重要的是，这么做让我觉得我多少更接近"正常人"了。我能得到认可，而且，在我随心所欲驾驭着谈话的时候，我能有那么一会儿觉得自己很厉害。

他设立的规矩越来越多：我们得坐在某几把特定的椅子上；我们要以特定的话来回应他说的什么话；即使是无法控制的事也必须得在特定的时间发生——每天下午放学，他绝对要在 2 点 20 分准时到达家门口。当然了，我们并没屈从于他的这些要求，也常因此惹得他暴跳如雷。

他对校车号码有种痴迷，他知道路过我家的所有校车的号码，坚决要求它们按一定的顺序行进。每天放学一回到家，他就冲到前厅窗子旁，看着校车一辆辆从我家门前驶过，见到每个号码都要大声念出来。他会特别兴奋，自己在那儿咯咯地乐。但是，如果校车没按"正确"的顺序开过去，他就会立刻崩溃——惊天动地地大哭大叫起来。他会嚷嚷道："不对，应该**是 3 号车，不是 14 号车！**"很显然，他需要控制他周围的世界，控制不了他就会深感受挫。看到他的脸因痛苦而扭曲，我便伸出手去，想要搂着他，安抚他。一个小孩子怎么能承受得了这样无休无止的折磨？可他会一拧身，生气地从我身边走开。

他自己用扑克牌编了个校车游戏，假装那些纸牌就是校车。他给每张牌都分配了校车的号码，让它们按严格的顺序行进，要是"走"得不对，他就把它们撕个粉碎。他对校车号码的强迫性迷恋持续了整个小学阶段，并延续到了中学。

───◆───

我喜欢所有校车的千篇一律——它们的颜色都一样，车身上写的字也都一样，但它们之间也会有细微的差别，比如，每辆车的号码都不同，车"鼻子"的形状也有点儿不同（有的很尖，有的很钝）。我的目标是要看到学校那一年里所有的校车，这样我就能对所有的车都加以比较。我喜欢看它们停在一起排成一行的样子。24号车迟到的时候我会非常生气，因为回家之前我就看不到它了。它不应该这样！它应该跟其他校车一起排在队里。我讨厌它，因为它表现最差，还经常迟到。

有一天，我在家里把我的弹球排成了一行，就像排成队的校车一样。我挑了4种颜色分别代表那4辆开到我们学校的校车，蓝颜色的就是24号车。然后我按照校车每天应该行进的方式推着弹球往前走——我把其他3种颜色和蓝色的分开了。接着我又把蓝色推回到队伍里——代表24号车来晚了。我就那么盯着它们看，看到蓝色弹球就像是看到了24号车，我一生气就把它们一股脑都扔进了暖气炉通风口。

我开始用纸牌玩同样的游戏。代表24号车的纸牌"迟到"的时候，我就会把它撕得稀巴烂！

要去上学的早上，肖恩有很多回拒绝进厨房吃早餐。他会在房子里东奔西跑，把东西打翻在地，大喊大叫，来回来去地拨弄电灯开关。然后，他会回到楼上他的房间，几分钟之后再走下楼来，脸上挂着一个灿烂的、假惺惺的笑容。

"早上好！我刚起床！"他会这样向大家宣布。我会微笑着，迟疑地看着他，这又是在干吗？

还是梅根弄明白了他到底为什么发脾气。肖恩**必须**得是每天早晨第一个进厨房的人,否则的话这一天就完蛋了。我们如果谁比他先进了厨房,就是扰乱了他的秩序感,用他的话来说,这一天就"变糟"了。我们观察了一下,梅根是对的。于是我们跟他解释,家里人不会"按顺序"起床,有时可能谁需要早走就得早起,他不能给我们大家制定这样的规矩让我们去遵守,但他不管。如果梅根第一个到了厨房,他就会坐在地上不依不饶地大叫:"不!不!不——!"

然后他就拒绝和我们所有人讲话,甚至假装我们根本就不在场。我们没法劝他走出低落的情绪,他会一整天就那么阴郁着,一直到晚上上床睡觉。

我起床后要不了 10 分钟,妈妈就会和我吵起来——我们会闹得不可开交,简直像是第三次世界大战!我的规矩是,我必须是每天早晨第一个到楼下的人,一天都不能差。这样我就能看见每个人是怎么坐下的——跟我在学校里看校车是怎么一辆辆停在那儿的情形相同。如果我的规矩被打破了,我立刻就会陷入异常糟糕的情绪当中。我会保持沉默,跟谁都一句话不说。我情绪差的时候,就很想退缩起来。

然后妈妈就会跟我生气!她会使样样事都更糟上 20 倍。我的规矩刚被他们打破了,她怎么能指望我在这时候对他们笑,对他们好呢?她会大声嚷嚷说我对人冷漠,我也会跟她嚷嚷。因为,本来嘛,他们都把我气成这样了,那大家都别想好过。早上,当我拒绝冲她笑、拒绝跟她说话的时候,根本不是因为她,她又凭什么生我的气?

我会越来越生气,有时候为了避免自己被气炸,我会在中途走开,到楼上去,然后再下来,假装我那天早上头回见到她。尽管这招并不是特灵——我这么努力想要重新开始这一天,可妈妈竟然不让,这能不叫我发火吗?

每当我们早上闹了别扭,我去上学时就会觉得特别难堪,以至于我无法正眼去看任何人。我认为没哪个孩子跟家里人会有这么大的矛盾。要是他们知道了妈妈跟我吵架吵成了那样,他们会怎么看我?早上我上了校车之后要面对30个孩子,而就在几分钟前,妈妈和我刚刚互相对着喊叫完——没有比这感觉更糟的了。

我折磨妈妈,存心找她的碴儿,以此来报复她,但我也为我们之间可怕的关系付出了代价。每次我挑事,惹她生气了之后,我都会不安地意识到——我真的无法控制自己的行为。

我们仍在继续为肖恩寻求帮助,难道就没有什么心理医生能给他看看吗?

"咱们这里没有,真的没有。"我们那位当指导老师的朋友说,"我都没找到能给我自己的孩子治一治的人。"

"你都能想得出会是什么结果,"另一个朋友跟我说,"他们都是弗洛伊德那派的——他们会告诉你都是你的错,就好像还嫌你的感觉不够糟似的。他们帮不了肖恩。相信我,我们刚带儿子看完,这是我的亲身经历,真就是这样的。你读过贝特尔海姆的东西吧,你肯定知道现如今流行的说法是什么——**都是母亲造成的!**"

大约在那一个月之前,我还真读了贝特尔海姆关于婴儿期孤独症的著作《空洞城堡》(*The Empty Fortress*),一天就读完了。这本书把引起孤独症的重点放在了母乳喂养上,比如喂得不够或不对,或者乳房使婴儿感到窒息了。那天晚上罗恩下班后,我跟他谈到了这本书,还给他读了读我做了标记的几个段落。例如,贝特尔海姆写道:"一旦出了什么问题,婴儿预期的行为没有在母亲那里得到恰当的回应,婴儿建立的与他周围环境的关系可能在生命最初始阶段就开始偏离正轨。"[1] 但即便是母亲的母乳喂养做得不错,她还是脱不了干系!贝特尔海姆宣称:"母亲的潜意识动机会被孩子当作对其自身存在的威胁。"[2] 我"最喜欢"这段:"在这本著作中,我自始至终都在表达的一个观点是,婴儿期孤独症的诱发因素是孩子的家长认为他的孩子就不应该存在。"[3]

"他怎么敢这么说?"罗恩气愤地说,"他就一门心思地认定都是妈妈的错?他的说法竟然是'他的'孩子——这词儿用得多落后,多以偏概全,多男权!他那假设可真是太妙了——女人的潜意识就是罪魁祸首——开玩笑!面对这样的指控谁又能为自己

---

[1] BETTELHEIM B. *The Empty Fortress: Infantile Autism and the Birth of the Self* [M]. New York: Free Press, 1972 : 22.

[2] 同上,第 23 页。

[3] 同上,第 25 页。

辩护呢？好极了，这样的帮助真可谓是雪中送炭！那他对如何处置这些'可怕'的妈妈们有何高见？"

"直接把孩子从她们身边带走。他说必须把孩子从这些家庭里转移走，去接受高强度的心理治疗。"

"怎么会有人相信他说的这些话呢？"

但是，就像我们后来发现的那样，几乎人人都相信。

十二

在学校，肖恩有几门功课表现突出。他的数学不错，只要内容是很具体形象的，他都没问题。他的记忆力很好，拼写能力超强，词汇量很大。他如果读到或看到自己不认识的单词就会发怒。我们很难确定他到底知道多少，但不管怎样，他在学校的成绩大多都是中等，偶尔还会偏上。那些要求抽象、需要推理的作业他不太行，会被绕糊涂，不知道怎么做。

有时我们会在一起看儿童电视节目，看完我们会问他有关节目的一些问题：他们为什么把那只猴子送给动物园了？那个小男孩为什么哭？他从来都不知道。我给他读故事听，边读边问他些问题，问故事的情节都是怎么回事，他还是什么都不知道。他太焦躁不安，听一会儿就没兴趣了。看电视的时候，他虽然眼睛盯着电视屏幕的方向，但似乎并没有真的在看。他到底看进去什么了，又如何理解周围的一切？我们对这些都一概不知。

能吸引他注意力的永远都是些细节——衣服外套上的一截线头，书页折起的一角，闪烁不定的灯光。这些才是他注意的东西。为什么？

我很怕我一、二年级的老师们，因此，她们留的作业也显得很恐怖。我害怕她们会打我屁股，其实她们从没那么干过。若我真挨了她们的打，那可就是天下最难为情的事了。

我喜欢学校的进阶阅读材料，因为它们非常规整有序。可是每当遇到不懂的地方，我就特别生气。大多数故事对我来说都不知所云——我不知道故事里为什么会发生那些事，这让我感到特别沮丧，而且看起来别人都懂，就我不懂。

除了阅读，我在学校的感觉相当不错，至少是在教室的感受。大家都必须要做的功课令我有种安全感，这是其一。其二，我从不需要和其他孩子进行目光接触——如果我坐在后排，我就只能看见别人的后脑勺；如果我坐在前排，别人也只能看见我的后脑勺。

在操场上情况可就不一样了。我只能躲在自己的壳里，除非逮着机会捉弄一下别人。操场对我来说很危险，因为其他孩子就在我四周，而且他们能对我为所欲为。现在我认识到这是因为当时我太自卑，我认为他们也会觉得我很差，并且会来伤害我。尽管上学那儿年从来没人攻击过我，但我一直都很惧怕在操场上和其他孩子在一起，所以我从不和他们进行目光接触。

我和肖恩就没和和睦睦的时候。我不是跟他吼，就是跟他动手，要不就是责令他回自己房间待着。那房间展现出我们战斗的生活状态——墙壁斑驳，地板凹陷，家具上满是缺口和划痕，玩具也都破的破，烂的烂。

罗恩和我形成了我们自己的循环。每天晚上，当肖恩终于沉沉睡去时，我的内心就开始充满了悔恨和内疚，这使我备受煎熬。我看着他熟睡的脸庞，那么甜蜜而平静。我为什么又打了他？我明知道这对他没用。我怎么又不管他做什么都对他大喊大叫的呢？我怎么就不能对他干的事睁一只眼闭一只眼呢？我一次次做这些无意义的事，每次都毫无分别，我这是怎么了？他对我的喊叫没有反应，可是梅根有。当争斗在她身边爆发的时候，她看起来那么恐惧和伤心。肖恩从我这里听到的每一句话都是负面的，都是批评。我怎么让自己无休止地陷入这种毁坏性的模式中了呢？我懂得更多，可他不懂；我能控制，可他不能。

"好吧，到此为止，"我对罗恩说，"从现在起我不再跟他对着干了。我要尽力积极地看待他，去找他值得称赞的事。"我们知道肖恩得到的反馈是：我是个坏孩子；我做的每件事都是错的；梅根是个好孩子，他们跟她都是好言好语；他们跟我不是大喊大叫，就是打屁股。

罗恩表示会支持我。我们会深刻反省，会对我们的失败和暴躁互相安慰。我对自己对孩子说过的那些话深恶痛绝，我怎么能成天那样看待我的孩子呢？现实绝非如此不堪，我必须要展望未来。说一千道一万，我还是爱肖恩的。我知道他是可怕的强迫冲动的受害者，他面对我无法猜透的各种恐惧，感到绝望无助。我不能总是为这些他身不由己的事，惩罚他。

我又开始变得精神抖擞、信心满满了。我一定要去改变这一切，让一切焕然一新。终归，那个恶毒狂暴的人不是我——尽管长期以来我一直是那个样子，但那是完全违背我本性的啊！

第二天早上醒来，我牢记自己的决心。肖恩出现了。他把鞋子扔下楼梯，我微笑着假装没看见。梅根走出房间，睡眼惺忪地冲我微笑。"不！"他尖叫着，"她不能那么笑——让她别笑了！"梅根的笑容消失了。

"你别管人家！"我也叫着。梅根屏蔽了我的声音，目光黯淡下来。他出现还不到两分钟，我就把自己的决心忘了个一干二净，美好的愿望瞬间化为泡影。

十三

1

在梅根上一年级、肖恩上二年级时，我决定重返学校。我想尽快去教书，所以打算在两年之内拿到学位。但是，这意味着我要多选很多课，每学期得上 22～24 课时，而学校规定每学期最多只能选 18 课时，因此我就得重叠某些课程的时段。软磨硬泡一通之后，我得到了所需的课时。

我选择每天连续上课，从早上 9 点一直上到下午 2 点，这样我就能在孩子们上学后离开家，并在他们放学前赶回来。晚上我有很多功课要做——教育学课程似乎总爱让人做些浪费时间的无用功；我的文学和科学课程的要求也是大量的阅读。

罗恩上了几年夜校之后，终于在这一年的早些时候拿到了他的硕士学位，他现在每天晚上照顾孩子。孩子们睡着后，他就来解救我，帮我做教案作业。我的面前放着个假想的教学题目，诸如"我们的加拿大邻居"之类的，我坐在地板上急得直掉眼泪，脑子里一片空白。我得逐条列出详细的教学步骤，到时候我们班同学要模拟三年级小学生，听我给他们上这堂社会学的课。对我来说，莎士比亚、地理、集合论，还有英国小说，这些课程都不在话下，但教育学课程的荒谬可真叫我吃不消。

我最终得到了一个教师职位，教六年级的阅读，那时肖恩9岁，梅根7岁。这里的学生流动上课，每45分钟就换个科目教室，所以每个教师每天总共要面对140个学生。我尽可能采用灵活多变的教学方法，用书报杂志替代课本，编出剧本让孩子们表演，把我喜爱的儿童读物大声朗读并录下音来。教书比我想象得更费时费神，很容易让我精疲力竭，但同时它也令我感到振奋和满足。整体上说，这些孩子从没像我自己的孩子那样难缠，他们没有他那样的行为问题。即便我在他们那里受到些挫折，但和在我儿子那里感受到的相比，真是小巫见大巫。一些学生可能学得比较慢，有些愚笨，看上去无聊，爱捣个乱，或者智力落后，甚至有一两个孩子有精神问题——但只要我够努力，几乎每一个孩子都能被我掌控住。我从这些孩子身上能得到反响，看到变化和进步。而在家，在肖恩那儿，我看不到任何进展。不错，他是有一些行为发生了改变，但大部分只是演变成不同的行为，多半是更糟了。

肖恩还是不和我们"谈话"，他的语言还停留在"死记硬背"、刻板重复的水平，这对我们而言毫无意义，甚至还成了惹人生气的导火线。比如，有时我们以为他真的是在问一个问题，但后来却发现我们只是被"利用"了，他的问题只是要诱发他想听到的一系列词汇。

"S 128 X 是什么意思？"

"我不知道，你在哪儿看见的？"

"不！你应该回答'新泽西州的车牌号'！"他叫嚷着。

后来他迷恋上了谋杀案和杀人犯，于是，出现的情景就是这样的：

"利戈尼尔在哪儿？"

"那是宾州的一个小城，离咱们这儿不远。"

"利戈尼尔的哈里斯街在哪儿？"

"我不知道。怎么了？"

他咯咯笑着不回答。之后，我们想起那里最近发生了一起耸人听闻的谋杀案，当然，肖恩也全都听说了——他知道自己提出的问题的所有答案。于是，我们试图跟他谈论这个话题，想弄清楚他的感觉，了解他的恐惧："那家伙现在在监狱里，肖恩，你是害怕他吗？"

但是他好像不明白，或者是他不能把谋杀和监狱联系起来，又或者……谁知道呢？他是担心我们会谋杀他吗？还是他想谋杀我们？或者都有可能？我们真不知道。

我沉溺于某些谋杀案——像杀人犯李·哈维·奥斯瓦尔德和查尔斯·曼森[①]做下的那些案子。我父母成天跟我叫喊，这使我

[①] 译注：李·哈维·奥斯瓦尔德（Lee Harvey Oswald），涉嫌于 1963 年 11 月 22 日刺杀美国第三十五任总统约翰·肯尼迪；查尔斯·曼森（Charles Manson），美国恶名昭著的杀人狂，因涉嫌在 1969 年先后杀害多人被判死刑，后因当地死刑的废除，刑期自动转为无期——曼森 2017 年去世，他在世时被美国媒体称为"活在世界上的最危险的人"。

相信我是一个很可怕的人物——这个信念根深蒂固，以致我认为自己和那些杀人犯一样坏。尽管我从没杀过人，但我还是觉得自己的行为和他们的一样坏，就好像我能以某种方式通过他们的眼睛看世界似的。我和他们在同一条船上，我们都不能控制自己的行为。我怕有朝一日我的行为也会失控到那种程度，我也会成为一个杀人犯。有什么能保证我不会呢？我想我最终也会待在监狱里。我害怕自己的感觉和脾气，但想到杀人犯也会让我激动，因为我知道他们比我更糟糕。我没在监狱里，而他们在。

他开始问"如果……会怎么样"的问题。"如果我把蜡笔扔进烘干机会怎么样？""如果我把水倒在炉子上会怎么样？""如果我把梅根的书从窗户扔出去会怎么样？"

尽管罗恩和我都不信宗教，但我们还是希望能及早地给孩子们机会，让他们自己来决定自己的信仰，所以我们去了就近的一些教堂，希望能找到一家具有种族融合性质的教堂。一个星期天，我们去了一间长老会大教堂。我们一家四口坐在那儿，听牧师在上面唠唠叨叨，他没完没了地说个不停。他告诉我们他在登上一艘航空母舰时发现了真正的基督精神，说仁慈的主是站在"我们的士兵"这一边的。我们坐在楼上听众席的第一排。突然，肖恩站起来，身子向前倾过去，隔着栏杆向下张望。"如果我跳下去会怎么样？"他大声地问。

罗恩使劲把他拽回到座位上，低声对他说："你就摔死了。"

"那我就跳了!"他大喊着。

罗恩把他带到了外面等我和梅根。事实上我们俩挺羡慕他们俩的。

两个星期后的一天早上,罗恩和我刚一睁眼,就看见肖恩站在我们的床脚处,直瞪着我们。他的眼睛里有种奇怪的神情。他病了吗?(他生病几乎从来都是看不出来的,直到我们发现显现的病征。)他开口道:"如果我在床上倒一桶汽油,然后划着根火柴会怎么样?"

他现在的主要兴趣是车牌,以及屋顶上的电视天线和天线的方向(他会把我父亲家天线控制器上的拨盘给拧乱,再拿到外面去重新调整,这样他就能看见天线转动方向了),还有电台和电视台的呼号。他放弃了他那折磨死人的美国各州问题,取而代之的是"你收到 WOL 了吗?那 KDKA 呢?KQN 呢?"他知道上千的号码,能记住每一个台的位置。他像个研究人员一样,把这些信息一丝不苟地填写在一张张笔记本活页纸上,并把这些纸小心翼翼地收藏在他床底下的一个盒子里。

我喜欢从电台和电视台呼号上得到的信息——呼号本身及其所在的城市。信息很容易得到,因为电台都列在《美国国家地理》杂志上。我在脑子里记了一连串呼号,我知道很少有人具有这样的知识,这让我兴奋、得意,觉得自己威武、强大。随便哪天都会有个电台呼号在我脑子里闪现,不断地重复、重复、重复。我

用这些挥之不去的呼号来屏蔽掉周围的人们和一切我不喜欢的事物。脑中回响的呼号是那样响亮而生动，抹去了我心中所有的不安。我这样做了很多年，它总能使我觉得自己所向无敌。我是全学校唯一拥有这些信息的人，只要呼号在我脑子里回旋，我就不再低人一等。

由此衍生而出的，是我对电视屏幕上显示出的呼号的迷恋。在外公家时，我就喜欢转换电视天线，这很刺激。因为我知道他所在的那个地区有可能接收到的所有频道的信息——它的呼号、地点，所有的一切——所以当我转动天线控制器上的旋钮，令指针变换位置时，天线跟着旋转，一组新的频道就出现了。我想看到的就是电视台的字母标识——那些呼号，而不是任何播出的节目。外公不喜欢我这么做，他会非常生气，但我做这件事并不是要存心气他，所以我还接着这样干。我就是得看看那些呼号出现的时候是什么样的。我把笔记本活页纸按在屏幕上，把那些字母的形状都描摹下来。

肖恩9岁那年，有一天下午，梅根和我例行每周的活动，去图书馆借书，肖恩也一起去了。我把孩子们留在楼下的儿童阅览室，自己去了楼上的成人部。15分钟后我回到楼下时，觉得屋子里的气氛完全变了样——好像来到了冰川世纪。屋子里剩下的几个读者缩在角落里，图书管理员在无事忙地收拾他们桌子上的纸张，低着头躲避我的目光。肖恩独自坐在屋子中央，小声地自言

自语着——是我们从来听不太清楚、没法理解的那种声音。我收拾好孩子们的东西,带他们离开了。

"出什么事了?"我平静地问梅根。她只是说:"肖恩说了脏话。"

第二天,一个跟我关系不错的图书管理员把事情的经过告诉了我。肖恩绕着屋子问每一个孩子、每一个家长和每一个图书管理员:"你,或者你们家人,会说'奂'吗?"

2

他还是不喜欢别人碰他,但他发明了一种方式,我认为,就是把爱当作武器。他会一整天都在胡作非为,而我则一直在冲他嚷,跟他斗,直到最后我被气得看都不想看他。这时候可能会有客人来访。当着客人的面,肖恩会直视着我的眼睛(拙劣地模仿着秀兰·邓波儿的口气),说:"妈妈,抱抱我!"我就不得不那么做——哪个母亲能拒绝拥抱自己的孩子呢(何况还有旁人在场)?但我其实特想揍他。他的身体从来不带任何感情。当我上前用双臂环抱他时,他看了我一眼,好像在说:"我又赢了。"

3

年复一年,罗恩和我都不断地在和肖恩谈话。我们挖空心思、费尽口舌,想用新鲜的词汇、明确的表述、更好的例子让他明白我们一直没能跟他讲通的道理。我们用言辞、话语来和他那些荒谬、古怪、破坏、冲动的行为,以及我们自身的愤怒进行斗争。

可是不论我们纠正多少次他的行为，他该什么样还是什么样。他总是对我们的干预感到愤怒，仿佛我们完全没有权利参与他的生活。

我们雇了一个新保姆——罗恩的一个学生。她十几岁，是个可爱的基督徒。我们觉得她的同情心可能会比一般人高些，而且，我们实在没有可用的保姆了。

午夜前我们回到家时，发现她正在哭。"看他干的好事！"她一边说一边把她的《圣经》塞到罗恩手里，书的扉页和很多页边的空白处都被肖恩写满了脏话。我们道歉，试图解释他并不是真的想冒犯她或是亵渎神明，他只是有些问题……

第二天早上，罗恩郑重其事地找肖恩谈话，告诉肖恩："我很生气，你不能一生净搞破坏，完全不顾他人。"肖恩没有反应。罗恩终于绷不住火了，聚积在我们两人内心的挫折和愤怒，他在我和肖恩的对抗中尽力保持中立的克制，都转化成了他怒火中烧的燃料。最后一根稻草压断了骆驼背。

"你想毁掉所有的东西——这就是你喜欢干的，是吧？我要让你看看，不是只有你才能毁东西！"他跑到肖恩的书架前掀翻了它，书全撒了出来。他猛拉开衣橱的抽屉，把里面的东西都扔到了地上。肖恩惊恐地哭起来，尖叫着要罗恩停下。我也吓坏了，慌忙去拾掇纷纷掉落在地的东西，一边把它们捡起来放回原处，一边恳求他想想自己在做什么，但没什么能阻挡他了。他抓住窗帘把它们从窗户上扯下来，他掀起肖恩的双人床垫，用胳膊夹着扔到一边。直到再没什么东西可扔了，罗恩才走出了屋子。

这个保姆是新来的,我想干点儿什么看她发疯——这就是个游戏,我觉得这么做很好玩儿。我只是想,像捉弄后院的蜜蜂,或者捉弄我妈妈和妹妹一样捉弄她。每回她一走出客厅,我就悄悄溜过去在她的书上写点什么。我尽可能地多写,然后在她发现之前跑回楼上去。

我没把爸爸的发疯和我所做的事联系起来。他会生那么大的气简直让我难以置信——我以为他只是像往常一样训我一顿,我甚至有点盼着那顿训斥(我喜欢控制别人的反应,如果他们做出的反应正是我所期望的,我就乐不可支,特别是我妈妈),但这次真的不一样!爸爸的反应完完全全跟我做了什么不相干,实在是过激,我害怕极了。他当着我的面砸了我屋子里的东西!我本以为这事会是妈妈干的,而不是他,可就连妈妈都没这么干过!我以为他砸完我屋里所有的东西就会来找我算账,但他没有。我躲进衣橱关上门,待在里面不敢动,他要是回来就不会发现我了。过了好久好久,我爬出来开始自己收拾屋子。

我必须改变——我必须!可是我知道,恐惧一旦过后,那些行为还会回来,继续控制我。我知道那是个旋涡,随时等着吞噬我。这是命中注定的。

有时候罗恩和我都确信我们真的是要发疯了——一句话,毫无希望,他永远都不会开窍的,他的脑子里还是缺了根筋吧!我们都到了一刻不能忍受自己声音的地步,可是我们还在继续。我们宁愿这一切结束,我们放弃吧!但仍有那么一些极为短暂的时刻,肖恩的眼睛里流露出一分灵动,这些时刻是如此罕见,以至于每次出现我们都觉得是最后一次——我们的孩子戴着副面具,而他是那面具里的囚徒。

罗恩和我对此直言不讳。他是个魔鬼吗?他是就喜欢给我们和他自己制造这些痛苦呢?还是说,因为一直以来他得到的都是极端否定,久而久之,这成为他唯一想得到而且知道自己可以得到的关注呢?

很多时候,他明显被自己的行为所左右,但还有些时候,他清清楚楚地知道自己在干什么。有时,他等到我看见他,就走到正在做功课的梅根身边。确定我在看着,他开始在她耳边耳语,像蛇似的嘶嘶着,在她写字的时候碰她胳膊,一把夺走她正写字的纸。有时,他就溜进她屋子里,拿走她心爱的新书。

梅根对他却是令人惊讶的宽容。刚还听见她跟他喊"别烦我"呢,几分钟后他们俩就一起坐在后院的大松树下,用泥巴和树枝搭建起宝塔来。有时他们一起写"秘密日记",上面列着能到街上去玩的游戏,还画了全套的地图。叮游戏坑上一阵子之后,捉弄又开始了。

罗恩和我一直在商量该怎么办,还有什么我们没试过吗?我们黔驴技穷了,所有的办法都大同小异。但是,总有个想法萦绕在我们心头:我们一定是遗漏了什么,如果我们是更好的父母,也许早就找到办法了。我试了自以为可行的各种办法,连不靠谱的也没放过。我做了所有未曾做过的事。有一个星期我根本不跟肖恩说话,我认为言辞是无用的,也许手势和沉默更管用。我用微笑替代语言。我打手势,微笑,轻轻抚摸他,逮到机会就安慰地抱他。我不再纠正他,不再让自己看起来气势汹汹(当然了,我的真实感受完全是另一回事),而是假装他的行为并没有引起我的注意。肖恩无动于衷,只是在我碰触他的时候脱身走掉,而他的重复行为却愈演愈烈。我又重新跟他说话了——连吼带叫的。我不知道是这个办法太愚蠢,还是我坚持得不够久?

有一段时间我轻声地纠正他。我不允许自己提高声音,制造那种他和梅根早就习以为常的暴戾气氛。我想我够耐心的了。我翻来覆去地讲解哪些事是他不能做的,想要灌输给他这样一个认识:需要改变的是他"做"的事,而不是他"本人"。我们总是告诉他,我们爱他,我们还是不停地想让他知道,我们是不喜欢他的那些"行为",而不是不喜欢他。可他分不出二者有什么区别。

我现在认识到,童年大部分时候我根本就不知道妈妈在说什么。她试图对我和颜悦色,宽容耐心,但我对她的声音置若罔闻——她说的话和外面街上一辆疾驰而过的汽车发出的声音,对我来说没有太大分别。她的声音只是背景里的一种杂音。只有在她开始喊叫时我才能感受得到,才能从壳里暂时被拖出来一会儿。

在停止了轻声细语的方法后，我又制作了图表。我在一大张白纸上写下他该受到表扬的每一件事。他刷牙了，我写下来；他吃晚饭了，我也写下来。类似这样，但他根本瞧都不瞧。两个星期以后我把图表摘了下来。

大部分时候我还是疾风骤雨似的跟他喊叫。怪不得他痴迷龙卷风——他张嘴闭嘴就是龙卷风，写龙卷风的故事，画龙卷风的画。我知道，他觉得自己就住在龙卷风里，他是一个自己无法控制力量的受害者。

罗恩和我觉得我们的生命已经被儿子吞噬湮灭，我们是受虐的家长。我们俩很理智，或者说很幸运，从不相互责备。我太需要罗恩的支持了，我得到了。我只是常被自己的失败刺痛着，罗恩也一样。

在肖恩 10 岁开始上四年级的时候，我相信我们彻彻底底地失败了。我没了主意，想不出任何新招来。我对该怎么办这事厌烦透顶，对自己的急躁和粗暴感到憎恶、绝望。我知道我在做的都是无用功，我也知道我的表现毫无积极可取之处，但一切仍旧在继续。我百分之百地相信我恨自己的儿子。我对自己说，每个人的爱、仁慈和宽容都是有限的。我的已经消耗殆尽，再也没有了。因为无处汲取营养，它们已然干涸枯竭。

肖恩开始问："如果我杀了自己会怎么样？"忍无可忍之时我真想说："那就杀吧，但你先杀了我吧！"刚好此时，我们又一次开始寻求帮助。

十四

罗恩和我又去询问了所有我们认为有可能救我们于水火的人。和六年前我们第一次寻求帮助时相比情况并没有多大改观——在我们居住的小城里仍没什么选择。有人告诉我们说克里夫兰的凯斯西储大学（Case Western Reserve University）新建了一个诊疗中心，在那里肖恩可以得到测试和观察，还有进一步的建议。

我们去了克里夫兰约见了一个心理学家。她介绍说，她的专业领域是"极端性格"。具有此类性情的人高度敏感，以至于不能适应正常世界。（就像埃德加·爱伦·坡[1]？我猜。）

罗恩和我向她介绍了一下肖恩的情况，简要地说，我们十年来一直在努力学习如何跟他一起生活，但并不成功。她说她想单独见见肖恩，和他谈谈，做一次心理评估，然后给我们结果。

一个多小时过去了，我们默默地等着。突然肖恩从办公室里冲出来，喊着："烦死了！"之后他又不情愿地被那个心理学家拽回办公室。

---

[1] 编注：埃德加·爱伦·坡（Edgar Allan Poe），十九世纪美国文学史上最重要的作家之一，其作品以黑暗、离奇和神秘的风格闻名。

她立刻给了我们诊断结果。"他的泛灵论思维①非常活跃，"她说，"我还不清楚这对他的孤独症有多大影响。"

"泛灵论思维？"罗恩说，"你怎么会这么认为？"

"他的全部注意力都集中在屋子里一只嗡嗡飞的苍蝇身上。"她解释说，"他目不转睛地盯着它，然后就开始跟它说话——他这是在将自己化身为那只苍蝇。他说了这样的话：'坏苍蝇，没人喜欢你！你是只很坏很坏的苍蝇！'之后他开始大笑。让他做些最简单的事我都得重复好多遍，可他总是盯着那只苍蝇。他显露出了极端性格的迹象。他对现实适应得非常糟糕。"

我满腹狐疑。这个女人要是个纵火癖方面的专家，该不会发现我儿子就是只隐性萤火虫吧？为什么他们都是在自己的专长领域里得出诊断结果？

我说："至少据我所知，他以前从没把自己化身成为一只虫子。也许他是太紧张、太害怕，也许是有什么原因才使他有那样的表现。这绝不是他的一贯表现。"

她怀疑地看着我，然后给出了她的建议："有一家叫比奇布鲁克（Beech Brook）的寄宿学校，教职员都是受过专业培训的老师和心理学家。它属于俄亥俄州公立学校系统，肖恩现在的学校可

---

① 译注：泛灵论思维（animistic thinking）是皮亚杰认知发展理论中表述的一个心理特征，常见于处在前运算阶段的儿童（2～7岁）。这一时期儿童的思维特点是以自我为中心，仅从自身角度去看待世界；他们认为非生命客体也具有各种生命客体的特征，例如，玩具娃娃也有愿望、想法和各种感觉，就像他自己一样。儿童这种将人的意识、动机和意向推及无生命事物上的认知倾向即被称为"泛灵论思维"。泛灵观念的范围会随着年龄的增长而逐渐缩小。

以支付学费,住宿和其他费用则根据家庭收入而定。"她停顿了一下:"我想你们现在就应该过去看看。"

那只苍蝇误入这间屋子,跟我和那个陌生女人待在一块儿。它被困住了,很想出去,就像我一样。我们俩处境相同。那个陌生女人说了些什么,还问了些问题,可是我几乎没怎么注意她。我不想在那里和她在一起,我又干什么了?为什么要受这种惩罚?又有一个陌生人在审问我。我有种感觉,觉得我要被送走了。他们开车到离家这么远的地方,我觉得他们准备要抛弃我了。我在那间屋子里感到非常焦虑。我只想赶快回家。我想重新开始,改变我的行为,可是我不知道该怎么做。

比奇布鲁克离这所大学不远,我们采纳了她的建议。一个我们居然能负担得起的地方?真是难以置信。我们的车开过积雪覆盖的乡野,穿过零星的村落,最终到了一个岔道口。路边一个牌子上写着"比奇布鲁克:情感障碍儿童中心"。这几个大字赫然映入眼帘,直刺我心,我的眼泪夺眶而出。我们开过小树林,到了一座貌似十九世纪末修建的别墅样的房子前。这里一片宁静——三万平方米的土地,一条小溪蜿蜒而过,树林环绕,还有几座古老别致的都铎式建筑。

我们三个先来到行政办公楼，见学校的负责人。负责人是一位女士，人很热情，也很和善。她告诉我们，他们可以接收肖恩，尽管他已经接近规定的最高年龄限制了——他们接收 6 ~ 12 岁的孩子。她很肯定地说，即便肖恩只能在这里待两年，也能从中获益。肖恩平时会住在比奇布鲁克，周末跟我们回家。每次我们来接他的时候都会有一个家庭治疗辅导课程，我们一家四口都要参加。他将每天和班上其他六七个孩子一起上课，一起在操场上活动，并且按照普通公立学校的规定升年级。他将有自己专门的治疗师，每周见两次。他们会在操场上体育课，会经常去划船、登山、打保龄球，还会去看电影。在宿舍里，学校会给他们指派些家务活，以培养他们的责任心。

在负责人介绍的时候，我看了看肖恩。他扭动着，坐立不安，四处打量着那间屋子。他好像并没有在听。

负责人带我们参观了学校的场地和设施。他们有一个娱乐中心，一栋教学楼，一间教堂，还有三栋宿舍。肖恩将被分配进其中一栋宿舍里。我们走进宿舍见到了宿舍管理员，一个和蔼可亲的年轻人，他和他负责监管的孩子们住在一起。那里有八个孩子，当我们走过时他们盯着我们看，只有一个孩子，脸朝下趴在宿舍起居室的地上，缓慢地踢着双脚。

宿舍既昏暗、肮脏又没有生气，一种毫无希望的孤寂气氛弥漫着整个房间。暴力的痕迹举目皆是——卧室墙上拳头大的洞，门上的裂缝，破碎的镜子，撕裂的坐垫。我可以感到这是个被愤怒充斥的地方，愤怒强烈到令整所房子都承载不下。有些孩子已经在这里好几年了，他们的童年被吞噬在这与世隔离的黑暗里。

这并不是他们的选择,可是当他们不能适应世界时,他们就被世界隔绝在外。

我们回到办公室,负责人阐释了比奇布鲁克倡导的理念和实施模式,主要思想就是要全面考察一个孩子,所以,所有人,不管是肖恩的老师、治疗师、宿舍管理员、厨师,还是我们的家庭治疗师,只要是肖恩接触到的人都将提供信息——观察和经验,并由他们汇集起来,以期尽可能多地了解他。之后,他们就能提供帮助肖恩和我们的建议了。

每六个月还会有一次会议,肖恩、梅根、罗恩和我将与主管治疗师、心理学家及肖恩身边其他的人一起进行交流。我们会一起评估,记录下问题和进展。另外,比奇布鲁克是经过全面资格认证的学校,因此肖恩在回到原校时不会有衔接问题,他仍可进入相应年级继续就读。

在那个寒冷彻骨的一月的夜晚,我们开车回到100公里外的家,一路无言。没什么可说的——我们别无选择。

十五

1

二月的第二个星期我们送肖恩去比奇布鲁克。我们装作送他去夏令营,像是去一次探险旅行。罗恩在肖恩的衣服上都缝了写有他名字的标签,我去买了他的生活必需品,给他整理好。我们给他讲新学校,告诉他在那里他都会做些什么。我问他对要去那里有什么感觉,他没回答。

"亲爱的,我们需要分开一小段时间。"我说,"我们对你大喊大叫的次数太频繁了,发脾气也总是过火——那里的人会和你谈,也会和我们谈的。他们会帮咱们使情况好起来,到那时你和我们就又能重新在一起了——很快的。"

我告诉他,他会有个治疗师——什么事情他都可以跟那个人讲,比如他对我们有多气愤,他不喜欢的事情有什么,等等。我跟他强调,对治疗师知无不言本身是很安全的,他对此可以完全放心。我一遍遍地告诉他我们爱他,他每个周末都会回家来,我们会非常想他。他对这些话似乎没什么兴趣。他害怕吗?我不敢问他，怕本来他没有，这样一问反而使他产生了这个想法。

我知道我的潜意识里期望着，当他知道我们采取了如此激烈的步骤后，他的行为表现能有所改变。我指望着也许能有那么个开关咔嗒一拨，他就幡然醒悟了——哦，天哪，这回我麻烦大了，我最好赶快悬崖勒马！当然，这种事根本没发生。

妈妈跟我谈了，说我要去那个地方。我得在那儿连待上五天——对我来说，这比永远还要长！那些话起不到任何安慰作用。我吓得要死！

别看梅根很多时候受不了肖恩不停的捉弄和破坏，很讨厌他在近旁，实际上她却和肖恩有着比我们好得多的关系。她教他玩跳棋和大富翁，至少能让他遵守一小会儿游戏规则。她发明的游戏纳入了他迷恋的一些事物，比如清单啊、地图啊之类的。他说的和做的很多事都能把她逗乐，那些事却常让我发疯。尽管他怨恨她，嫉妒她——妹妹做任何事都轻松自如，从来没人跟她大喊大叫，但他们之间却紧密相连，心心相印，有种只有他们自己才懂的秘密语言。她似乎知道，他从来都不是有意要去做他所做的那些事，她便原谅了他。

我们告诉她要送肖恩去比奇布鲁克的事后，她强烈反对。我们向她解释："这只是暂时的，我们相信这样对大家都好，我们真不知道还有什么其他办法了。"

"你们要把他送走了。他会怨恨这事，他在那里会很难过，很孤独。"她才8岁，眼睛里却充满责备。之后她跑进自己屋，拒绝再听我们恳求理解和原谅的话。

我看着肖恩，想象着取消掉所有安排，让他留下来和我们在一起，继续过以前那样的日子，但我们已经走到这步了，开弓没有回头箭。理智上我惊异于我们正在排除万难并肩前行，情感上我感到一片空白。我记得他的出生，那时，我们的儿子有着非凡的潜能，美好的前程。我把所有能记起的辛酸往事都从心底拖将出来。栩栩如生的画面像幻灯片一样，一张一张在我脑海中闪现，于我，却有如在旁观他人的生活。我心中的一部分已不复存在。母亲爱自己的孩子天经地义，但如果从孩子那里得不到爱的回馈，从来没得到过，母亲对孩子的爱还能持续多久？每一次母亲给予孩子爱的时候都被断然拒绝，就这样年复一年，母亲对孩子的爱还能存留多少？十年来，肖恩一直都在对我说："我不喜欢你，我不需要你——躲我远一点儿！"

送他的那天，我没有去。我们把肖恩的物品放进新买的箱子里；一块鲜红的小地毯，准备铺在他房间里以增加喜庆气氛。他的床脚柜里也塞满了东西——柜子我们选的是黄颜色，想用明亮的色彩来冲淡伤心。肖恩和罗恩进了汽车。我对自己说，如果我们硬着头皮都去会更糟——把他带去留在那里，而我们三个再开着车离开，多么可怕的场景；搞得随便一点儿还好些，就让罗恩送他去，梅根和我留在家里，就像这不是件什么了不得的大事。

我和梅根拥抱他,和他再见。"你在那儿会没事的。"梅根轻柔地说,"那儿会有很多小朋友和你玩儿。只隔四天我们就见到你了!"

我们挥着手,直到汽车看不见了。梅根和我默默地站了几分钟,之后她回到自己的房间,关上了门。我倒在沙发里,从没觉得这么失落过。

100公里的车程没有尽头,一路上我都非常忧虑不安。我知道我在遭受终极惩罚——他们真的把我抛弃了!我一直想:"一切都完了!"我觉得我真是该死。

我知道多年来我的行为一直非常糟糕,我总是因为做了件什么事而被高声呵斥。现在我10岁了,我知道父母都恨我——一定是这样的,否则他们不会老是吼叫。目前为止我还一直都有自己安全的天堂——我的家,我自己的房间,我的玩具。现在所有能带给我安全的东西都被剥夺了。他们是在告诉我,我非常可恶,我再也不配成为这个家庭的一员了。

我不知道我做了什么要受到这个惩罚。我迷惑,害怕,生气。我干了什么触到了他们最后的底线?

爸爸把我留下后,过了好一会儿我才清醒地意识到眼前全部的现实:天啊!我独自一人待在了这个陌生、可怕的地方。我得在这儿待多久?我立刻看见周围有好些孩子,没一个我认识的。我看得出来他们都有些"古怪",他们每个人都有些不对劲儿,不像普通的孩子。因为他们都有毛病，那就说明我也有毛病，否则我就不会被送到这儿来了。

我被告知该待在哪儿。这是一个脏兮兮的二层楼，叫作隔离宿舍，看起来有一百多年了。有人带我看了我的房间。看见它让我感到绝望，这是一个没有栅栏的监狱。尽管没有铁门，但我感觉它就像是个牢房。我知道我被囚禁了，如果我试图逃跑，就会被抓回来受罚。

没有尽头的一天。终于，罗恩回来了，他眼睛通红，面如死灰。我们默默地拥抱了很长时间。最后罗恩说："我离开的时候他看上去还好，我想他没意识到什么。"

我整夜都没合眼，脑子里不停闪现着一个凄惨景象：肖恩独自躺在那张陌生的床上，像被抛弃了似的，周围都是陌生人。他会着凉的，我知道，因为晚上他总是踢被子，我们总是要去他屋里替他重新盖好。我想哭，却没有眼泪。

之后的几天里，我前所未有地意识到，一直以来我们家是如何以肖恩的异常行为为中心生活的。他控制我们所有人的程度非同小可。没有他的我们还是我们吗？梅根非常善解人意，她一直很体谅我们，从来都把烦恼藏在自己心里。她藏得那么好，让我一直以为她从来就**没有过烦恼**，因为她知道一个肖恩已经够我们俩受的了。慢慢地，我们三个人开始放松下来——第一次意识到，长期以来我们生活的弦绷得是多么紧，而且都已经成为日常生活的常态了。

我不让自己闲着，全周教课，仿佛刚刚得到这个职位，但我看着教学计划，却恍惚觉得都是别人写的。每天早上我穿衣服时都想，今天我无力去面对那些孩子了，他们还有那么多的需求和问题等着我去处理！但是，我做到了！而孩子们，他们不可遏制的高昂情绪，他们的活泼开朗，他们的纯粹和简单直接，把我从绝望里拉出来，继续缓慢向前。

在家里，我会前一分钟还在因失落而郁郁寡欢，后一分钟就变得欢欣鼓舞，一身轻松。梅根则时而激越亢奋，时而忧郁消沉。一天吃晚饭时她说："你觉得他们给他吃得好吗？食物会很干净吗？"我送她上床去睡觉，她又说："真不知道，他现在正在干吗呢，就这会儿，你说，他也正在想我们吗？"

星期六早晨，我们三个到比奇布鲁克去。当我看见肖恩时，心里顿时针扎似的一疼。他看上去像个孤儿——衬衫扣子扣错了，两只鞋都没系鞋带，头发乱蓬蓬地支棱在脑袋上。以前总是有我帮他穿戴整齐，系紧扣子，梳洗干净。我双臂环绕着他，把他紧紧抱在怀里，但他直挺挺地站着。"肖恩，我们想死你了！你好吗？"

"好。"

罗恩和梅根拥抱他。他很顺从，双肩向下垂着。他看起来像是抽抽儿了，一副茫然若失的样子。

更糟的是，我们不得不到星期六才来接他，而其他那些住得近的家长都在星期五晚上就把孩子接走了。家庭治疗师不想等到晚上八点以后给我们进行辅导，而一个半小时的路程又使我们不能到得更早，我们只好同意等到星期六再接孩子。

我们的治疗师是博登医生。她胖胖的，个子不高，年近五十。她的辅导进行了一个小时，大部分时间都在收集初始材料。她提问，记录，一根儿接一根儿地抽烟。最后我们终于解放了，可以带肖恩回家了。

肖恩和梅根坐在后座上交谈，两个人都没怎么理我们。

"他们对你好吗？"她轻声问。

"我不知道。"

"你这个星期干什么了？"

"我不知道。"

"你喜欢你的老师吗？"

"喜欢。"

我们到家后，他在房子里转了个遍，查看了每件东西，看是否有任何变动。

周末并不轻松，除了我的誓言——从今往后我们将和过去的生活说再见。从肖恩的表现看，好像因为整整一个星期被剥夺了重复行为（也许真是），他要报复似的实施这种行为。我想向他表达我们有多想他，有多爱他，但我发现自己又在大喊大叫了，甚至还打了他屁股。第二天晚上，该送他回去的时候，我们深感自责，满心愧疚，还有，奔涌而来的解脱感。

我们到了比奇布鲁克，肖恩下了车就直奔宿舍，头也没回。毋庸置疑，我心想，他巴不得能赶快离开我们。对他来说，在这里的生活比在家里更无拘无束。他对我们除了愤怒和沮丧，再没其他感觉。现在这样其实更好。

比奇布鲁克的规定非常严格——早上几点起床,晚上几点睡觉,每天做什么任务。因为特别有条理,所以我没过多久就知道该干些什么了。可是,我无论如何都感觉不到安全和舒适。我总是很害怕。我能得到的唯一的安全感来自那些具有绝对规律性的东西:每天晚上六点准时开饭;每星期三都有格子松饼吃,那是我的最爱。

其他孩子令我的日子过得苦不堪言。我已经很怕人了,现在更是被这些孩子吓坏了,他们我一个都不认识,而现在却要和他们住在同一屋檐下!对我来说,他们都很陌生。我尤其拼命想躲着其中一个叫安德鲁的孩子,他比我小两岁,个子也比我矮,可他每回看到我都要来欺负我,不是推搡,就是捉弄。

我特害怕,可我在极力隐藏我的恐惧,因为我怕其他孩子看出来,这会让他们更来劲儿,把我当作牺牲品。几乎所有其他孩子都至少有一个朋友,而我不但没朋友,还更加退缩。我害怕和任何人说起我在比奇布鲁克的生活,我什么都不敢说。

尽管我喜欢户外的一些活动,比如玩保龄球,滑雪橇,去吃冰激凌,但我却讨厌和其他人一起干这些事。我觉得我像是在黑暗的巷子里被人追赶,为活命拼命在逃,每周五天,我只有最后两天是感到安全和安宁的。我整日惶恐不安,于是就坐在起居室的沙发上假装看电视,这样我就能不那么显眼了。我看得出来那些孩子都很古怪,可就连他们也不肯接受我,那我一定是所有人中最奇怪的一个。

为了逃避其他孩子，我发明了一套自己的办法。我得有些控制权。我在家里用的那些东西——拆装玩具、扑克牌、蜡笔，在这儿都没有，我就找替代品，其中之一是放在橱柜里的一盒"奶油小麦"燕麦片。只要有可能，我就溜进厨房小心翼翼地倒满一手麦片。我迅速吃光它们，还得舔舔手。我喜欢那味道，特别平淡无味的那种。

我干的很多事都跟洗衣机有关，这儿的厨房里就有一台洗衣机。这里洗衣服都是在晚上，吃完晚饭后，机器开动之后管理员就走了。我会在洗衣机约莫要进入旋转甩干的时候悄悄潜入厨房。洗衣机的盖子一旦打开它是不会转动的，我会把里面的衣服重新倒腾一遍，让它们在里面失去平衡，然后趁没人注意的时候跑回到起居室里。我对此乐此不疲，成功的时候觉得很刺激。因为不平衡，洗衣机就会哐当哐当地响，声音很大，隔壁屋里的所有人都能听见。当然，管理员就得赶紧跑进去把衣服重新安置好。我特喜欢看那个管理员不得不再折腾一遍的样子！能逍遥法外的时候（多数时候都能）我就觉得像是得了大奖。我也被逮到过一两次。被逮住后，其他孩子更觉得我极为古怪了。我做这些事是因为我想逃避现实，也是因为它们令我太着迷了。我并不想制造麻烦。

不过，有个孩子是我特爱欺负的——8岁的欧尼，看上去老实巴交的。他瘦小枯干，还有严重口吃。我认为他对我不具有任何危害性，因为他看起来很弱。我喜欢捉弄他，喜欢看他难过或生气时的那副模样。他老爱生气，跺着脚，又蹦又跳，先是哼哼唧唧的，之后号啕大哭。他这表现别提多好玩儿了，简直令我陶醉。他独自一人的时候，我会蹑手蹑脚地靠近他，拽他的头发。干这事的最佳时机是早上刚起床的时候。我耐心等着，就为看他的反应，之后我跑下楼去，在快到厨房的时候放慢脚步，看上去就好像我什么坏事都没做。我拼命忍住笑，这样就没人怀疑我。通常他到了厨房还在大惊小怪地抱怨，但他从来没有报复过我。每次我得逞了——不仅从欧尼那儿得到了我想看到的反应，还能溜之大吉，我都特别高兴，这使我做这事的冲动就更大了。

捉弄欧尼的欲望就像是我的一个本能，它推着我去这么做，而把这是在伤害他的意识完全摈除在外。偶尔当我被逮到，有人指出我的行为给欧尼造成的恶果时，我的欲望便会暂时消退，可也只是很短暂的那么一会儿。很快，我就又充满了捉弄他的欲望。

四个星期过去了，一切照旧。第四个星期天我们开车送肖恩回克里夫兰。我到他的房间放下他的换洗衣服，他没理会我。我亲吻他跟他说再见，然后和罗恩还有梅根回到车上。当我们顺着楼后那条长长的环形小路开出去，绕到楼前时，肖恩突然从宿舍前门窜出来，冲下山坡向我们追来。他喊着："停下！带我走！停下！"

我们瞬时明白，如果当真停下就肯定会带他回家了，那样我们就不得不放弃比奇布鲁克，放弃它能带给我们的任何希望，无论那希望是什么。我们没有停车，继续往前开，我们三个人都哭了。他在我们后面一直追到小树林边上，最后看着我们的车远去。

这事改变了一切。他是在乎的，他对我们是有感觉的——哪怕只是想家。他不想被留在比奇布鲁克——我为什么这么愚蠢，没有意识到这个？还是，我意识到了？

在之后进行的那次家庭治疗辅导上我们说起了这个。"你父母把你留在这里，你生他们的气吗？"博登医生问。肖恩冷冷地笑着，扭脸看着别处，揪着身边沙发上的一根线。我们又谈了一会儿，突然，肖恩打断我们，嚷道："受不了了！受不了了！我也要星期五走！你们听到了吗？我受不了了！"

博登医生把我们的辅导时间改到了星期五晚上七点。肖恩要求我们允许他和其他孩子一样，在星期五离开比奇布鲁克。这件事我们都同意，但到目前为止，他并没坚决要求我们就此把他带回家，再也不来了。这是不是说，他只是没有足够的语言能力来表达这个愿望？还是说，他有可能懂得留在这里对他有帮助？这是不是意味着他原谅我们了？

现在，每个星期五，等我们三人都从学校回家后，我们就马上出发。罗恩和我整周教课，疲惫不堪，周末还要批改作业准备教案。我们的车又旧又破，开三个小时的往返并不太安全，还要途经俄亥俄州的降雪带（事实上，有两次刹车失灵了，我们不得不打电话，请人开车来救援）。每次赶到比奇布鲁克附近的一个小村子时，我们就停下匆匆忙忙吃点难以下咽的快餐，还没等塞完最后一口吃的，家庭辅导的时间就到了。

上那些辅导真是种折磨。罗恩和我试着耐心并理智地回答那些带有明显意图和暗示的问题：治疗师希望发掘出我们对肖恩都干了些什么，又为什么那么做。她认为我们是肖恩问题的根源，只是她不知道具体情况。我喜欢博登医生，她是个和善的人，我知道她关心肖恩，但她是个弗洛伊德的"信徒"，而弗洛伊德派认为孩子问题的核心是：臭鸡蛋，毒苹果，**母亲**！如果我不耐烦，或者我认为谈论这些问题是浪费时间，她就相信这是因为我企图隐瞒什么。

罗恩和我顺从地讲述我们自己的父母、我们自己的童年。我试图表现得感兴趣，其实我想尖叫着掐住博登医生的脖子。"可是我们需要帮助，"我终于恳求说，"我们需要新的想法、积极的办法、某种计划，某种我们做了就能帮助肖恩的新法子！我们每个周末都有机会去尝试些什么，但现在所做的一切就是又陷入旧的模式，重犯过去的错误，强化了负面的行为。你就没什么建议可提供吗？！"

"到时候我们会谈到的，但现在这些最重要。我们需要了解得更多。"她一再强调，"你们必须接受他无法改变；你们必须改变他所处的环境，学着去消除矛盾。"

"但该**怎么做**呢？"

"那正是我们在寻找的。现在来说说，朱迪，你弟弟出生时，你是什么感觉？"

梅根和肖恩在辅导过程中片刻都忍受不了。刚开始一会儿，梅根就会蹦起来说："我想上厕所！""我也想！"肖恩也说，然后跟着她离开房间。我们能听见他们成功逃离到大厅里的笑声。如果罗恩或我不跟着他们，他们从来都不会回来。我们得把他们拖进房间，但他们拒绝坐下。他们站在椅子后面，扭来扭去，烦躁不安，和我们一样烦。肖恩的注意力都在博登抽的烟上，他盯着一缕缕青烟在她头顶上盘旋。房间又小又闷，烟雾把我们几个呛得好烦。

"你为什么抽烟？"有天晚上肖恩突然问她。

"这是我的一个坏习惯。"她说，"这是我不该做的事。"

"你既然知道为什么还这么做？"梅根插嘴说。

"嗯，人都有缺点。"

一阵沉默，大家都各自想着自己的心事。肖恩突然抓起那包香烟来查看，灵巧地一转手腕，把烟扔进了垃圾桶。接着，他一把夺下博登医生手里刚点着的那根烟，把它按灭在烟灰缸里。我们目瞪口呆地沉默了片刻，梅根迸发出一阵大笑，肖恩也大笑起来。罗恩和我都噎住了，想说点儿什么，随即加入了大笑的行列。这次辅导就这么结束了，只进行了十分钟。我们控制不住自己，博登医生看着我们，就好像我们是四个不可救药的孩子。她让我们回家了。

肖恩在比奇布鲁克的生活到底什么样？我曾试图探究，可是没有成功。我想让他说出他的真实感受，可就像去拍打一扇上了锁的铁门。我问他问题，他说他的邮政编码和电台呼号。我知道，一切尽在不言中——有恐惧，有愤怒，但是我怎么才能有所突破呢？

有一次，还是在他9岁的时候，我安顿他上床睡觉，然后坐在他旁边，理顺他额上的头发，突然他用异样的目光盯着我，问道："我将来能做什么样的工作？"一股电流瞬时穿过我全身，我的眼里充满了泪水。我双臂搂住他，把脸埋在他的肩头："任何你想做的工作，亲爱的——你想做什么将来就能做什么。"

现在，我上百次地疑惑，真的发生过那件事吗？那会不会是我想象出来的？可是，他当然是说过的，他能够那样想。他的强迫性行为掩盖着一个"真实"的世界，一个充斥着恐惧和怀疑的世界。

我怎么才能让他充分信任我,跟我倾心交谈,不再说那些数字、州名和字母了呢?

  上课的那一段时间是我一天当中压力最小的时候,课程的条理性使我能够从其他时间的嘈杂焦虑中得到暂时的缓解。有六个小时那些孩子不能欺负我,所以我在教室里待得还算舒服。班上只有七八个孩子,这在开始时让我觉得有些怪异,因为原来在博德曼时,我们班上得有三十个孩子。我对不得不来比奇布鲁克上学满腔愤恨。我喜欢原来学校那个四年级的老师。我和她关系密切,她鼓励我,表扬我。所以我很生妈妈和爸爸的气,他们非把我送到这儿来。其他同学会对我的长期缺席怎么想呢?我总不能说我一直病着吧!我对妈妈和爸爸不等暑假就把我送到这儿来感到特别气愤!

  还有件事让我觉得比奇布鲁克很难捱。在博德曼时,我们班上有一个女孩,我很依恋她。我真的很爱她,希望她能成为我的女朋友!她叫卡伦,就坐在我旁边。我亲过她好几次。有一次我的东西掉地上了,我弯腰去捡的时候亲了她的鞋好几次。当我抬头看她时,她的表情像是拿不准到底是要微笑还是要大笑。我在操场上也想亲她,但被逮住了一两回。她知道我的感觉,我也清楚她未见得爱我。可是,现在我只能猜想,如果他们能再多给我些时间,让我和她在一起的话,她对我的感情是否会加深,又如何加深。这时我的妈妈和爸爸——两个本应该很爱我的人——让我失去了卡伦！有好长好长一段时间，我心里对妈妈和爸爸破坏了这段关系怀着无限的愤恨，可是他们从来都不知道。

就连周末回家的时候我都没法见到卡伦了，因为我不知道她住哪儿。我不能给她写信，和她说话。按说我本可以查电话簿找她，但那对我来说是不可想象的，因为我对电话簿是干吗用的都一无所知。任何问题于我都是无法解决的。我找到了一个把她带走的办法。有好几个月，我不停地想她。我经常在上床以后和她说话，直到睡着。这是唯一我能和她单独在一起的时间。不过，有一个问题是，她从来都不回应。

就这么着，在我觉得我在博德曼那个班上取得了实实在在进步的那一年，他们把我带走送到了比奇布鲁克这么个可怕的地方。我的妈妈和爸爸有什么权利对我这么做？我从没对任何人说过我的感受，一个字都没提过，因为我是那么无力。我知道妈妈和爸爸是一定要把我送走的，他们心意已决，无可改变，我又何必再说什么？我把巨大的愤怒和伤痛深深掩埋了起来。

在过去的日日夜夜里我没有一天不在想，我到底到比奇布鲁克干什么来了？我到底干了什么刺激得他们非把我送到这里不可？我现在的生活充满了恐惧和绝望，我必须找到我自己的方法保持理智。

有件事能让我开心，能给我带来巨大的愉悦感，那就是画龙卷风。我屋子的墙壁既单调乏味又丑陋不堪。只要我在里面待上几分钟，内心就会被绝望紧紧包裹。屋子本身更加重了我的无力感，所以我就把自己画的龙卷风贴在墙上，作为装饰。

我对风暴既着迷又害怕。我会先画出一幅宁静的风景，然后加上厚厚的云层，再用颜色涂出漏斗状的龙卷风。我的大部分画看上去都惊人的相似，只是龙卷风的大小或形状有些微差异，我赋予了它们各自的独特性。我的画让我觉得这屋子看上去会令人愉快些，也让我觉得，我是在花时间做着重要而富有成效的事情，而不是在虚度光阴。我想让每张画都显得不祥而又充满威胁。那些画表达了我大部分时候的感受，也使我被压抑的愤怒得以宣泄。我喜欢把这个"隔绝宿舍"画在画上，就在凶猛残暴的龙卷风必经的道路上！我希望有人能进到我屋里来，来问问我这些画是怎么回事，那样我就有机会说出我的愤怒了，可是从来没人问过。

比奇布鲁克半年生活的总结评估会议马上就要开始了。我们把肖恩从宿舍里接出来，一家四口来到大会议室。屋里三面都放好了椅子，围成了一个半圆，都是给学校的人坐的。另一面有四张椅子摆成一排，那是给我们的。中间还有一张面向我们的椅子，是给精神病学家的。我们在给我们安排好的椅子上坐下。

精神病学家罗素医生是一个矮胖子，粉圆的脸，灰白的头发，他就长那样。我尽量不以貌取人。他傲慢而专横地主持着会议——对这点我完全可以断言！大部分问题是直接指向我的。他称我为"母亲"，坐得离我很近，他那厚实的膝盖都快碰到我了。我稍稍往后挪了挪，说："我的名字是朱迪。"工作人员们交换了一下眼色。

"当你发现自己怀孕时,你是什么感觉?"他问,"你想要这个孩子吗?"

我觉得怒火冲天。"是的,我想要肖恩。**现在也一样**。"我盯着他。他移开目光,冲着我的左耳朵微微笑了笑。

"哦,有时候我们以为自己想要什么东西,但其实我们并不真想要。有时候,你知道,我们害怕真相。"

我感到耳朵一阵嗡嗡作响。突然他的手表定时器嘀嘀响起来,我们都吓了一跳。"噢,对不起,我忘了把这东西关掉了。"他说着,忙乱地调着手表。他看了梅根和肖恩一眼,他俩正在偷笑。

罗素医生转向工作人员,让治疗师、肖恩的老师、宿舍管理员汇报情况。他们曾指派肖恩到厨房去参与日常劳动——帮着调薄饼面糊、倒垃圾、洗碗,因为肖恩喜欢和厨师伦纳德女士在一起。罗素医生发飙了。

"我不允许这样!他不该干厨房的活——那都是女人的事,你们必须立刻重新给他安排任务!"

我闷闷不乐,转过头去看梅根。她的眼睛瞪得大大的,一副义愤填膺的样子。就在几天以前,她刚看完卡罗琳·海伍德(Carolyn Haywood)那套《贝特西》(*Betsy*)系列,全套十本都看完了。她对我说:"你看,这个作者写的女孩子都只做些无聊的事,做饭啊、洗衣服啊,而男孩子干的都是玩建筑啊、探险啊。好多书都是这样!"

罗素医生还在说着。他给我们,主要是我,讲了个小故事,他是故事的主角。最近有一回他在机场的候机大厅里,见一个母亲怎么也哄不好怀里不停啼哭的婴儿。他在一旁观察着她的举动。

"她每个动作都对，可就是不灵。"

他用眼睛在屋子里扫了一圈，继续说道："我走过去请她让我抱着试试，我从那个母亲手里接过孩子抱在胸前。立刻，孩子就安静了，满意了。"他的目光停在我身上。

"你看，其实这是意料当中的事。那个母亲内心里所有的情感都能被她的婴儿感受到——那些情感都是**负面的**，而哭闹就是婴儿对那些负面情感的反应。"

我听到有人讪讪地笑了几声，原来是我自己。他可真能扯，我看着他直摇头。罗恩站了起来。

"够了，我得制止你了。"他说，"我不能允许你这样对待我妻子——你想指责她。我们不想听下去了，我们退席。"

罗素医生瞪着他那双湛蓝湛蓝的眼睛，总结这次会议说："能和你们会见很好，我们对肖恩在比奇布鲁克的进步感到很高兴。"我打起精神，我们四个开车回家了。

在接下来的那次家庭治疗辅导上我们可说的很多。博登医生暗示她并不赞同那位精神病学家的方法和他的思维方式。可是，**有人赞同**，我心里说。毕竟，这里是他说了算。尽管博登医生为人和善，心地也不错，但我们仍总觉得上家庭辅导是在受罪，我们在她这儿永远不会得到我们迫切需要的帮助。

2

夏天是美好的。罗恩和我带着梅根，享受着每一秒钟。我们游泳，打网球，骑自行车，聊天。我们知道，对梅根来说，拥有一些没有肖恩的时刻多么必要。她需要能够自由自在地追寻自己兴趣的时间，在这段时间里她不会被肖恩打断，也不会被我们对他的咆哮所搅扰。我们都需要从冲突的风暴里暂避出来，这样的氛围几年来一直笼罩着我们家，太久了。

那年春天的时候，梅根三年级的老师曾请罗恩和我去学校谈话。因为她非常担心梅根的听力出了问题，要我们签字同意给梅根做一个检查。"什么听力问题？"我们问。

她解释了一番。我们都知道，梅根非常热爱读书，可是有好多次，下课铃响起来时，她连头都不抬。有时候老师叫梅根的名字，她也没反应。每回，她都是闷头读她的书。老师得走到她跟前拍拍她，她才会注意到。

"这不是听力有问题，"我说，"这是注意力的问题。她注意力太集中了，以至于对周围发生了什么完全无知无觉。她的听力实际上非常灵敏。"

老师和我交换了下眼色，她明白了。要知道，一年前她也是肖恩的老师，当时，她在期末评语里写道："他是我教学生涯里最难教的学生。"

我们三个在一起，没有紧张，没有歇斯底里，也没有大喊大叫。我们比以前多做了很多事——院子打扫得干干净净，房子重新粉刷了一遍，我们还一起刷了罗恩母亲的房子。但是，我们还是觉得怅然若失，心里总是木木的——外加巨大的负疚感。我们的家庭本是一个整体，现在其中的一部分被砍去了，伤痛总还在那里。

3

又开学了。梅根上四年级，肖恩上五年级。我们继续上每周五晚上的家庭治疗辅导，但感受比以前更糟了。

九月，比奇布鲁克发生了一些巨大的变化。一个是，来了一批新生，一些老生永远地离开了。我还得和另一个孩子同住一屋。有室友这事让我怕得要死，现在我的隐私就要被剥夺了！以前我至少还可以随时独自待着。现在我甚至都不能再画龙卷风贴在墙上了，因为难保它们不被撕下来。

我的室友叫雷内·瓦茨，秋天来"隔绝宿舍"的时候他8岁。他又高又壮，块头大得吓人。有那么一小段时间，我以为我真的能够走出自己，和雷内交上朋友，但结果却不是那么回事。

他立刻搬来住下了。我已经在比奇布鲁克住了七个月，直到现在也不适应，但他好像一来就跟到了家似的。他很随和，看上去也没什么毛病。我和他在一起感觉相当自在，我开始无所顾忌，以至于我第一次开始和一个孩子主动说话。他对我做出反应后，我就更加放松，逐渐卸下了心防。很快，我发现我都能和他开起玩笑来了。天哪，我想，有一个人接受了我！真是好得难以置信！

可是就像没有刹车的车冲下了山坡，对我来说友谊发展得太快了些。大部分时间我还是希望一个人待着，而雷内却不让。不管干什么他都想让我参加,即使我不愿意。我被逼无奈只好加入,但会避开他的视线,他在附近我做不成事。我躲不开他,因为我们得共处一室!我开始退缩,缩回我自己的壳里。我觉得自己就像只乌龟,刚从壳里伸出头就被人揪住了。雷内变得越来越坚持,他就是不让我单独待着,我想尖叫!很快我就成了被逼得走投无路的逃犯——我被困住,无路可逃。在那个鬼地方交朋友太麻烦了!

我完全退却了。我只希望雷内离我远一点儿。我拒绝和他做任何事。现在我知道,他无疑是一直想和我做朋友的,但是我再也不想了。很快,他交友的尝试就变成了捉弄。尽管他才8岁,而我比他大,但我还是不敢招惹他。他无情地耍弄我,而我没法阻止他。当然,更糟的是每天晚上我还得和他住在同一间屋里。我受不了了!有次周末回家时,我轻声在妈妈耳边说:"我再也不想回去了。"可是他们不管怎样还是把我送走了。

比奇布鲁克有个叫苏·莱恩的老师,我完全拒绝和她说话,就当她不存在。原因是她24岁,而我恨"24"这个数字——这是博德曼学校那辆总是迟到的校车的号码。这让我非常生气!所以,我不理苏·莱恩。每次她向我打招呼问好我都拒绝回应。有次她把外套放在我想坐的椅子上,我就把外套扔到地板上。为这个她特生我的气——我不理解为什么她要发火,我很惊讶,也很痛苦。我期望她和颜悦色地告诉我别那么做了,而现在我准备不理她。那一年我一直都拒绝看她或跟她说话,但就在夏天到来前夕,她想方设法让我跟她在校园里散了一回步。她问我在学校过得怎么样。开始时我只用一个字回答她的那些问题,走了一会儿之后,我就渐渐敞开了心扉。我能感到她的真诚。之后她告诉我她就要离开比奇布鲁克到明尼苏达去工作了。我感到很受伤，心里一下子空落落的。我刚刚开始冒着巨大的风险想要接近她，她就说她要走了！我被背叛了。

剩下的日子里，我装作一点都不在乎她的离开，可是我在乎。我想，我对此已经无能为力了，所以就不得不装作这件事对我没有丝毫影响。这是我又一次被迫和一个看上去真的关心我的人分开，我真是又一次被人在背后捅了刀子！

到十月份，肖恩就在比奇布鲁克生活八个月了，我们再也无法忍受了。他明显很不快乐，有次我们开车送他回去时他说："我恨那里。我想回家。"

梅根说："我想让他回来，那样他就会原谅我们送他走。能在我生日之前让他回来吗？生日礼物我想要的就是这个。"

我们在接下来的家庭治疗辅导时提出了这个议题。治疗师说："这太早了，你们不能在治疗刚开始的时候就中断，这将造成不可挽回的损害。"

"我们必须试一试，"罗恩说，"我们需要他回家和我们在一起。他自己也想回家。"

"我们都同意。"梅根补充说。

十一月的第一周我们把他带回了家。梅根给他做了卡片，画了画，准备了小礼物。我们买了礼物，为他开了欢迎会。梅根告诉他："从现在起，我们会在家里度过美好的时光，你永远永远都不用再离开家了——一天也不用。"

那么，我们得到了什么结果呢？九个月的分离是给我们带来了好处，还是让我们更深地伤害了他？直到现在我也不知道。这给了我们时间来愈合伤口，来重新建立希望。我们开始认识到，任何有可能的答案都将来自我们自己，来自于日复一日我们与肖恩、与我们自己的抗争。我现在仍在反思，我送他去比奇布鲁克是不是想作为对他的一种惩罚，是不是要给他一个教训，迫使他认识到我的忍耐也是有限度的。之前那个冬天我们做出决定的时候，我已丧失了一切希望，内心交织着紧张、沮丧、愤怒，还有深深的伤害。我觉得自己毫无用处，就是个骗子——对肖恩来说，我是个多么糟糕的妈妈啊！我怎么能愚弄自己，说自己是梅根的好妈妈呢？我再没更多的办法、更多的主意、更多的力量了，我不再相信未来。

他们告诉我，我可以回家，再也不用回来了！我既感到解脱又感到难以相信。我憎恨比奇布鲁克，迫不及待地想要离开。

我们启程回家，车子渐行渐远，恐惧也随之慢慢离我而去。我心里有着太多的恐惧！

可是，到家后我又开始害怕，如果我弄糟了，他们还会把我送回去。我真的真的想要控制我的行为，可是我还是做不到！

十六

肖恩重新回到了五年级的课堂上，只是现在的学校是一所更大的中学，坐趟公交车就可以到。我为他不得不转去新学校而苦苦纠结，特别是，新学期已经开始了，而且那里的环境更开放，对成熟行为的要求也更高——现在他每一门课都有不同的老师，功课更难了，压力更大了，而且要打分记成绩。

当然他并不谈论这些。不管问他什么（我确实问了每一个我能想到的问题），我只得到了"是"或"不是"或"我不知道"这样的答案。"你喜欢你的老师吗？""你喜欢其他孩子吗？""你喜欢哪门课？"他说："我什么都喜欢，也喜欢每一个人。"（他从不承认不喜欢谁，很多年后才有了变化。）

我只是想回到学校，我本应该去的地方。我有个规则，那就是每年一定要在学校待满九个月！我特别恨自己已经错过了两个月。我为缺勤而感到非常难堪，所以如果有同学问起我这个，我就告诉他，我那会儿生病了。

当我又见到卡伦,那个我一年前爱过的女孩时,什么感觉都没有了。她对我来说完全无关紧要了,原因是她戴了牙套,所以我都不想看她或靠近她。

妈妈问了我好多关于学校的事,可我没能回答,尽管她用一种相当温和的能安慰到我的口吻跟我说话。每当想起妈妈,我便想到惩罚,所以我估计即便我告诉她有什么问题,我还是会得到某种方式的惩罚。因此我只给她快速的答案,这样我就可以解脱了——我不想说错什么!我不知道什么话会带来坏的反应,什么话会带来好的。有时候我想告诉她我希望自己的父母是别的什么人——如果真能这样,那我会更开心点!

我在学校的情况往往是这样的:我在课堂上能感到某种安全感,而在其他地方——食堂、操场、礼堂——都会是场噩梦。我完全不知道怎么和其他孩子相处,我把心思都花在对他们的畏惧上了。我闹不明白他们为什么那样表现,也不懂他们的行为意味着什么。

因为我表现得跟他们不一样,其他孩子经常取笑我。我试着假装从没发生过这样的事,以此来欺骗自己说,我什么毛病都没有。所以当妈妈问我在学校里怎么样时,我当然不愿意谈发生了什么。我不想跟她,也不想跟任何人说!我真高兴梅根仍在我们以前的学校上学,因为这样她就看不到我都有什么事,也就不会告诉别人或者跟我来谈这些事了。我要让这些事在我这里自生自灭。

在家里，肖恩的行为没一点改善。他原来所有的那些强迫性行为都还在，有时会稍有变化，但还出现了全新的——谁都制止不了。他对电灯开关的迷恋已经延伸到了邻居们那里。他跑进人家车库，啪啪地按动控制外面电灯的开关，照亮他们的车道、门廊、前后院。他们常常逮住他，冲他喊叫，吓唬他，送他回家，但什么都拦不住他。

他仍把时间都消耗在电台、电视台的呼号上，还有邮政编码、洗衣机、长单词上。如果有人使用了一个他不知道的词，那他也会去用，却用在别的意思上。我会试着态度温和地跟他解释这个词的意思，但他会嚷嚷："我已经知道了！"

他只要单独与家里的狗在一起，就会捉弄它。他会花几小时在院子里和蜜蜂在一起，踢它们，拍它们。尽管他经常被蜇到，但这也吓不倒他。

圣诞节，我们买了一辆自行车送给他，这是他平生要求的第一件礼物。他急不可待地想要骑上它，但他又对此感到十分恐惧——怕自己学不会。罗恩决定教他骑车。那天天气不错，他们带着车去了学校操场，那儿宽敞些，也没什么人打扰。罗恩跟肖恩解释说："学会骑车有一个过程，需要花些时间，但你需要学多久就学多久，你想犯多少次错就犯多少次错，都没关系。"罗恩让肖恩坐到车上，给肖恩演示车是怎么骑起来的，让肖恩感受感受，适应一下。罗恩扶着车子，他们向前行进。肖恩想要下来，说："我永远也学不会！"

两小时后他们回家时，肖恩已经会骑车了。罗恩一瘸一拐地走着，脚踝处划了一个大口子，胳膊也擦伤了。肖恩头一回摔倒时很是惊慌失措——他觉得自己永远也学不会了,自己太笨了。罗恩一直坚持让肖恩在车上练习,因为罗恩很清楚,肖恩一旦放弃,就再也不会重新尝试了,他会把这件事也加进他长长的失败清单里。罗恩扶着肖恩在车上坐稳,把肖恩的脚重新放回到脚镫子上。肖恩双手松开车把,罗恩把肖恩的手放回到车把上。肖恩的脚离开脚镫子了,罗恩大喊着叫肖恩把脚放回去,扶稳车把,控制好方向。肖恩跟车和爸爸同时较劲,又摔倒了。罗恩再次把肖恩扶回到车上。

他们试了又试。肖恩不停地叫唤:"我要把这车给砸了——让我下来!"罗恩铆着劲儿极力把车扶正,不让肖恩掉下来。当罗恩推着车前进时,脚镫子就会撞到他脚踝,但他也没去管。奇迹发生了——肖恩终于找到了平衡。他蹬起脚镫子,开始操纵行进方向。他能自己骑出去,不用罗恩扶着了。他们穿过了停车场,罗恩在一旁跟着跑,在肖恩身后喊着鼓励他。半小时后肖恩骑到了家。他骑到道上时,脸上挂着自豪和喜悦的笑容,那神情我至今都记忆犹新。梅根和我欢呼着,搂过肖恩,拥抱他。"哇,肖恩,"梅根说,"你学得可比我快!现在我们哪儿都能去了!"

当天气晴好可以在户外玩耍时,肖恩会加入梅根和邻居家孩子们的游戏活动,他们通常会打棒球。可每回玩几分钟后,肖恩就会离开大伙回到屋里。梅根和其他孩子会表示抗议,但他会说:"我就是去喝点东西。"其实他会上楼去他自己的房间待着,直到其他人等得不耐烦了,梅根会进来找他。"我这就下去!"他喊道。"你骗人。你出来!"梅根会说。他的口气有点露馅——他知道缺了他,人手不够就打不了比赛了,所以他就退出,从楼梯窗户那儿看着其他人恼火的样子,暗自发笑。

"肖恩,出去接着和他们玩儿吧——人家在等你呢!"

"我这会儿太累了。我歇会儿就去。"听上去跟真的似的。当然他根本没去,而同样的事情还会屡次三番地出现。

后来他发明了一种假笑。我觉得这是一个新招,为了削弱我在通情达理这事上微弱的掌控力。他会针对我,只对我,假惺惺地咧嘴一笑,让我不知所措。这真可怕,就像默片里的坏小孩,打量着他的下一个受害者。

他会轻轻拍我。比如在我判卷子时,他站在我旁边,开始轻轻拍我的肩膀或胳膊。好吧,我会看着他,笑一笑,也许拥抱他一下。也许这是他知道的唯一一种表达爱的方式,一种情感反应的觉醒。接着,拍的次数开始增多,然后那种假笑就出现了。再接下来,拍得越来越快,下手越来越重。

"肖恩,你这是要干吗?"啪,啪,啪,又是几下!

"我在表示友好。"

"明白了。嗯,那挺好。不过,现在够了。"

啪,啪,啪,啪。

"肖恩,请别再拍我了。"

"我在表示友好。"

"不,你不是。你以为我是一只狗吗?你是想跟我说点什么,还是有别的什么事?"

他咯咯地笑,我会抓住他的手腕制止他。我很生气——这恰恰是他追求的反应。他试图抑制住笑时,两眼闪着快活的亮光。我为什么又上当了?我的反应是我自己的选择,我提醒自己。我必须不冷不热，不急不躁，怎么就记不住呢？我是一个成年人，他是一个孩子！

过不了几分钟，他又来了，又开始拍我。我抓住他的手制止他："你想去散个步吗？"他摇摇头表示不想，又用另一只手来拍我。我把那只手也抓住，两只手都控制着："坐下来，跟我聊聊学校。你在社会学课上都学什么了？"

"什么也没学。"他含泪的眼睛闪闪发光，但他还想继续拍。我一松开他双手，他就又开始拍我。我会再次抓住他，指甲都掐进他手腕的肉里去了。他猛地拉出他的手，一屁股坐在地上。

"你别弄疼我！"他喊着，眼睛里闪烁着胜利的光芒。

我相信能引起妈妈注意的唯一办法是通过那几种行为，哪种都行。如果我用其他行为，妈妈要么不怎么跟我说话，要么我觉得自己完全被忽略。我做的其中一件事就是给她来个假笑，我知道，那很明显。我经常这样，就是想要看她的反应。最好玩儿的是，她也会跟我假惺惺地笑，和我刚才做的一样夸张，尽管我知道她实际上气得要命。

我几乎不怎么真笑，特别是在她身边时。除了我自己那些重复行为，几乎没什么事能带给我真正的愉悦。

我开始轻轻拍妈妈，还冲她笑。即使我内心并没有什么欣快的感觉，我以为她能看出来我那样做的意思是我想要她高兴。我为自己生气而感到生气，真的，我很想停止所有这些冲突。所以对我而言，拍拍妈妈是一种打破紧张气氛的方式，可问题是我的强迫症让我停不下来。妈妈跟我发怒是因为我不停地拍她。有时候我那么做是捉弄她，但那是因为我想表现诚恳而做出的努力失败了。虽然我没能从内心感受到诚挚的情感，但我还是希望她相信那是真的，相信我也有梅根内心所拥有的那种情感。我害怕拥抱她，因为我不知道她会做何反应——我无法理解人们互相使用的手势和示意。我拍她时她虽然生我的气，但时间不会很长，这又令我特别想继续不断地那么做。她一冲我嚷嚷，我就跑开，等她没事以后，我就再回来，再接着那么干。

要是他那么痛恨被送到比奇布鲁克去，怎么还不努力表现得好一些？他就不怕我们再把他送走吗？

我试着让肖恩帮忙做些家务，或自己动手做点事。他完全被穿衣服难住了，不知道应该怎么穿，每天早晨我都得帮他拉拉锁，特别是系扣子。我试图让他把衬衫挂起来，他却把衬衫随意搭在衣架上，衣服滑落下来，他就会发怒，冲着跟他作对的衬衫叫喊。他的很多衣服的下场就是被撕成了碎片，丢进垃圾筐里。

我坚持让他早晨自己整理床铺，不断重复提醒后，他有时也会去做，但他会在上面爬来爬去的，床看上去比之前更凌乱。

我经常让他帮我用耙子打扫地上的枯树叶，秋冬时节落叶层出不穷，厚厚的像铺了层地毯。我会想办法把这桩枯燥的家务劳动变成一个游戏——把叶子堆起来让他扑进去，可他玩这个不会超过十分钟，他会声称自己太累，不想玩了，然后扔下耙子走回屋去。

尽管我的学习成绩是中等或偏上，但我在学校其他方面的表现使我的生活痛苦难捱。我都12岁了，却还不能与其他任何一个孩子相处，对他们也一无所知。我认为我是唯一一个在家和家人处不好的人，其他学生肯定都有着良好的家庭关系。反正我从没直接接触过其他的家庭，我猜是这样的。我觉着自己跟别人完全不一样，这么多年来，我把自己闷在一个难堪的壳里，深重的羞耻感让我无法自拔，不能与人交往，也不能与人为友。我的卑微感压倒了我自己。

我无时无刻不在期望自己是另一个不同的人。我为什么就不能正常点呢？我最最希望的就是能改变我所有的行为，摆脱我的每一个问题。我开始与自己进行"纠正"性的对话。

有一天，妈妈叫我帮她打扫前院的落叶。因为我们之间糟糕的关系，我特别恼恨自己非得去帮她，所以我总是找借口不按她要求的去做。这一天，我用一成不变的单调口气告诉妈妈我太累了，不能打扫落叶，但她坚持。我就说我觉得身体不舒服。她变得不耐烦，这让我更不想帮她了。她说道："好吧，那我自己来吧。你从来就不愿意和我一起做任何事！"

她的反应深深地伤害了我，毕竟，我可没想伤害她！我回到自己房间，看窗外的她一个人吃力地扫着厚厚的落叶。观望的时候，我和自己进行了一场对话。我分裂成了两个人，其中一个对"真正"的我感到火冒三丈：

"真该死，肖恩。你干吗让每个人都跟你生气？"

"嗯，我只是想……"

"你太知道怎么气妈妈了！你做的每一件事都让别人生气！"

"可是我没办法，我控制不了我的行为！"

"胡扯，你不能控制？你真是个混蛋（妈妈在暴怒时这么叫过我）！你最好表现好点儿！"

"好吧，这么说我得改改，但是怎么改？"

"我不知道怎么改，但你最好赶紧行动，要不然他们会恨你一辈子！"

"我试试看。"

带着这个许诺我走出房间，强迫自己换了个脑子。我和妈妈一起扫落叶，就好像几分钟前那愤怒的一幕不曾发生过一样。她甚至冲我笑了！

这些与我自己的对话让我对外面的世界有了这一瞥。我想从这个没有窗户的牢房里走出来，再也不做习以为常的囚徒。

我对付自己并不想要的那些行为的另一个方法是：站在第三方的角度说我自己。每当要改正什么事时，我通常会说："肖恩，你知道你不应该那么做！"说这个时，我都能听到自己声音里的"屈尊"。我这么说时会惹得妈妈很烦，我觉得她并不知道我为什么这么做。那只是一种逃避——让我把自己从我的行动中抹去，让我能够回避尴尬。它能让我得以脱身！

另外,还有一种方式能让我感到好受点儿,就是把我的愤怒转移到另一个人身上。我会没完没了地戏弄梅根,直到她含着眼泪愤怒地跑回她的房间。妈妈会惩罚我,通常是把我送回我的房间。等我平静下来时,妈妈会向我指出,我这样不断戏弄梅根已经给梅根和家里其他人造成了怎样的恶果。她会说:"肖恩,你不能再这么戏弄你妹妹了!她真受不了了!"

"我知道。在捉弄她时我真恨我自己,"我答道,"我是这个世界上最差劲的男孩。"

妈妈会望着我,满脸的疑惑:"那你为什么还这么干呢?就好像你说你讨厌吃鸡,却又在每天晚饭时等着能吃到它。"

真相是,我骑着旋转木马,根本不知道怎么才能下来。

十七

1

肖恩快到青春期了，罗恩和我担心他永远都学不会那些能让他表现得像个成年人的举止行为。他平生头一次开始认识到自己有那么多不知道和不会做的事情。他对自己的无知感到无地自容，想方设法地去遮掩。他撒谎，假装知道自己在做什么，说一些驴唇不对马嘴的事情，以忽略他不能面对的处境。他从不求助于人，即便别人帮他，他也会拒绝。

对失败的恐惧使他不愿意尝试新鲜事物，不允许自己犯一点错误，直到他掌握了一项新的技能。12岁的时候他说："我现在要弹钢琴。"我们受宠若惊，给他找了一位老师，但他总是很沮丧，对自己的进展很不满意。他是想**弹**钢琴，而不是想**学**弹钢琴。"我应该弹得不错的！"他哭喊道，"别人都弹得很好，我应该也是！"

我听父母演奏过钢琴四手联弹，于是，我决定我也要弹钢琴。我知道这很简单，而且自认为会弹得很出色。我确信我可以掌握它。

开始上钢琴课后，我发现那些练习枯燥而又愚蠢，我不喜欢去练。我只想马上就能弹，还能弹得很好，这样我就可以开始在人前炫耀了，但那些练习曲目却牢牢地挡住了我的去路。

妈妈反反复复地告诉我，每个人在学一门乐器时都要慢慢来，在学习的过程中大家都会犯错误，即使他们学会了以后也会出错。她说的这些话对我来说都没什么意义——我想象不出她描述的情形，因为我没有实实在在看见别人这样。我所看到的就是人们弹钢琴弹得流畅完美，于是这就成了我的规则——我也得弹得很完美！

在钢琴课上，弹错会让我非常愤怒，我不能容忍自己犯错。每次课后我都不练琴。他们告诉我，我得刻苦练习才能弹得更好，可这令我更不愿意多练了。这很简单——我一定得是个伟大的钢琴家。

1974年的夏天，就在肖恩马上要升入七年级之前，我听说在扬斯敦成立了一个新的团体——由学习障碍儿童的母亲组成。我注意到他们的成员不是父母双亲，而只是母亲。这是这座城市里第一个这样的团体。因为肖恩的表现跟学习障碍的描述沾边儿，我急切地想要了解这个组织是否能帮到我们。我的朋友陪我去参加了他们的第二次聚会，就在其中一位组织者的家里。

我们走进去时，屋里大约坐了12个女人，没人聊天，我扫了眼与会者的面孔，每个人看起来都很焦虑。会议开始了，一位本地区一家诊所的心理医生首先发表了讲话。她谈了几分钟，说了说学习障碍儿童常见的行为问题，突然，一个女人打断了她。

"我儿子5岁了，连他上厕所我都没能训练好！专家们告诉我他有智力障碍，但至少这点东西他总应该能学会吧？"

另外一个女人也开口道："还有礼貌、规矩，怎么教啊？罗比不肯用叉子吃东西，老师也抱怨说罗比在食堂里乱扔食物。罗比在接受特殊教育，难道老师都教不会他怎么好好吃饭吗？"

发言结束了，这就是她们所关心的问题。她们就是想找人聊一聊，她们需要帮助，需要鼓励和认可，而不是谴责。这群妈妈，她们孩子的问题，从智力障碍到精神分裂和脑瘫，五花八门，应有尽有，可就是没有孤独症。所以，在我听来，她们的问题都太简单了——没人描述我儿子出现的那些无理行为，甚至称得上程度接近的都没有。

聚会结束后，我问那位心理医生她是否有治疗孤独症儿童的经验，"哦，没有，"她说，"我觉得这个团体帮不到你，但是我知道一位医生治疗过类似的孩子。"她把她的名片递给我，"往我办公室打电话，我给你他的电话号码。他叫洛根。唯一的不便是，他的办公室在亚克朗。"

2

我继续查找更多的信息,发现了一本很棒的书叫《围城》(*The Siege*)。这是一本由一位孤独症儿童的妈妈所撰写的生活笔记。书中的小女孩与肖恩不同,她沉默寡言,安静,容易"管教",但是她的行为对我来说太熟悉了——毫无意义的重复,对于灯、链条、流淌的自来水的沉迷。因为不知道从哪里才能得到帮助,这位妈妈依靠她自己的直觉和爱,在家里帮助这个孩子,试着用自己的耐心和独创性将她的女儿引导到这个世界中来。有一次,这位妈妈和她的丈夫带着这个小女孩到一所著名的学校去做精神诊断,结果他们在那里遇见的不是一些富有同情心的人,一些能给予他们"一丝安慰,一点认可,一些表扬"的人;相反,他们发现那里的人生硬死板,消极冷漠。当这对父母和那里的人谈论孩子的时候,他们拒绝以任何方式回应。作者写道:"即便是在最好的环境下,一个人也无法轻松自然地和一个不做任何反应的聆听者交谈……在这里,我们是在遭受审判。"[1] 接着,她写道:"我们被控制了;我们没有别的选择。那些'冰箱专家'制造了'冰箱父母'。我已进入了一个极端的情绪状态,我颤抖,我哭泣,但根本没人回应你。带着枯竭的情感,我去拜谒那些独具专业知识的专业人员。"[2]

---

[1] PARK C C. *The Siege: The First Eight Years of an Autistic Child* [M]. Boston: Little, Brown & Company, 1967: 135.

[2] 同上,第141页。

洛根医生的面孔又浮现在我眼前——他那冰冷的目光，漠然的神情，不带一丝关切之情的倾听，听罗恩和我讲述我们儿子的问题带给我们的那些痛苦经历，还有那些缠绕着我们的困惑和忧虑。是的，我感同身受，我们也曾遭受过审判。

我读过的有关孤独症的其他书籍和文章都提到，毋庸置疑，迄今为止，业界对于孤独症的起因和治疗仍未达成共识，但我了解到一件事，就是我们有多么的幸运，肖恩的状况本可能比现在糟糕得多——有很多孤独症孩子从来不说话；有的孩子经常会有撞头、咬手等自伤行为，还有的会猛烈攻击身边的人；大部分孩子还同时伴有智力障碍。对他们当中的多数孩子来说，未来没有任何希望，唯一的出路就是被送进收容安置机构。

十八

1

　　就在我们认为自己真的不会再去寻求外界帮助的时候，也就是我们和肖恩都已经受够了折磨，不会再去做任何评估、诊断、治疗的时候，我们发现这结论下得还是太早了点。随便拿起一份报纸或杂志，上面都有关于大剂量维生素的摄取和食物过敏的重要信息及讨论。例如，根据当时最新的一个营养学理论，儿童的行为，特别是多动行为，受到了过敏反应的影响，与儿童的饮食密切相关。医生们的报告指出，对高度反社会型和不可控型的儿童进行的研究显示了不可思议的结论。以前人们错误地认为，这些孩子都具有脑损伤，而实际上，他们只是食物过敏而导致的体内化学元素不平衡的牺牲者。有一位专家还明确提出，应该给孤独症儿童提供无麸质膳食（gluten-free diet）。肖恩奇怪的饮食向来以谷类为主，因此，自打他出生起他的饮食中就含有大量的谷蛋白。我还真要看看，他的行为是否与食物过敏有关。

　　我们打听到了一名医生，她是这个领域一位著名专家的学生。

巧的是，她竟然就在我们俄亥俄州，就在亚克朗市行医！我们带肖恩去见了她。她的办公室就设在自己家里，一个阴暗破旧的地方，和罗西医生的办公室没什么区别。我们被她的打扮吓了一跳——她看起来更像是一个算命师，而不是营养学家。她的眼神幽暗阴郁，她披着一头黑色的长发，身上罩了一层又一层薄薄的印花衬衣。她身边还带了个做观察的人（她自己的学生？），一个神情黯然的、一脸凶相的俄国人。那人总是跟她窃窃私语，对我们不理不睬的，什么话都没有。

肖恩在另一个房间里等待。我们回答了她的提问，把我们家的所有问题又过了一遍，踩了个瓷实——儿子的孤独症，以及我们对此的无能为力。她有一份需要肖恩来回答的调查问卷，而不是我们。她把肖恩唤了进来。

"你的体重，肖恩？"

"36公斤。"（他重46公斤。）

"你的年龄？"

"10岁。"（当然他已经12岁了。）

"那么你多高？"

"我一米四。"

我看看我们这个一米六的儿子，又看看那位女医生，她正忙着把他的答案记下来。她面无表情。那好吧，我想，她正自作聪明记下他贬抑了的自我形象呢！

"你最喜欢的食物是什么？"

"哦，我基本上什么都爱吃。我吃很多水果和蔬菜。这么说吧，我从四大主要食物类别中摄取非常均衡的饮食。"

什么？！ 罗恩和我相视一笑。我们的儿子长这么大还从来没让水果和蔬菜碰过他的嘴唇呢。

"有没有你不喜欢的食物？"

"没有，我想不出有什么不喜欢的。"

"你喜欢做些什么？"

"所有大的运动项目我都喜欢。我还喜欢读书。"

问答还在继续。我真纳闷，也非常诧异，他怎么会创建了一份如此标准、如此完美的12岁男孩档案。他到底是怎么知道的？

她问完了她所有的问题，接着，剪取了肖恩的一撮头发。她站起来和我们握了握手："两周后我会再约你们，到时候我会根据这个（她甩了甩那份问卷）和他头发的分析结果，制订好给他的计划。"

罗恩用怀疑的眼光看着她，对肖恩说："肖恩，你能出去到外面的走廊上等我们吗？"肖恩离开后，罗恩问她："你是要用他刚给你的那些信息去制订他的治疗计划吗？"

"嗯，当然了。"她看上去有些困惑，"这有什么问题吗？"

"有。那些都是瞎话，这点可以肯定。"

"瞎话？"

"他跟你说的都是你想听的！"我跟她说，"你仔细看看他，难道看不出他比他自己说的高度高出一大截吗？而且他12岁了，不是10岁。还有，关于他吃什么东西的那些话——他的饮食里只有淀粉和碳水化合物；他吃大量清淡无味的食品，从不吃新鲜的食物。"

她眯起眼睛看着罗恩，然后又转向我："但是他为什么要这样说呢？"

"因为他是一个有严重问题的孩子，"罗恩说，"因为他不能容忍变化，他害怕长大。因为，就像我们告诉过你的，他有孤独症！"

她瞪着我们，她的学生也瞪着我们。"那好，**你们得来告诉我正确的信息**，否则我没法给他制订出一份精确的营养计划。"

不可思议的是，我们乖乖地服从了她的指令。

两个星期后，我们又去了她那里了，听了一连串有关肖恩营养失衡的细节，买了一堆昂贵的矿物质和维生素等膳食营养补充剂——据说这些东西能解决所有的问题。我们和肖恩学校的指导老师谈了谈，他答应每天吃午饭的时候保证让肖恩服用他的那 26 粒胶囊。我们负责剩下的 23 粒，让他在家吃完晚饭后服用。

他讨厌吃那些药，但还是挺配合的。看他吃药让人感觉挺痛苦的——有些胶囊很大，而且大都气味很难闻。那不是毒药，我安慰自己，这次没有镇静剂！而且这是一次机会，如果他以往的行为真的是由化学元素失衡引起的，那么他就会开始有明显的改善。

一个月后，我们又去找我们的算命师／营养学家。我把肖恩行为的点滴变化都记下来告诉了她，那些变化有可能预示着即将到来的巨大成功。她听着我的汇报，但好像不大明白我为什么要跟她说这些。

"好吧，那就继续吧，接着执行计划。"她唐突地打断了我，递给我一张纸。这是一份列着维生素和矿物质名称的核对清单，但那上面的名字不是肖恩。

"这不是他的。"我说。

她看着我,抬起了那两道重重的眉毛。

"这是别人的营养计划,不是我儿子的。"

她把纸拿回来看了一眼,"你儿子叫什么来着?"

"肖恩·巴伦。"

"他一直在吃哪些药?"

我那微弱的希望立时化作一缕青烟,袅袅而去,我失神地坐在椅子上,再次感受内心的空洞和挫败。这是我们最后一次去亚克朗。

2

罗恩和我做了一个决定:从现在开始我们要依靠我们自己,不管是好还是坏。我们要用自己的方式为肖恩而战,如果我们错了,那也是我们自己造成的。我们不愿意再带他去见任何专家了,每次他们仿佛都会带给我们希望,但每次他们又都令希望徒然落空。我们受不了了。在他们那里,我们从没感受过支持、同情或温暖,每一次经历都以它自己的方式走向了毁灭。肖恩没有必要再做实验对象。"我没生病!!!"一天,在面对着眼前必须吞掉的 23 粒维生素和矿物质胶囊时,肖恩这样大声叫喊道。

十九

1

  肖恩上六年级和七年级的时候，经常会在放学回来时显得有些心烦意乱，很多时候他满胳膊满手都是抓痕。这是他自己弄的还是其他同学干的？他假装身上没有那些抓伤，也假装听不懂我在说什么。

  "亲爱的，告诉我，到底怎么回事？是不是有人伤害你？我能看出来你心烦，你是不是跟哪个老师有矛盾，还是跟同学相处得不好？不管什么问题，你都可以告诉我。爸爸和我会帮你的，没人会生你的气。"但是，他不说。

  他只想问问题，不想回答问题。他问的都是相同的问题，翻来覆去地问。如果我把蜂巢堵起来会怎么样呢？如果我把梅根的作业撕了，她会怎么样？密西西比河往哪里流？一旦有人被迫回答了他的问题，他就大笑一阵，然后接着问。我相信，他那样笑是因为人家被逼无奈的反应正是他想要的效果，这让我十分恼怒。

  他现在开始会说："我讨厌你生气！别再那样了！"

我搂住他的肩膀,强迫他看着我:"肖恩,别再问我那个问题了。如果你再问,我就要生气了。"但这样说没用。

上七年级的时候,我恋爱了。我们一起上一门课。事实上,她是老师,詹金斯小姐。从开学的第一天起我就喜欢上了她,而且那种感觉与日俱增,尤其当我知道她还没结婚以后。我对她教的自然科学并不太感兴趣,变质岩的知识我没学进去多少,但却急不可耐地盼着她下一次课的来临。

我感觉我和她之间有一条特殊的纽带,我对班上其他人都没有这么强烈的感觉。事实上,我是唯一一个知道她叫什么名字的人!但是,我很担心有人会发现我对她的这种感觉。每天上校车之前我都会去找她,如果那时其他学生也在她的办公室里,我就会非常生气和妒忌。有一天我为了见她等了好长时间,连校车都错过了,结果妈妈不得不到学校来接我。

之后一件可怕的事发生了!詹金斯小姐宣布她要请假一个星期去结婚!一阵恐慌和伤心迅速传遍了我全身,我被痛苦淹没了。我几个月来苦心孤诣营造的一切就这样付诸东流了。我知道我的那种感觉再也不会回来了——她背叛了我!

她作为一名已婚妇女返回学校后,我对着她时就会闷闷不乐,充满敌意。有一天下午她监管自习室,我的情绪很糟糕,谁都不想理。她让我干什么我都置之不理,完全不做任何反应。这一年来第一次她冲我吼叫起来,我着实被吓了一跳。那一下午我心里都被浓重的阴云笼罩着，我觉得自己受到了极大的伤害。

等第二年开学我再回到学校时，她已经离开了。之后，我一点儿也不想她了。

14岁的时候，肖恩似乎有了日益增长的自我意识，这对他来说还是生平头一次。好像他也开始意识到自己身体里囚禁着另一个孩子，一个"好"孩子。

"肖恩，你刚刚撞翻了洗衣筐，别把满地的衣服就那么搁着不管了，把它们捡起来放回筐里。"

"我又不是**故意**的。"他给了我一个白眼，好像我故意冤枉他似的。"我是个很好的人，我从来没有故意伤害过谁！"

他会戏弄梅根，追着她背电视广告语。他会贴着她耳朵一字儿不落地背给她听，一气儿背上个十遍二十遍的，直到她从房间里跑出去。

"你为什么要对她那样做？我讨厌你招惹你妹妹！"

"我也是，我也讨厌这样！"

"那你为什么还这么干？别这么干不就成了。你自己是唯一可以控制你要做什么的人！"

但是，当然了，他还是控制不了自己。

2

我母亲那儿仍然是肖恩的避难所，他会尽可能多地跟她待在一起。几年前，她因为生病辞去了教师工作。她的病开始时只是病毒感染，后来发展成被她的医生称为自身免疫性溶血性贫血的疾病，与白血病非常相似。她原本是个极为活跃的人，总在动来动去，做这做那，从来没有停下来歇几分钟的时候，而现在她变成了个半残疾的人，生活在苦痛之中，甚至都不能舒舒服服地躺下来，保存她有限的精力和体力，但是精神上她还很轻松愉快，从不抱怨，对自己行动上的不便常一笑了之，偶尔也会拿日益严重的残疾自嘲一番。

由于时间充裕起来，她便把更多的注意力放在了肖恩身上。每星期都会有那么几天，我在肖恩放学后开车把他送到我母亲那儿，他们两个会一起度过下午的时光。他们打扑克，玩游戏，她也让他帮忙做些家务，那些活儿她自己已经干不动了。即便是和她在一起，如果她不时时盯着他的话，他还是会做出自己的强迫性行为。他乱拧电视天线转向控制器上的旋钮，跑出去看室外天线转换方向；他随手抓个东西就扔进洗衣槽，然后侧耳倾听盒子、罐子或玩具坠落到底部时发出的声音；他把弹球要不就一把扔到家具下面，要不就顺着暖气炉通风口扔下去。我父亲在洗衣机里发现过扑克牌，在灌木丛里捡到过各种玩具，还在排水槽里发现过家里的镀银勺子。

有时候我们过去接他时发现，他的行为无疑给我母亲设下了一场严峻的考验，她脸上深深的悲痛令我内心充满了绝望。"他今天不听话，"她说道，"我不得不在他屁股上给了几下，是不是，肖恩？"对抚育了两名子女但从没动手打过孩子的她来说，"给了几下"已经是一个严重事件了。

1976年2月，我母亲去世了。除了我自己的悲伤，我不能想象失去她对肖恩会产生什么样的影响。我跟他解释过，她病得很严重，越来越不行了。每次见到她时，他其实都看得出来，她已日渐衰弱。她在医院弥留的那几日，他根本不去看她。他不问她的病况，只是不断重复说："她现在好多了，正在日益强壮起来！"

当我告诉他一切都结束了时，他的脸像一张面具，我搂住他抱了很长时间，但他的身体直挺挺的，像木头一样僵硬。我找了些话来安慰他，但却发现言辞是那么苍白无力。他没哭，只是转身走开了。我觉得这都赖我，我心里深感愧疚。我知道，他宁愿失去的那个人，应该是我。

我的外婆去世了，我生命中唯一跟我亲近的人走了。我想我知道她好不了了，但我以为她还能活好多年，跟她在一起时我真应该表现得再好点儿。

我喜欢帮她做家务，她病得太厉害了，很多事她都自己做不了了，但是，每回我擦洗完厨房、清扫过门廊后，都会觉得自己大方得有点儿亏。尽管是我主动提供的帮助，但我会想，她让我在她那儿就是为了让我给她干这干那的。我心里也知道不是这么回事，于是我就会生自己的气，却把气撒到她身上。

有一天，我帮她在地下室的火炉里烧报纸，当时我特生气。我大声叫道："你就是想让我帮你干活儿！"她被我的话深深刺痛了，坐在那里一句话也没说。我冲上楼去，关掉地下室的灯，嘭的一声关上门，把她一人留在了黑暗中。

几分钟后我打开门，回到地下室，她还坐在那儿，直愣愣地看着前面，眼睛里充满了泪水。

现在，在她的葬礼上，我觉得孤苦无依，内心充满恐惧。我失去了一切，只有我一个人是这样。我父母有彼此，梅根有爱她的妈妈和爸爸，所有的亲戚们都有关心他们的人，但是我什么都没有。我的整个世界坍塌了，我所有获得幸福的机会都被外婆带走了，随着她一起葬入了棺木。

我知道我再也见不到外婆了，我第一次意识到我是多么爱她，很长时间以来我一直都很爱她，但是现在，我永远都不可能告诉她了。

"我需要获得幽默感。"肖恩说。

"什么？"

"你听见我说什么了，我需要获得幽默感，就现在。"

"但是为什么呢，肖恩？"

"因为全世界每个人都有，就我没有。我发誓，什么也阻止不了我，我非要得到不可！"

他从图书馆借来了笑话书。"这个为什么好笑啊?"他问。

我读了一遍他让我看的那一则。

"嗯,怎么说呢,这很难解释。"就是说,根本没法儿解释。

"但我**想要**知道!"

我试着去解释,他则一本正经地看着我,满脸困惑:"这为什么好笑呢?"

怀着放手一搏的信念,他跑去把这些笑话讲给邻居孩子们听,但他们都听不出来那些是笑话。

"妈妈,我怎么才能得到幽默感呢?"

"我不知道,真的。这不是一种你能'得到'的东西。你现在这样就挺好的,别为这个担心了。"

他还是担心。他不再琢磨笑话书了,每天放学后,他开始看《盖里甘岛》(Gilligan's Island)那个电视系列情景喜剧。除了游戏竞赛节目,这是他唯一会去看的电视节目,里面闪烁的灯光和重复不断的噪声很吸引他。"但是,天哪,他为什么偏偏选了《盖里甘岛》呢?"我们都觉得匪夷所思。他把整段的台词背下来,然后重复给梅根听。

"她为什么不笑?"

"因为那样不好笑,不像在剧里那样好笑。"

"不,很好笑,观众们都笑了。"

"我知道,但是那个剧有笑声音轨。他们只是在后期制作时加入了事先录制好的观众笑声。"

他两眼盯着我。"不是的,"他说,"那是一个非常非常好笑的节目。"

"我很高兴你喜欢它。"

"你难道不觉得它很好笑吗?"

"不觉得。不同的人对不同的事情有不同的笑点——人们看待事物的角度是不同的。"

"我不喜欢那样。**你**觉得好笑的我也想觉得好笑。"

他痴迷《盖里甘岛》。他背下所有的"笑点",然后重复给梅根,一遍又一遍的,没完没了,直到她狂怒地尖叫。我告诉他不许再那样。

"她不笑。"

"肖恩,如果别人不觉得那有什么好笑,你就不能强迫人家笑。你重复那么多遍,她就更不觉得好笑了。"

他经常随口说出几句那剧里的台词,如果我们谁都没捧腹大笑,他就会很生气。要是梅根没对他做出任何反应,他就会无所顾忌地嘲笑她。我跟他说他不能再那么嘲弄妹妹,否则他就别想再看那个电视节目了,但他仍继续翻来覆去地重复相同的台词,先是对梅根,之后对我。

"好吧,到此为止,你不能再看那个节目了。"

他激烈地反驳道:"你不能那么做!哦,你不会那么做的!"我说:"我已经警告过你很多次了,那些台词我一句都不想再听到了。"

第二天放学回来,就在 4 点钟,《盖里甘岛》开始播出的时间,他坐在了电视机前面,但电视没开。半小时过去了,他就一直那么盯着黑黑的电视屏幕,时不时独自咯咯笑两声,偶尔还爆发出几声大笑。4 点半整,他站起身来:"哇,今天这集可真是太逗了!"他经过我身边的时候说道。我打了个冷战,心里凉了半截,真是不可救药了!

大约有一个月的时间他都这样,每天那半个小时就坐在那儿盯着个空屏幕。后来(是因为他的地位建立起来了,还是因为他对受控于我不再感到愤怒了?又或者是因为他的抵抗情绪平息下来了?),他不再这么做了。

八年级时,我遭受到了真正的创伤。我不知道该怎么交朋友,也不知道在学校该怎么和其他同学相处。他们用一种新的更老辣的方式戏弄我——我会在课本中的某一页上发现我的名字潦草地和一些污言秽语写在一起,叫名字也演变成了恶作剧。更糟的是,我从来就不知道该相信谁,也不知道该什么时候相信他们。我现在知道,我的行为方式使一切都变得更糟了,但那个时候我并不明白,我自己也控制不了。

我喜欢模仿一些电视广告和电视节目,但常做得过分。我又开始控制不住想往地上扔东西的欲望,所以经常在课堂上把钢笔和铅笔丢在地上,为这个我没少挨别人呵斥,也总能引人侧目,成为大家关注的焦点——尽管不是我想要的那种关注。

我最爱模仿的电视节目是系列剧《盖里甘岛》,有时候我会逐字逐句地背诵整个场景的台词。这个剧的内容重复性强,可预见性强,简单易懂,而且是个喜剧。

我决定,我要获得幽默感。每个人看起来好像都有点幽默感,我对此极为痛恨。我认为,《盖里甘岛》看得越多,每集的不同内容记得越多,我的幽默感也就会越来越了不得。每天一回到家,我就会冲进屋去,把电视打开。同一集看过多少遍了对我来说都无所谓——就算是看第四遍时,我也会乐得跟头一回看似的。我会把最搞笑的那一两个场景一遍又一遍地在脑海里重放;我会试着捕捉住每一个细节,然后去模仿它。当那些演员说了什么逗乐的话或做了什么搞笑的事时,观众们总是会爆发出阵阵笑声,我由此推断,如果我做同样的事,也会得到同样的效果。

第二天,我觉得自己有了更多的素材可以让其他同学开怀大笑,我想赢得他们的青睐。可是,我这点儿展示幽默感的尝试似乎比做其他任何事情都更招他们讨厌。他们会很不耐烦,而我会越发生气和尴尬。我的愤怒也拓展到了电视剧里那些演员身上,"该死,他们就能引人发笑,凭什么我就不能?!"

妈妈禁止我再看《盖里甘岛》时,我对她的怨恨直冲云霄。她这么做传递给我的信息只有一个:妈妈不仅觉得我没有幽默感,甚至还要阻止我为了获得纯粹的幽默感而进行努力尝试,并要为此而惩罚我!不过我的愤怒和志在必得的信念却因为这种阻止有增无减。

在我应该看我的电视节目的那个时间,她甚至企图让我去做其他的事情!在4点到4点半之间我是不允许有任何打扰的!

她下了禁令不许我再看那个电视节目后,我回到家就看黑着屏的电视。我死死地盯着电视机,虽然它并没有打开。我时不时咯咯地笑几声来模仿电视剧里的那些笑声。我可不想让她认为自己占了上风。何况,正如我现在所认识到的,这是一种能令我表达心中愤怒的绝妙方式，这样就避免了直接的对抗和冲突。

我还看了其他一些带有喜剧成分的系列情景电视剧，比如，《傻子派尔》(Gomer Pyle)，还有《绿色的田野》(Green Acres)。我看这些喜剧是希望获得更多的灵感，因为我不顾一切地想成为一个幽默风趣的人。我给学校的同学们背诵这些电视剧里的台词时，他们也会笑，但现在我知道了，他们是在笑话我的怪异行为，而不是因为觉得我幽默。

我平生第一次认识到，我认为的滑稽可笑的事情并不"正常"。大多数能引我发笑，能让我从中感受到巨大快乐的事情——例如，招惹蜜蜂，我反反复复问的那些问题——既不可笑，也不能带给别人快乐。事实上，这些事令人反感，会让他们认为我这个人很奇怪。其实，我只想和其他同龄孩子一样。这感觉就好像，我外表很怪异，很不同寻常，但内心并不是那样的。我内心里面的那个人想要走出去，想要摆脱所有的行为，不想再像奴隶一样被这些行为所束缚，但我完全身不由己，停不下来。

在这期间，我没有能力用语言去表达我的感受。我脑子里从没有过这样的念头，比如我还可以去问问妈妈为什么我这么奇怪，或者我可以告诉她我需要帮助。我一点都不知道语言还可以这样用，可以用来表达这些东西。对我来说，语言只是我强迫性行为的一个扩展——一种用来重复行为的工具。

肖恩在学校的情况变得更加糟糕了。每天下午肖恩放学回来，

他那被压抑的愤怒都是显而易见的——一进家门就看得出来。和往常一样,他拒绝告诉我发生了什么事,虽然他不停地在那儿小声嘟嘟囔囔的,偶尔我们也会听到一两个人名。

梅根现在和肖恩在同一所学校,她说在校车上那些孩子总嘲弄他,他不知道该怎么对付他们,于是他们就会越发起劲儿地欺负他。他对那些挑事折磨他的孩子说些莫名其妙的话,这让他们确信他就是个疯子。

肖恩讨厌他的校车是每天下午第二个出现在学校停车场的。"它应该是最后一个!"他告诉我。要是我问他为什么,他会说,他也不知道为什么,这就是他自己定的一条规则。于是,他逗留在他的储物柜边上,假装是在寻找什么东西,一直耗到最后一个登上校车。司机不得不在原地等他,他屡次三番地这样做让其他孩子非常恼火。

梅根告诉他:"每个人都知道你在干什么。他们都对你感到非常气愤,因为你让所有人这么等你。大家都想赶快回家去!你所做的事情一点意义也没有,这让他们觉得你很怪异。拜托你不要再这样做了!"但他并没有就此改过,他对她说的话置若罔闻。

梅根通常不会当面指责肖恩的行为,用她的话来说,这样没什么好处。不过,现在她已经开始感觉到,在某种程度上他可以控制自己的行为,跟他还是可以讲道理的。

在学校里我忍受着极大的痛苦,我被人折磨,遭人取笑,受

人嘲弄。一年又一年，我心里的负担变得越来越重。

　　遵从某些特定方式去做事的压力太大，而我就是没办法让自己按常规行事。于是，我开发出了自己的抵御措施，这其中之一就是把自己假装成校车。

　　就像每一辆停在学校外面的校车一样，我也有自己的行车路线。走廊就是我的马路，我制定了自己的路线，每一天都严格按照既定路线走。我需要控制感。我鄙视我的那辆校车，它总是那么早就到，它就是要控制我，所以，我选取了绕道穿过大厅的路线，这意味着，不论我去什么地方，我都会是最后一个到达。这个方法帮我抵消了我的愤怒和无助——每当我朝外望去，看到我的校车在下课前十分钟就已经等在那儿了，我就会有这样的感觉！

　　每天下午放学时，我会沿着自己的路线走上两遍，以确保自己永远都是最后一个登上校车的人。

　　早上，我先来到我的储物柜旁，然后从那儿开始我的行车路线——走过走廊里不同的"站点"，在每一处都停几秒钟，就像校车停下来接送孩子们一样。当我完成我的长途跋涉时，差不多刚好是8点50分，上课铃马上就要响了。我会保证恰恰在铃响之前赶到教室，这样我就不会迟到，不会成为众目睽睽的焦点，但同时，我又是最后一个走进教室的人。看到我的课桌是教室里唯一空着的一个，我会感到非常兴奋。这是一种替代。在停车场里我永远看不到这一景象——其他校车都来了，只有我那辆的位置是空着的。

　　在午餐时间，我也这么干。我想方设法让自己跟着最后一拨孩子到达餐厅。有时候门都已经关上了,但是我不在乎。少吃一顿午饭的代价不算什么,能沿着走廊继续我的旅程才最重要。

我感觉早上走我的路线更安全些,那个时候走廊里总是挤满了孩子,而在午餐时间风险要大得多,因为走廊里几乎空无一人,这不但会让我有被抓住的危险,还有可能会令我打退堂鼓。

有一天,一个六年级的老师在餐厅撞见我迟到了:"你在外面做什么?其他人来吃饭时,你也应该一起来的。要是再让我看到你在外面晃,你就得去办公室了。"

我非常尴尬,涨红了脸。我深信全学校的人都在看着我,就要一哄而起嘲笑我了。那次被羞辱之后,我就只在早上走我的走廊校车路线了。

下午他们不让我走我的路线,但是他们干涉不了我的头条原则:无论如何,我要保证我是每天最后一个登上校车的人,这样他们所有人在回家前就都要等我。我觉得,通过这种方式我控制了整个学校。

梅根生我的气了,因为我让其他孩子们等我,但是她的愤怒对我来说不重要,我内心里充斥的只有那一个强烈的愿望——一定要按照我的规矩做!

二十

　　罗恩离开了教学岗位，现在是公立学校教育局的公共关系主任，这份工作吃力，压力很大。他负责教育局与公众之间的沟通，参加所有局里的会议，成天和电视台、电台还有报社打交道。他试图扭转公立学校的负面形象，鼓励新闻媒体多关注学生们取得的成绩，而不要总盯着那些孤立的、耸人听闻的、所谓有"新闻价值"的负面消息，但对新闻界来说，一个被抓住的带刀上学的孩子比一千个在科学竞赛中获奖的孩子更值得报道。

　　晚上我们在家里的时间总是不够用。我们想听梅根讲讲这一天她在学校里是怎么过的，以及她和她的小马——银色快手的冒险故事。但是，我总是有一大堆作业要批——我教阅读，总共有150个学生，还要备第二天的课。此外，每天晚上，是的，**每一天**晚上，我们都要和肖恩谈话。同一件事情，我们跟他讲完又讲，讲完又讲。我们尝试用新的例证、新的方式去和他阐述同一个道理：如果你**这样**做，你就会造成**那样**的后果。我们基本用语言取代了暴力。要是肖恩的破坏行为开始升级，我们就送他回他的房间和他谈话，有时是一个小时，更多的时候是两个小时。通常，晚上都是罗恩和肖恩一起坐下来谈。他会让肖恩看看他的行为对我们都造成了什么样的影响。罗恩非常耐心,不愿意和儿子发脾气,因为他知道那样没用,但是,耐心也是一种挣扎,也会带来伤害。

有一次,就我们俩单独在一起,罗恩说道:"我讨厌他对你和梅根做的那些事。在有些方面他好像比以前更可恶了,他都 14 岁了!我总忍不住暗中怀疑,他这么做都是故意的,他就是想让我们生活在地狱里。我知道我这么想简直是疯了,但有时候我看着他,他看上去绝对是心里**明白**得很!"

"没错,他就是那样。就好像他完完全全知道自己在做什么,还很陶醉于其中似的,但其实,不是那么回事。"

"我当然知道了。我原来还想过,就那么拼命地摇摇他,说不定他脑子里哪根没连好的神经就能搭上了,但我最终还是放弃了这种念头。我的意思是说,我这么想一定是疯了,但这么多年来我真的就是这种感觉!"

"我也有同感。"

"好了,至于说现在,"罗恩继续说道,"我认为,如果我们能继续坚持,反复跟他强调因果关系,跟他讲道理,他会明白的。也许同样的谈话我们得重复上一万次,但最终总会有效果的,他会明白的。我们不能轻易放弃了。"

"我懂。"

但是,有一天晚上,罗恩的耐心却耗尽了。

我永远也不会忘记 14 岁的那个春天,当时我经历了有史以来

发生在我身上最可怕的一件事——我爸爸连续整整八天没有和我讲话。

我甚至都不记得这是我做了什么引起的了。我想,也许是很多事情不断累积造成的。不管什么原因吧,对我来说肯定是没什么大不了的事,应该不会比其他那些招得他们对我大喊大叫的事情更坏。那,我到底干什么了?

那个星期样样事情都不顺。我一直在挨骂,不管我做什么,都会招来一顿呵斥。我心里制定的规矩都没有人按应有的方式严格遵守——早上梅根在我之前下楼,家里人拒绝坐在我指定的位子上,而我坐的那辆校车每天下午老早就到学校了。通常我对校车这事会感到非常生气,所以回到家时心情就很糟。因为心情不好,我可能就会做出什么事来,而妈妈马上就会冲我发火。我回到家还不到10分钟,我们就已经开战了!我知道我的家人,还有全世界的人,都反对我。

整整一个星期,学校的孩子们无情地折磨我,爸爸一回到家,也在生我的气。我猜他一定是听到了太多的争执,也必定听说了不少我的坏话。有一天晚上我们都在家,我一定又是接二连三地做了一大堆错事。这之前,我一直觉得和爸爸在一起相当安全,因为他很少会受不了我;而妈妈,则正好相反,对我做的每一件事都生气。可这回,爸爸对我说:"你已经跟我发脾气发了14年了。现在,下一个14年该轮到我来跟你发脾气了!我不再和你讲话了!"我的安全感立刻消失得无影无踪了。

他的话像一颗毒瘤在我身体里恶意滋长。我极为震惊,脑子都不转了,我无法理解他到底是什么意思,也想不明白我究竟做了什么会导致他出现这样的反应。我如果知道是怎么回事，下次就可以避免犯同样的错误。那句话我是按照字面意思去理解的，我想："肖恩，你最好习惯这样，因为在你28岁之前，爸爸不会再和你说一句话！"

我想离家出走，也许住到大街上去。当然，我内心里的一小部分还抱着希望——我的爸爸、妈妈跟我发过很多很多次脾气，但是无论多生气，他们最后总是能消气，事情总是会过去的。如果我做了一些值得表扬的事，我的劣迹就会被洗刷掉。所以，我想，凭什么这次就会不一样呢？但是，这次我错误地估计了形势。

爸爸一整晚都没和我说一个字，第二天早上我起床之前他已经离开家去上班了。虽然我心里已经准备承受未来沉默的14年，但我深切地希望他上班时能度过美好的一天，这样下班回家时他会心情愉悦，那么那些不好的事情就会被忘得一干二净了。

我从学校放学回到家，恐惧又被重新点燃了。一整天我都在想："他真的认为我跟他生气生了14年吗？为什么啊？"当我听见车道上响起汽车轮胎的吱吱声时，我感到非常紧张。我从卧室窗户望出去，看见爸爸正朝房子走来。我决定在自己的房间里再多逗留一会儿，然后径直走下楼去，汇聚我所有的好心情去迎接他。

15分钟后，我鼓足勇气走下楼去。"嗨，爸爸！"

"肖恩，我不和你说话。"我退回到楼上，感觉像个泄了气的皮球，然后放声大哭起来。我最担心的事情被证实了，他不仅没消气，而且还准备整整14年都忽略他儿子的存在！我想结束自己的生命——要不是我那么怕疼的话，我可能就会从厨房里拿起一把锋利的刀子，直接插进我的胸膛。

几天过去了，事情没有任何转机。爸爸回到家后会和妈妈还有梅根打招呼，但却不理我。这段时间我尽最大努力多做有所助益的事，我割草，把盘子上的水沥干，做任何能令爸爸回心转意的事。和一个想要在情感上杀了我的男人在同一个屋檐下一起度过了三天之后，我决定逃走，但是我能去哪儿呢？我没有朋友，没有钱，所以我决定，还是继续尝试帮忙做家务，希望假以时日，爸爸的心会解冻，又会跟我说话。每次我做了一件好事，我都希望能把爸爸冷漠的态度磨掉一点。八天过去了，没有任何变化。

　　一天下午我正在割草，爸爸走到我跟前来，说道："肖恩，对不起，我一直没跟你说话。你一直很努力地在帮忙做家务，这些我都看到了。你妈妈也告诉我，你帮了她很多忙。"终于结束了！一开始他的话让我很困惑，后来我一下子感觉如释重负，激动得说不出话来。我们互相拥抱，热泪盈眶。我为自己以前所做的一切道歉，发誓我会竭尽全力不再制造麻烦。我仍然觉得我不能控制自己的行为和冲动，但是我对自己发誓，我一定要试一试。

　　在那八天中，我的恐惧感一度是那么强烈，我都觉得自己生病了。我尝试控制自己不再去做那些以前总惹得他们对我大喊大叫的事情——捉弄小狗，戏弄梅根，没完没了地问那些重复的问题。我想，爸爸既然能因为和我生气而完全拒绝跟我讲话，那如果我再冒犯他，他就也能随心所欲对我做出任何事来。最令我难过的一件事就是，晚上我上床睡觉时他不再来和我道晚安了。他比我高，比我壮，身手也比我敏捷，这些条件再加上他的脾气，可真吓死我了。他要真想半夜三更走进我的房间，盛怒之下杀了我，又有什么能阻止得了他呢？如果我再激怒他，也许就因为我三番五次地戏弄梅根,他可能真的就要诉诸谋杀了!

他又开始和我讲话后,我心中的恐惧被无限的欣慰所取代,而这一次我又有了新的认识——我必须想办法改变自己的行为,无论这有多难。让我真正感到沮丧的是,我不知道如何控制自己不再做那些别人都不喜欢的事情,如果我真能控制住了,又能维持多久呢?总而言之,我的行为控制着我,而不是我控制着它。

梅根和我祈求罗恩停止对肖恩的这种冷战,但是我们无法让罗恩改变主意,他毫不留情。

"我已经受够了,我跟他算是到头了——反正我们做什么都丝毫改变不了他。一定有什么方法能让他明白过来的!现在我觉得我就是世界上最坏的父亲,但是我不知道到底该怎么办。我想**拯救**他。唯一还有可能奏效的方法就是走这样的极端!再没其他办法了!"

尽管我非常反对这一方法,但它却明显对肖恩产生了影响。他头一次开始懂得,他的行为导致了他的父亲不再跟他讲话。那一个星期他像变了个人似的,帮忙做家务,努力去控制自己的强迫性行为。

这些事都过去之后,肖恩专门来跟我说:"妈妈,我想爸爸又爱我了。"我搂住他,他也搂住了我。

二十一

1

肖恩上高中了——15岁,在普通公立学校上九年级,成为全校一千六百多名白人中产阶级在校生当中的一分子。教学楼里有宽大的走廊,设备精良的科学、数学和语言实验室,还有举目皆是的陌生面孔。我们都为他感到害怕,他看起来反倒很轻松的样子。

我还记得我上高中那会儿的紧张情绪,但比起肖恩要想法去适应的那个"庞然大物"来,我原来的学校要小巧舒适得多。他似乎应付得还不错,除了最怕上英文课——课上常要求写作文,他说他就是不会写,他的成绩倒还一直都保持在中等以上。

对他来说,最难的一门其实是木工课,他以前从没碰到过这么大的困难。我们是一直到那门课结束之后,才意识到问题的严重性。当他在家里的强迫性行为日益加重时,我们才发现有什么地方不对劲了,但是有很长时间我们都不知道到底出了什么事。和以往一样,他规避我们的问题,什么也不主动告诉我们,从不寻求帮助。

有一天，他说第二天早上必须要去趟学校——那是个星期六。

"为什么周末要去学校？"

"哦，我们有几个同学需要加班加点完成木工课上的一项作业。"

"什么作业？"

"就是做一个小抽屉之类的东西。"

"你的意思是，这可以额外加分？"

"我猜可能会吧。"

一个邻居男孩告诉我们，肖恩比班上其他所有同学做得都慢，是落在最后的。罗恩擅长木工，向他伸出了援手："你能不能把作业带回家，咱们一起做，好吗？"

"不好。"

"那你现在遇到什么问题了？有什么地方需要我帮你解释吗？"

"没事的，我可以完成。"

学期结束时，梅根把她的成绩单带回了家，而肖恩没有。

"你的成绩单呢？"我问他。

"我没拿到。"

"为什么没拿到？"

"我不知道。我们班上的人都没有。"

我给老师打了电话。当然了，每个人都有，都拿到了成绩单。

"肖恩，你的成绩单在哪儿？"

"我没拿到。"

"你拿到了，我知道。你是不是把它弄丢了？还是你成绩太差了？你知道我们不会介意的。我们知道你一直很努力，而这才是最重要的，比什么都重要。"

沉默。"肖恩,给我看一下,行吗?"

"我没拿到。"

1

我上九年级了。虽然一开始我觉得它相当可怕,但它也给我带来了一点新生的感觉,甚至让我觉得获得了某种解脱和安全感。我去了一所新学校,和很多很多孩子一起上学。现在我很少有机会能见到在原来那所学校里欺负我的那帮可恶的孩子了。我感觉新学年开始之际,我就像张干净的白纸——尽管只有一部分。我有希望了。

我必须得上木工课。要是早知道上这课的经历会是这样,我可能不等开课就收拾好行李,登上一辆开往巴罗角的汽车,逃到阿拉斯加去了!那个老师,霍尔先生,年纪挺大的,他要求所有学生都必须遵从他的指令。我想,如果有谁敢公然反抗的话,他一定会毫不犹豫地拿把步枪打爆人家的脑袋。头一天上课就有个孩子因为没听他的话,被他厉声训斥了一顿——那是第一堂课啊,我的上帝!如果他抓住我在他讲课时揉眼睛,他会把我怎么样?我完全被他吓住了。

我以前从来没做过木制手工,而且,随着他一堂课一堂课地解释所有工具的用途和用法,我的自信心也跟着渐渐地烟消云散了。

直到学期中间,他才给我们布置了作业。我们要做一个小方盒子,还要给它配个小抽屉。他警告我们,要是完不成这项作业,成绩直接就会不及格。一听这话,我心里立刻一阵恐慌。

正如我所预料的那样,一周又一周过去了,随着时间的推进,比起别人,我越来越落后。我将会第一次得个不及格的成绩,这个可怕的想法一直萦绕在我的脑海里。有些孩子很同情我,甚至想要帮助我。

我每星期六都会去手工教室——霍尔先生说,如果我们有问题,需要更多的时间,他会为我们把教室门打开。我知道我每个周末必须去那儿,这只说明了一件事——我做得太慢了,远远落在了后面,我简直不知道自己到底在干什么!其他学生好像都觉得这个手工作业挺容易的,我的挫折感和失败感就愈发强烈了。我很怕向霍尔先生求助,因为我敢肯定,他会认为我一直都没好好听讲。于是,我只有继续埋头苦干。

看得出来,我根本不可能在期末时完成我的手工作业,想都别想。我一直在琢磨,"如果我得了不及格,还有什么脸见人啊?梅根已经上了优等生名单,成绩都是优良,而我却要在这儿得个该死的不及格!"

学期快结束了。有一天,霍尔先生把我叫到一边,跟我解释说,他最后不会让我不及格的,尽管我的木盒子只做完了一半。

"肖恩,你一直很用功,我会给你成绩的。你每周六早上都到这儿来,我看得出来你有多努力。"

"那你会给我什么成绩?"

"你会得个'及格'。"他说。

听到这个消息我立时感到悲喜交加。我先是感到一阵轻松,心里悬着的一块石头终于落了地,旋即又感到非常非常失望——

我仍觉得自己很失败,因为每个人都完成了他们的手工作品。我带着完成了一半的木盒子回到家,垂头丧气的。

我把盒子摆在了我的房间里。它没有任何用处,至少在我看来是这样的。另外,我为此而得的成绩也说明了一切:这个手工作品得了个"及格",它是一件中下等的作品。没过多一会儿,我觉得盒子放在那里就像是在羞辱我,我想把它扔了。

一天,妈妈又冲我大吼大叫的,她这已经是第一百万次了!我也用暴怒回应了她。我们的争吵逐步升级,一怒之下,我抓起盒子从后门跑了出去,一直跑到我家后面的林子里。我气得七窍生烟,失去了理智,拼命用盒子敲自己的脑袋,一下,一下,又一下。我没昏过去,但眼冒金星,头晕目眩。我气还没消,从盒子里抽出那个抽屉,用尽全身力气把它对准一棵树扔了过去!我又死命用脚踩那只盒子,直到把它踩得稀巴烂,变成了一堆木头碎片,然后,我把所有这些东西都丢进了树林。

2

从开学的头几个星期开始,我就把大部分时间都花在了教职工办公室里。很显然,我交不到什么同龄朋友,而在办公室里,至少那些成年人不会嘲弄我、羞辱我,跟他们在一起我觉得自在得多。因为我父亲在这所高中当过老师,认识大部分教职员工,所以我觉得,我也就理所当然可以跟老师和行政办公室的那些人成为朋友。"让学生们靠边儿站吧!"我想,"我不需要他们!"

有一位辅导老师,贝内特太太,对我特别好,她把我介绍给了办公室里其他的人。贝内特太太很吸引人,我立刻就爱上了她。

并不是说她有什么惊人的外貌，我们之间的年龄差距也很大，但是她很把我当个人来看待。就像两年前我跟我的科学老师那次一样，我对贝内特太太的感情不能让别人知道。我得保守住这个秘密，要是被人发现，我就完蛋了！

渐渐地，我去找贝内特太太的次数越来越多。午餐时间我都等不及，我不去餐厅而是去她的办公室，心里盼望着她的门是开着的。通常，我整个午餐时间都会和她在一起，只要这段时间她是属于我一个人的，吃不上午饭我也不在乎。

我向贝内特太太表达了我对她的感情。我的表白方式是：逢年过节送卡片给她——感恩节、圣诞节、情人节，等等。我在这些意味深长的卡片里写满了甜言蜜语。头四次，她对我送的卡片和我的体贴表示了感谢，于是，我的感情得到了强化！

我对她的迷恋变得如此强烈，以至于她占据了我整个身心。我害怕过周末，害怕过节假日，因为在那些日子里我们就得分开，谁也见不到谁。可是，结局还是在四月来临了。

复活节时，我为她精心挑选了一张卡片。我在这张卡片上满怀柔情地写下了我对她的感觉，让她知道我在深深地爱着她。我把卡片给了她。

当一位老师递给我一张粉色便笺，上面写着让我马上去见贝内特太太时，我正坐在自习室里。我顿时吓得胆战心惊，悄悄地溜出了教室。

当我走进贝内特太太的办公室时，她已经在那儿了，在场的还有一位学校的心理学家。"把门关上，肖恩。"贝内特太太说。

我关上门，坐在她们两人对面。"肖恩，我想和你谈谈你送给我的这张卡片。"我坐在那儿,浑身颤抖,好像整个房间开始慢慢地向我挤压过来,脚底下的地板也要裂开了,而我,将要跌下去陷入那无底的深渊。

"我必须告诉你,我不是你的心上人,我只是你的朋友。"

"肖恩,你迷恋上了贝内特太太,"心理学家说,"但你的感情,是无法从她那里得到回报的。"

贝内特太太解释说,她有丈夫,而且她丈夫对她的感情就像我对她所表述的那些感情一样,而要让她像爱她的丈夫一样去爱我,对她来讲是不可能的事情。

"那么,我会被停课,是吗?"我问。我感觉自己像一个被告,刚刚被判有双重谋杀罪。

"不,不,不,你不会被停课。只是说,我不能成为你的爱人。你需要找一个同龄人去感受那种情感。"

我知道,她的年龄至少是我的三倍,而且她有丈夫,但是我不明白这些事实意味着什么,也不懂为什么我不应该爱上她或她不应该爱上我。被她指出我误入歧途实在令我感到震惊!现在,我又没有真正的朋友了。

肖恩和我不断发生口角。我知道一直这样争执不好,这样只会让我们两个人都感到愤怒和沮丧。然而,每每我一张嘴,脱口而出的总是那些我知道我不应该说的话。

他不愿意服从任何指令,因为在他听来那些话都是批评,他受不了。

"肖恩,把你的盘子放到池子里去。"

"我正要去放呢。"

"你没有,你正往门外走呢。"

"我准备先做这个,然后再出去。"

"但是你已经站在门外了。"

"我只是查看一下温度。"

"你为什么就不能说句'好吧'?"

"因为肖恩讨厌被人纠正。肖恩就是一个混蛋!"

"你瞧,我并不是要纠正你,我只是让你把你的盘子放进池子里,和我们其他人一样。可话又说回来了,**所有的**父母都纠正自己的孩子啊——那是孩子们学习的方式。这并不表明你是个坏孩子!"

但对他来说,我就是那意思——肖恩是个坏孩子。

为了能给人留下深刻印象,他还总是搜肠刮肚地使用一些生僻的词汇。有很长一段时间,他痴迷化合物名词,每次和人对话时他都要插进那么几个词来,"甲氨基甲酰氯"(carbamylachloride)和"氟磷酸盐"(fluorophosphate)之类的词会出其不意地从他嘴里冒出来。

我开始意识到人们用语言来互相交流,但是我不知道他们是怎么做到的。我得到的一个概念是,用难词就是聪明的表现。因此,为了让自己变得更聪明,我决定通读兰登书屋的英语词典,

这是我家最大部头的一本词典。

那天放学后，我开始阅读第一个单词的释义。每天我尽可能地多读，尽可能地集中精力。大约八个星期之后，我读完了整部词典。我感到平添了无穷的力量，急切地盼望着能让大家听到我用这些词！几年以后我才认识到，我根本不懂得如何在恰当的情境中运用这些词汇，但15岁时的我想的却是，我要用难词来代替简单的常用词，然后人们就会说："哦，他可真聪明！"

我的计划落空了。我感到很困惑，也很痛苦。开始时我生每一个人的气，但是后来，我终于明白了是怎么回事：我其实还是没有搞懂人们之间到底是如何交流的。我不止一次地感觉到，自己像是个闯入地球的外星人——对我来说，跟周围的人沟通，并不比跟一个来自另一个星球的生物沟通更容易。

"肖恩，孩子们之间不是那么交谈的！"听他和一个满脸困惑的邻家男孩滔滔不绝地说完话之后，我会这样跟他说。"听听他们是怎么说话的——他们都不用那样的词汇。你不需要向其他孩子证明什么，自然一点儿！不要总想着用那些难词去吸引他们，他们会认为你在炫耀。"

我们在停车场碰见一个朋友，我把肖恩介绍给那个人。肖恩对人家说："啊，这夜幕时分与我们交会的空气竟是如此沁人心脾，令人陶醉。此刻，我内心满溢着沸腾之情。认识您，我深感荣幸。"

我的朋友面带微笑，看看肖恩，又看看我，然后恍然大悟地大笑起来，以为这正是我们想要的效果。我想跟他解释说：我15岁的儿子学的是十五世纪的中古英语。

"他为什么笑？"我们上车后，肖恩生气地问我。

"是因为你用的那些词，肖恩。他以为你就是想要逗乐呢——没人那样讲话的。你和别人那样说话时，他们不知道你想要干什么。你看，人们相互交谈时，没人会用那么文言、书面的词去讲话。"

"有时候你和爸爸就用难词。"

"那是在没有更简单的表达方式的时候。"

"那么，那些生僻词汇到底是干吗用的呢？为什么那些该死的词会出现在那本该死的词典里呢？"

2

他所有的表现都让他显得与其他孩子格格不入，而他只是想被认可。他从来不为自己的外表费神，甚至一直拒绝照镜子。他仍然只洗前面那部分头发，也从不梳理。他身上穿的衣服满是泪渍和油污。他那么迫切地想要交朋友，那么渴望看起来"正常"，可在上完体育课放学回到家时，他的衬衫纽扣是扣错的，领子向里窝着，裤子的拉链拉了一半，头发一缕一缕地粘在头上。

"亲爱的，如果你想交朋友，那你必须要注意自己的形象。"

"我看起来很好。"

"不，有时候你看起来很邋遢。你是个很帅的孩子，但是你必须要照照镜子，检查一下，看看你出现在别人面前时是什么样的，我们都这样做。"

"他们应该喜欢我,因为我是个好人。"

"对,那当然。但是,首先他们得了解你,而其他孩子会注意你的外表——成人也一样!"

"但他们没权利那样!"

说得没错。

每当我看到镜子里的自己都会被羞愧和尴尬的感觉所淹没。我觉得自己实在是个非常糟糕的人,我都不敢看我自己。

我知道的情况是这样的:所有博德曼高中的学生都能和他们的家人和睦相处。我敢肯定,没人在家被吼、被骂,除了我。当爸爸、妈妈冲我声嘶力竭地吼叫时,我会想象其他孩子都在看着我,都在笑话我,他们在想:"肖恩是个多可怕的人呀!连他自己的爸爸、妈妈都大声训斥他!"这些想象比图像更逼真,就好像他们真的活生生地出现在了我面前。

所以,我从镜子里看我自己,哪怕只是一瞥,羞愧的闸门都会一瞬间被打开。即使我强迫自己去看,我也肯定会眼睛朝上或者头转向一边。我不能正视自己,不能面对我所背负的负面的一切。

穿衣服也是一样——我知道世界上每个人都不需要指导就知道如何穿戴,凭什么我就要被人纠正呢?我做得永远都不对,永远都不够好。我从来没想过衣服如何搭配,我对这个没概念。我不知道怎么能看出来一件衬衫是否系错了纽扣;我根本就没意识到两片衣襟的下摆应该是一样长的。到底妈妈是怎么看出来的呢?她能看我一眼就说"你衬衫扣子系错了",这真是不可思议,她是怎么知道的呢?

把扣子从扣眼中穿出来,还有系鞋带这类事对我来说都相当困难。有很多次,我干脆把衬衫扣子揪了下来,把鞋带扯断了。这些该死的东西不好弄时会令我异常愤怒。我知道我穿衣服有问题,这也让我跟其他孩子有所区别。

妈妈告诉我,我应该试着多检查一下自己,多留心一下自己的穿着打扮。这让我很生气,让我觉得很烦,我就把她的话全都当作耳边风。我就是不照镜子,说破大天去我也不照!

几乎每一次和肖恩谈话时我都会想:为什么我就不能闭上嘴,让他想说什么就说什么,想干什么就干什么呢?但是他的话和他的行为一样,都具有强迫性,我下定决心要帮他战胜这一障碍。我猜想,如果我继续尝试,他最终会理解我,但问题是,要是他没有理解的能力,我就是在折磨他。

他在学校的情形变得更糟糕了。有好几个老师反映,肖恩在学校走廊里穿过时,会两眼发直地看着前面,不停地自言自语,甚至他们叫他名字时,他也不理不睬。他总是那个被捉弄的对象——他举止怪异,智力落后,格格不入。上每门课都有人欺负他。虽然实际上欺负他的就只是那两三个学生,但肖恩觉得,他们好像代表的是所有的同学。

有一天早晨我们醒来时发现，我家新粉刷的房子被投了鸡蛋，院子里垃圾被撒得到处都是，连树上都有。高中的校长怀疑是乔伊干的，乔伊是那个最招摇的对肖恩的施虐者。校长当面质问乔伊时，乔伊也承认了。校长把乔伊送到我们家来，让他清理掉他所搞的破坏（但房子的前面整个都要重新粉刷），还让他向我们道歉。

乔伊是一个长得很帅气的男孩，样子也十分友善。我很惊讶。罗恩和我跟乔伊一起在客厅里坐下，我们给他讲了讲肖恩到底是怎么回事，肖恩对周围的一切是种什么感受。他专心地听着。

"所以，你看，"我说，"他做的每件事对他来讲都是一种努力，而这些事对于我们其他人来说易如反掌，甚至连想都不用想。他总是最好欺负的那一个。他的举止行为确实和别人不一样，他连看起来都和别人不同，他甚至都不知道该如何保护自己！他最渴望的就是和其他孩子一样，但是他知道他跟别人不一样，他也不明白为什么会这样。你和其他孩子在学校对他所做的一切极严重地伤害了他，现在他都不想再去学校上学了。"

"但是我、我们，并不是真的有意想要伤害他。我的意思是说，他看上去好像挺不在乎的，也好像没注意到我们。他对我们做的事、说的话都没什么反应。我们逗弄他时，其实就是那种，想开个玩笑什么的……听起来是很愚蠢。"

"我明白你们的意思，"罗恩说，"你们认为他和你还有你的朋友们不一样。但是，当你们嘲弄他时看看他的那双眼睛，就可以想象到如果有一群孩子取笑你，说你弱智，向你弹曲别针，你会是什么感觉？那正是他的感觉——他被排斥在外，觉得没有容得下他的地方。这些事对他伤害极大，他只能假装什么都没发生似的。这就是为什么他不回应你们。"

乔伊问,他离开前可否见见肖恩。我们把肖恩从后院叫了进来。乔伊说:"我说……我只想告诉你我非常抱歉。我一直那样对你,真是个混蛋。以后我再也不会那样了。嗯,我一直就是个蠢货。"

乔伊伸出手来,肖恩也伸出了手,他们握了握手,肖恩说:"没关系。"

乔伊遵守了他的承诺,无论是他还是他的朋友都再也没欺负过肖恩。

在这一时期,我发现了一个新的兴趣——天文学。这门学科令人兴奋,没有比这更好的逃离现实的途径了——它是我逃离学校那帮蠢孩子的安全出口。另外,就像那些至今仍令我着迷的电视台呼号一样,我认为天文知识也相当神秘。我再一次感到自己增添了无穷的力量。天文学填补了我空虚寂寞的心灵。成天跟遥远的"外太空"现象打交道,有助于我脱离现实的困境。

我喜欢研究不同的星球,那样就很容易想象自己身在别处。我沉浸在自己的幻想之中,悠然自得。有时我会盯着火星的照片看,然后,我会随着火箭升空,降落在这个星球上,置身于贫瘠的土地和荒凉的火山口之间。从火星上我可以仰望地球,它是那么那么的遥远。俄亥俄州就在那上面的某个地方,远在天边,无法伤及我一分一毫。这是一个我自己的世界,一个任我自由驰骋、令我焕发活力的世界。在这样的时候，我的痛苦和不安会慢慢地烟消云散，我会开始感到自己接近某种正常的状态。之后，你都可以想象得出，妈妈肯定会在这时候叫我，非让我下楼去。

上十年级时，我的态度发生了转变。我还是没办法和我的同学相处，我缺乏那个能力，但是现在，我觉得我要摆正自己和老师，还有其他教职员工之间的关系了，我不再渴望和他们交朋友了。实际上，我的情感摇摆到了另一端：我不想和他们之中的任何人产生任何瓜葛。我尽己所能地避开他们，这当然也包括贝内特太太。我知道，跟去年相比，我在某种程度上跟每一个人的关系都更加疏远了，但事情就是这样的，也只能这样。我要把学校里所有的人都从我的生活中抹去——同学们和老师们。为了达到这个目的，我发明了一个棒球游戏，我是投手。

要是哪个大人没遵守我的规则或是没达到我的期望，我就用这种方式来和他算账。我脑子里列了一张清单，上面是那些我认为背叛了我的人。我是这么设计的游戏：每在学校的一个月就是一局，如果我在整整一年里都成功地没让某些人看见我，那么我就是投出了一场无安打比赛！这个游戏还真能玩得起来——一学年正好有九个月！然后，我给每个人都分配了特定的分值：如果莱塞先生看见我，和我打了招呼，这只是一个一垒安打；如果贝内特太太见到了我，还跟我讲了话，那我就是被敲出了一个本垒打。我越想回避的人，其分值越高。

上高二的第一个星期，我没和任何人讲话。我开始假装整个学校除了我没有别人。我对贝内特太太的感情已经从去年春天时的爱慕——而她那时告诉我她不可能爱我——完全转变成了另一种情感：一种极强烈地想要报复的欲望！她是我愤怒的焦点。我发誓，到年底之前，每一个伤害过我的人，无论以何种方式伤害过我，都将受到惩罚。我的棒球游戏就是惩罚手段，我要让那些人为他们所做的一切付出代价。

但我的游戏有一个很大的问题——我下定决心想要避开的人恰恰都是那些最吸引我的人。更重要的是，要是我成功地躲开了他们，那他们怎么能知道我对他们有多愤怒呢？所以，我内心里又多多少少期盼着能撞见他们，尽管我其实在努力回避他们。

当我名单上的人靠近我时，多数时候我只不过是扭头把脸转向另一个方向，但是，如果刚好我情绪不佳，又感觉心头压抑的怒火马上就要爆发时，我就会躲开他们。

有一天我见到了贝内特太太，那之前我差不多有六个月没看见她了。当时，我坐在我通常坐的那把长凳上，离食堂很近，但又看不见里面。贝内特太太沿着走廊走过来，向教师休息室走去。跟往常午餐时一样，别人都在吃饭，我却带着我的天文学读物研究着行星的方方面面。很快，贝内特太太就要走上前来了，我赶紧从书里抽出几张星座图，把它们举到眼前，假装自己正在聚精会神地研究星座的位置。她来到我跟前时我并没有抬头看她。

"嗨，肖恩。"

我这边，没有回应，也没有目光接触。

"肖恩，你好吗？"

我继续盯着星图看，就好像没听见她说话似的。她在我旁边站了一会儿，然后走开，消失在休息室里了。我放下星座图，感觉相当的心满意足。我的复仇大业已完成了一半！

我对付几百个同学的方法就是：当我拖着沉重的步伐穿过大厅时，我会低头看着地板。我努力说服自己，那儿除了我没有别人，全学校里就只有我一个人。

我把这条规则也施加到了妹妹梅根身上。对梅根这个妹妹，我从来就不是特别理解。一方面，我毕生大部分时间都在嫉妒她，那种感觉很早就埋下了。在她还是个小孩子的时候，样样事对她来说都是那么轻而易举的。我做自己喜欢的事总是遭到训斥，而梅根则可以随心所欲，做什么都能被接受，这让我感到无以复加的愤怒！她跟每个人都能和睦相处，我却跟谁都处不好。在学校里，不论我成绩多好，她总是比我还好。有很多很多时候，我鄙视她。

但另一方面，梅根和我之间有根特殊而亲密的纽带。有时候我们会做一些别人无法理解的事，我们甚至有一些我们自己的语言。另外，我可以对她指手画脚，发明一些让她必须遵守规则的游戏，而我自己则可以随意打破那些规则。我总算是报仇雪恨了，谁叫她总让我觉得自己比她差。

随着年龄的增长，我看到梅根的性格发生了改变。以前，我总是能控制她对我的反应，我想让她生气时，准保就能气到她，但是现在，她会在我没料到时生我的气，火气也常大得吓人。梅根是唯一一个曾和我共同度过很多美好时光的人，我担心她会下决心再也不跟我好了。我意识到她是我唯一的朋友，所以在家里我很怕她，不知道怎么才能控制她。

而在学校我极想避开梅根。在她和我的规则之间，我选择了后者——我的规则还是重要得多。由于她总让我感觉低她一等，我就假装她不存在。我越是不理她，就越觉得自己能控制她。

二十一

1978年1月，一个突如其来的消息令我感到万分震惊。一天早晨，爸爸把我从楼上叫下来，和我在客厅里谈话。"肖恩，我想告诉你一件重要的事。我决定调到加利福尼亚州去工作，我们很快就要搬到洛杉矶去了。"

"什么？！"一开始我以为他在开玩笑，"你是说我们要搬走？"

"是的。我想知道，你对这事有什么看法。"

我知道爸爸在加利福尼亚州找到一份工作，他和妈妈也一直在讨论这件事，但现在，我才真正开始意识到事态的严重性，泪水一下子涌上了我的眼眶。我强忍住眼泪，阐述了我的观点，表明了我的立场——我不同意搬家。我搬出我的学校、我们的邻居、我们居住的城镇作为反对的理由。我把我讨厌的学校置换到了另一种情形中，我说要是我们选择留下来，我在学校的情况一定会变得更好。但是，没用。

爸爸试图劝说我，一旦我适应了加利福尼亚州的新生活，事情也会有所改观的，但是，一想到要从这儿搬走，我就受不了——这里是我唯一熟悉的地方。那次谈话之后，我好几个晚上都没有合眼。我的未来充满了风险！

我生命中的第一个十六年是如此不堪，别人可能以为我一定会很赞成搬家这件事，毕竟，这是能让我从痛苦难捱的环境中解脱出来的一条途径，但是我讨厌变化，讨厌所有的变化！我喜欢重复，我的环境越是一成不变，我能感到的威胁就越少。比如说，我讨厌听流行音乐电台，因为他们不停地在更换播放的曲目；我不能忍受一座新的建筑拔地而起，因为那里以前没有建筑；我也同样不能忍受一座原本屹立在那里的建筑被拆掉。我讨厌人们不按规则办事，讨厌他们坐在不属于他们的椅子上，讨厌他们说那些他们不应该说的话。

所以，还有什么能比搬到加利福尼亚州更能摧毁我的生活呢？那是一个我连见都没见过的地方！我有条不紊的生活从各个方面被彻底打乱了。我上四年级、五年级的时候，他们就曾有整一年的时间不让我在原来的学校上学，我至今仍对此事耿耿于怀，而现在他们又要这么干了！我要所有的事情都按照建立好的、可预见的模式去执行！

然而，过了一段时间，我能允许自己这么想了：这样的搬家也许会带来一定的好处。我想："也许我在那里会更快乐，谁知道呢？"我倒是可以期盼着这样两件事，逃离寒冷的冬季（我有个规则就是冬天不许下雪），还有就是，观看和收听新的电视台和电台。

我们搬到洛杉矶去的那一天，我没有和任何人告别。头一天我还在那儿呢，而第二天我就已经远走高飞，到了四千公里以外的一个地方！我希望这里能将我在与同学接触的过程中所受到的恶毒影响彻底净化掉；我希望他们自己发现我再也不是他们作弄的对象了。等到他们发现时，我早已身处他乡，与他们相隔千山万水了。

现在，我放弃了自己十六年来苦心营造的安全感，正在经历着有生以来最大的冒险。我的未来已经发展得要失去控制了，这就是我的感受。

二十二

1978年的3月，罗恩和我穿着人造毛皮大衣，和梅根还有肖恩站在洛杉矶的人行道上，身边堆满了小山一样的旅行箱和随身物品。我们家那两只有气无力的狗，蔫头耷脑地待在宠物托运箱里，抑郁地低声哀叫着。大雨已经连下了六天，地面泥泞潮湿；马里布沿袭传统而建的房子都快滑进海里去了；望不到头的车流沿着高速公路缓慢移动着，时不时有过热的车子被掀开发动机的盖子，停靠在路边。

我们搬到了加利福尼亚州——阳光沐浴之地。我辞去了教书的工作，而罗恩也放弃了扬斯敦公立学校公共关系主任的职位。我们卖掉了房子、两辆汽车，还有梅根的马，把所有的家当打了包，托搬家公司先行运了过来。我们要在洛杉矶，这个我们的孩子从来没有见过的地方，买所房子。我们两人都进入了娱乐界，我写歌词，罗恩给莫林·麦克柯文（Maureen McGovern）当经纪人。这位歌手就来自我们的家乡，多年来一直是我们非常要好的朋友。以前，我们会就生活琐事为她出谋划策；而今，我们三人将为她的事业一起并肩奋战。

我们在俄亥俄州的生活已变成了一潭死水，生命的进程近乎停滞——教学工作一年比一年困难，因为学生集中注意力的时间越来越短。我认为，这与他们花大量的时间看电视有直接关联。对我们教师来讲，要想触及他们的内心，了解他们的个人才能和独特想法，变得越来越困难了。和我一起工作的老师，都只有三十几岁甚至更年轻，他们已经在讨论退休问题了。罗恩的工作也看似大势已去的样子。他的顶头上司，俄亥俄州第一位黑人督导，去大学另谋高就了。他离职之后，学校系统在他的领导下取得的种族平等方面的进步似乎出现了倒退的趋势。

我们在俄亥俄州的生活轨迹是简单明了的，我们可以预见我们的未来。我生平一向最讨厌重复，所以我教六个阅读班的方法都各有不同；生活中的细节我也会尽量让它们千变万化。但是无论我做什么，总有一个声音在我的脑子里回旋："如果我能清楚地看到自己的未来在我眼前缓慢笔直地铺展开来，这样的生活又有何意义呢？"于是，我们改变了生活环境。

当然，我们对这样一个巨大变动的渴望，主要源自我们在儿子身上的屡屡失败。难道我们就这样一直生活在低谷中，就这样看着肖恩慢慢长大？一想到要一直过这样的生活，我就觉得难以忍受。我知道他有多么惧怕变化，哪怕是最微小的变化，只有可预见性才能让他感觉到安全，但是安全感也没帮他多大的忙。我们想，给他所熟知的一切来个天翻地覆的改变应该会对他产生巨大的影响，但是，在内心深处，他是会进步还是会倒退呢——一旦退步，也许还是永久性的？我们觉得，必须要大胆冒险一试。

凑巧的是，梅根的两个好朋友也从俄亥俄州搬走了，所以这个变动并没有给她带来太大的痛苦。

我们从匹兹堡飞往洛杉矶。飞行了三个小时后,我向下俯瞰,地面上已不再被积雪覆盖。俄亥俄州的冬天向来都异常严酷而又恶劣,我一直就对它深恶痛绝——天空总是那么灰暗阴沉,让我内心感到无望而又低落。雪天永远是我的敌人,它迫使我不得不困在家里和妈妈在一起。现在我激动得浑身发抖:我们永远永远告别了冬天!我终于逃离了它的魔爪!

但是,我欣喜若狂的心情转瞬间就消失了,取而代之的是令人失魂落魄的恐惧和担心。在我身上将会发生什么呢?昨天晚上,在俄亥俄州的最后一晚,我一直在琢磨这事。我试着想要入睡,却越想越怕,最后搞得我恶心难受,竟然吐了一场。现在那种感觉又回来了。

我们走下飞机时,我有了首次的加利福尼亚州地震体验——这地震其实发生在我心里,发生在我的胃里和双腿上。正当我觉得要自己病倒了的时候,我注意到洛杉矶的温度是17摄氏度,这让我立刻转悲为喜,暗自庆幸——我们俄亥俄州那边,这时候已经接近0摄氏度了。

我们为什么突然到洛杉矶来了?我只知道我父母要和他们的一位朋友,莫林·麦克柯文,一起工作,但是我一点也不清楚他们打算具体要做什么。他们告诉我,我们将要住在圣费尔南多谷(San Fernando Valley)。驱车前往那里时,我想要大叫"带我回家!我要回俄亥俄!"但是,我没跟任何人说什么,因为我知道那没什么好处。

　　他们告诉我，我们准备买一所新房子，还说我会喜欢它的，因为和以前一样，我会有个自己的房间，但问题是，那房子现在还住不进去，我们必须暂时先搬到租来的房子里去住。也就是说，我甚至连一个真正的家都没有啊！

　　这是我第一次来加利福尼亚州——这个我一直向往着前来游历一番的"新"州；这也是我第一次看到连绵的山脉。即便如此，我怎么都高兴不起来。我心神不宁，不能集中精力做任何事，因为我的未来和命运处在危险的境地，掌握在他人的手中。我感觉自己好像被绑架了，只不过，我认识绑架者，而且用多少赎金也不能拯救我，让我过回我原来在俄亥俄州的生活。我感到迷茫，感到自己被抛弃了。

　　在洛杉矶的第一周，梅根和我都没有去学校上学。我坐在那里眺望窗外的群山。我知道俄亥俄州就在山的那一边，在非常非常遥远的某个地方。也许，如果我爬到山巅，就可以从那儿看到我曾经的家。我知道，要不了多久，我就会亲身一试。如果到达山顶时，我看不到我的俄亥俄，我就会从山崖边纵身跃下。各种想象在我头脑中恣意驰骋，而我的胃则在翻江倒海，纠结着扭成了一团。

　　头几天我拒绝对任何事做出回应；我人在心不在，完全沉浸在自己的思绪当中。后来，到了周三还是周四的时候，妈妈刚睡醒我就对她说："我不打算在这里的学校上学了。这是我的决定。"

　　"肖恩，你会喜欢这儿的学校的。还记得你见到的那位校长有多和善吗？"她劝我说。（我的父母带我去看过学校，这样我就能知道我要待的地方是什么样的。）我不管，我不会去的。学校根本就哪儿都不对，它与我心目中"真正"的学校差之千里——教室号码排序不对，而且有几幢独立的一层建筑。学校就应该只有一座建筑，一座三层楼的建筑。

"我刚说了，我不去！"

"行了啊，这事我们已经都谈过多少次了，别再没完没了的了！"妈妈生气地说道。

我昂首阔步地走出了卧室。那一刻我意识到，虽然我们已经搬到了四千公里以外的地方，妈妈和我之间这种无休无止的争执仍然会继续。我现在看出来了，一旦我从搬家的打击中恢复过来，地狱之火将被重新点燃；我又会对我的行为失去控制，之后会恶性循环，一发而不可收拾。我的噩梦又会再次降临。

我终归还是去上学了。那地方有些杂乱无章的建筑，让人感觉莫名其妙。我感觉自己比以往任何时候都更渺小，更无足轻重。我真觉得自己像是在一场梦里，我其实根本就没在那儿。几天之后我才开始注意其他同学，虽然我从来不看他们的眼睛——我明知道不应该这样。他们当中有很多黑人，还有很多说西班牙语的孩子。我真不明白，他们为什么大老远地从西班牙跑到这里来上学。我当时还不知道，有很多其他国家的人也讲西班牙语。学校里还有很多其他外国人模样的学生，但是我不知道他们都是什么族裔的。我见到的所有事情我都搞不懂。

几个星期以后，我猛然意识到：这里好像根本就没人注意我，也似乎没人觉得我有什么怪异的地方。我这才稍稍松了口气。紧接着一个新想法给了我当头一棒，恐惧再次占据了我的身心：我原来学校的什么人会发现我在这里，而且他认识这所新学校里的某个人，然后会向这个人描述我。我肯定，绝对就是这样的。这里就会有人在寻找我。无论我多努力想要融入进去，隐藏在众人之中，最终我的"行为"会浮现出来，我就会被发现。那些取笑和作弄又会卷土重来。他们就什么都知道了。

我试图生活在真空里。我像在俄亥俄州上学时那样，在校园里走来走去的时候，假装旁边没有别人。一天，课间休息时我想要上卫生间，看见一个就走了进去。我以前从没来过这里。里面很黑很暗，没有窗户。墙上满是涂鸦。那些话太暴力，太淫秽，让我感到震惊和害怕。我习惯看到的都是"汤姆爱劳瑞"之类的话。

五个墨西哥裔的孩子站在一块儿背靠着墙，正在抽烟。我假装没看见他们，也不想让他们知道我已经注意到了那些污言秽语。我刚要离开卫生间，他们当中一个矮胖壮实的孩子走到我面前来，挡住了门口，瞪眼瞧着我。

"你他妈想要去哪儿啊，小子？"

"我要去上下一堂课。"我尽量温和地回答。

"你哪儿也甭想去，小子！"

"劳驾，让我走吧。我要迟到了。"

我想：这就是那个孩子吧，那个一直在监视我的人。

这孩子张开双臂，死死地挡住了我的去路。我冲上前去，想弯腰从他胳膊底下钻出去，但他牢牢地抓住了我的脖子。其他孩子也过来围住了我，起着哄，笑着，闹着。我听见上课铃已经响了好一阵子了，突然一下，他放开了我。我绕过他，走出了卫生间。我不肯跑着去上课，因为不想以任何方式引起别人对自己的注意。有人在我身后喊道:"真他妈的是个胆小鬼!"

接下来的那几天,我一直留心着他。有几次我还真看见他了,但他似乎根本没认出我来。我开始确信他并不知道我是谁,我有可能只是他的一个随机受害者,否则的话,他是不会放过我的。

突然之间,我们不用朝九晚五地去上班了,没有固定的时间表,全凭我们自己安排,当然,也没人按时给我们发工资了。每天都是不一样的,总能接触到新的人,获得新的体验,碰到不寻常的事情。

孩子们在洛杉矶的公立学校上了九年级和十年级。梅根上的是初中(因为加利福尼亚州的高中从十年级开始)。她发现那些功课她早在三四年前在俄亥俄州时就都做过了。我们很是吃惊。加利福尼亚州不是一向以教育领先而著称吗?梅根喜欢阅读,喜欢写作,也喜欢挑战。她陷入了极其痛苦的境地。罗恩和我三番五次地去学校和她的老师协商,但答复是:不,不能给她加作业,因为那要耗费老师太多时间;不,不能让她去图书馆自修,该做的功课做完了也不行;不,没有快班能让她转过去(再说,她现在已经在上英语和历史高级班了,只是她自己没有意识到而已);不,不会给她做分级测试,就是那个看她是否有资格能升入十年级的分级测试。嗯,都不会。

在我们召集的与梅根所有老师的第三次会议上,她的数学老师最后终于说道:"得了,还是现实点儿吧,你们又不是不知道,这里大部分孩子都是墨西哥裔的——他们根本不在乎学习，他们的家庭对教育也压根儿就不上心，所以我们只好让其他所有学生都将就这些最落后的学生，让他们能过。这跟教那些树上的动物没什么两样！"我看了看其他三位老师，他们也看了看我，面无表情。我觉得怒火中烧，浑身发热。罗恩先开了腔："就不应该让你们这样的人来教书。真应该让你们离那些孩子远点儿！"他的脸涨得通红，脖子上青筋毕现，他十分愤怒。

"这确实是太糟糕了。"历史老师接茬儿说道，就好像罗恩什么话都没说过一样，"通常，她可以转到学业要求和教学水平都更高的其他学校去，但是因为她是占比 13% 的少数白人孩子之一，她必须留在这儿。"

这所让我们的女儿感到如此沮丧而又痛苦的学校，却似乎对我们的儿子产生了不同的影响。肖恩说他的高中课程都很简单，他再也不害怕做作业了。他也一样，大部分课程在俄亥俄州时都学过了。最本质的区别是这所学校里跟他一起上学的孩子——他们是一个融合了不同肤色、不同族裔和不同宗教信仰的混合群体。这里对行为和着装没有单一的标准，也不会有人向你投来异样的目光。在加利福尼亚州上了大约一个月的学之后，一天下午，肖恩放学回家时说道："我们学校有两千多个孩子，他们没有一个人知道肖恩·巴伦的事情！"

——◆◆◆——

我不认识和我同龄的孩子，谁都不认识。我看着其他的学生，觉得他们是一个群体，除了肤色和种族不同，别的看上去都很相像。而我呢，和谁都不像。我偶尔听到过坐在我周围的学生相互交谈，而他们在说些什么我一点儿都搞不懂。为什么他们相互之间说些什么都能显得那么融洽，我跟他们就不行呢？

但是，我还是结交了一些朋友，一些和我父母一起在录音棚里工作的成年人。其中一个人，给我的生活带来了重大改变。

玛西娅·戴是一位年近五十的妇女。在我眼里，她极富魅力，聪明能干，而且超级强势。她对我很有吸引力，最重要的是，她很快就极为热烈地喜欢上了我。她会伸出双臂抱住我，就好像我是她久别重逢的亲人。我是那么渴望被人接受，在玛西娅这里我找到了这种感觉。她会聆听我在说什么，而且总是那样看着我，就好像我一丁点儿问题也没有。我立刻发誓，我不会让自己再重蹈覆辙，像原来在俄亥俄州爱上詹金斯小姐和贝内特太太那样爱上她。我决定，我只会和她成为亲密的朋友。

她开始成为我沉迷的对象。我越看见她，就越想再看见她。我想让她当我妈妈，替换掉我现在的这个。她生活中的方方面面我都想参与。我认为，她应该事无巨细地跟我讨论他们的音乐商业业务，就像她平时跟爸爸讨论的那样。她有五个女儿，都已长大成人，结婚生子。她还有外孙子和外孙女，所以总是花很多时间和他们在一起——我不太喜欢她这么做。特让我生气的是，她还把她的时间给了那些跟她非亲非故的人。

在初始对我表现出洪水般的情感之后，玛西娅开始逐渐疏远我。有时候我在录音室碰见她时，她甚至连个招呼都不和我打！每当这种情形发生时，我的胸中就会涌起一股酸楚的伤痛，这种感觉会像气球一样膨胀开来,迅速扩散到我全身。我必须得找个没人的房间进去待一会儿,这样就不会有人看见我被伤害得有多惨。

我做了些什么?还是有些什么我没注意到的怪异行为显露了出来,让她觉得我不是她原来所想的那样的人?我只知道,我必须把她赢回来,否则我就活不下去了。我做了一个决定:我要全面了解音乐商务这个行业,学习与它有关的每一件事,这样我们就有共同基础了。通过这种方式,我会让自己显得更有意思,更能吸引她,这样就能把她拉回到我身边。

但是,我想要了解音乐商业的努力刚刚开始,就发现自己懂的实在是太少了,我开始成天生气。我的原则是:不问问题,即便碰到那些我应该了解也很想去了解的事时,我也不问!我排斥父母教授给我的知识,也拒绝聆听他们讨论的工作内容,尽管那些都是我极为需要知道的信息。我又回到了起点。

玛西娅对我的关注越来越少。我受到的伤害如此频繁,于是开始感觉麻木。我必须要阻止她对我的忽视!每天放学后我去录音室时,都盼望着她和我打招呼,这样我就能不理她,就能惩罚她,这是她罪有应得。我的计划执行得非常有效,我也开始感到满足而不再痛苦。唯一让我觉得烦恼的是,她对我做的事情好像没什么反应。

我父母倒是有反应了。他们和我坐下来谈话,说我不能那样,不能对玛西娅不理不睬的,应该友善地待她。他们说我必须要理解,她不可能所有的时间都和我在一起;尽管她很喜欢我,但她有公司要管理,那要花费她很多时间;她并不是故意要伤害我。

我想：那我毕竟对她还是产生了影响！如果没有，她就不会告诉我父母了。起作用了！现在我知道了，我选对了报复她的方法，要是现在停止的话，那我岂不前功尽弃了？

这是我父母第一次跟我谈玛西娅的问题，我们后来还就这件事谈了大概有好几百次。他们说什么我根本就听不进去，因为我知道，我的行为已经引起了她对我的注意，尽管都是些负面的。当然了，我说什么是不会有人有兴趣去听的！

我开始上高三了，梅根现在和我在同一所学校。看得出来，她在适应学校里的新建筑和新环境上没有任何障碍，交朋友也没有什么问题。

而我仍困在和玛西娅的关系里，痛苦不堪。她一开始对我的感情在某种程度上倒是又给了我一点点自信，因为她看到了隐藏在我内心深处的真正的那个人——至少有一段时间是这样，也许，别的什么人也能看到。

在学校，我开始真正努力地去直视其他孩子的眼睛。在这之前我太害怕，不敢那么做。我非常清楚，我必须要保护内心里的这个人，他是那么想要出来；我必须小心翼翼地前行。

我对班上一个叫罗伯的男孩很着迷。他是班上的搞笑明星，能逗得每个人都捧腹大笑，但是他从不令人讨厌，也从不粗暴无礼。每个人都喜欢他。我开始研究他，仔细观察他确切的言谈举止。我怎样改变才能变得和他一模一样呢？我很钦佩他，他从不取笑别人，从不拿别人开涮。我非常渴望去了解他，但是我没跟他说过一句话。要是我想搞笑一下而他却没反应，那可怎么办？我不能冒这个险！

一天午餐时间，我在校园里看见了梅根，她正和一个个子高高、容貌姣好的金发女孩在说话。我看着自己的妹妹，突然被一股强大的悔恨和歉疚的感觉所吞没。我一下想起在俄亥俄州的那些日子，每当我在学校见到她，我总是故意忽略她的存在。我必须摆脱掉这种可怕的感觉。我向她走去，下决心要和她还有她的朋友进行一场"正常"的交谈。我这辈子还从没做过这样的事。我试着笑了笑。

她们看着我，梅根微笑着说："肖恩，这是我的朋友戴安娜。"

我说："你好，很高兴认识你。"我心里有个东西破裂了，但我不知道那是什么。我以前从来没有说过这些话，但是它们好像一直就在我的嘴边等着我说出来。现在我说了出来，而且它们起作用了！就在这一瞬间，我和我的过去分离了。我感觉一阵眩晕。

梅根和戴安娜走到一棵大树下面坐了下来，我还站在原地。梅根回头看着我说："肖恩，过来和我们一起吧！"我走了过去，又有几个孩子过来，也坐下了。我被介绍给了大家。每个人都在谈论学校，但是我其实没怎么真正听见他们在说些什么——我内心里有一种哼鸣的声音，后来我才意识到那是快乐。我发现，他们互相聊天时，也会看着我，所以我很清楚，他们把我容纳进了这个群体，我是他们中的一员。我相信，我永远也不会忘记那一天。

接下来的几个星期，我发现每天中午吃午饭的时候，同一群朋友都会聚在那棵大树下面。梅根会先来和我碰面，然后带我过去加入他们。久而久之，我也有足够的勇气自己走过去，和他们待在一起。坐在那棵树下，我获得了有生以来第一次的放松时刻。我开始感到有足够的安全感去听其他孩子聊天，而不可思议的事情是，我明白他们在说什么！那些话在我听来都言之有理。我开始插进一两句评论，接个话茬儿，看看会怎么样。我看得出来，他们觉得我还行，并没觉得我怪异。我的话开始多起来了。一天，我听到自己在大笑——这是一个新的声音，我以前从没这么笑过，我甚至都没想这么做，它就自然而然地冒出来了。

有一天放学后梅根说："今天晚上我们去看戏剧社的话剧演出，要不你也来吧？"

我一下子被恐惧攫住了。我知道我做不到。我还没有准备好去参加这样的活动。我根本就不知道该讲些什么。现在我所掌握的都是些跟别人打交道的最基本的东西。

"和我们去吧，"梅根极力劝我，"你会玩得很开心的。"

我心想，好，管它呢！我讨厌这该死的恐惧！也许我去的话，就能克服掉它。

我去看了话剧，观看了舞台上的表演，但没太看懂。那是个喜剧，但我不知道哪里可笑。在学校和我一起吃午餐的那帮同学都去了，见到我时，他们看起来由衷地高兴。那天晚上我跟他们说的话比以往任何时候都多，而且，听起来我就和他们一样。

我们观察着肖恩，看他身上有什么迹象能告诉我们都发生了些什么。他从不主动诉说关于新学校的任何事情，我们只知道所有的课程都非常简单。

我以为我看到了一些变化，然后又确信我错了，还是那些旧有的行为，只不过换到了一个新地方。和我们一起工作的人对他很好，但是他使人家不得不疏远他，因为他要求得太多，别人根本不可能做得到。我们无法让他明白，当有人对他表示好感时，他的表现总是要把人家整个吞下。他毫无分寸感。我颠来倒去地跟他讲，人际关系是怎么回事，人和人之间总会有些界限是不能跨越的。他根本不听。

但是到了秋季，他开始谈论学校了。有几次他还称某个人为"朋友"。他和梅根的关系也明显发生了变化。他们一起结伴去上学，经常在回家的路上到某处逗留一下，去看看梅根在那儿工作的某个朋友。这是不是意味着什么呢？如果是的话，能持续多久呢？梅根说他表现得越来越正常，他看起来很努力地在交朋友。有那么一两次，她甚至将他的行为描述为"可爱的"。我很感激梅根，她对他是那么好。作为一名新生，她自己尚且需要指引和保护呢，但她却能顾及他，帮他拓展新天地。一个星期六的早上，肖恩跟我们宣布："我约了一个女孩今晚外出。我们要去打保龄球。"

我观察学校的同学们时，发现他们大部分都是成双成对的。我也想有个女朋友，但该死的，到底怎么才能交到一个呢？一想到邀请女生外出约会我就焦虑得要命，我应该怎么说呢？我这个年纪应该懂得这些事了，无论如何，我都得试一把。

我选了帕姆，英文课上坐在我旁边的那个女生。她长得很迷人，有着黑色的长发和深棕色的皮肤。她非常非常安静。她在课堂上发言时，我几乎听不到她的声音。我们的英文老师是个很风趣的人。每当他说一些逗乐的话时，我就会爆发出夸张的笑声，以期吸引她的注意；同时也传递给她一个信息——我是个自信的人，还颇懂得什么是幽默。

我尽可能多地和帕姆交谈，了解到她是一个苏族印第安人（Sioux Indian）。每天我都决心要鼓足勇气约她出去，可每次还没等我逼迫自己说出口呢，下课铃就响了。

一个星期五的早上，我对她说："帕姆，今天外面的天气真好，是不是？"然后，我就真的约了她："我很喜欢打保龄球，你呢？"

她说："我打得不是很好。有时候我会和我养父母家的人一起去。"

"明天晚上你想去吗？"

"好吧。"她把她的电话号码给了我。

第二天早上我给她打电话，她问："你什么时候来接我？"

"我不能接你，我没有车。"（我不想告诉她，我也根本不会开车。）

"哦，那你想让我妈妈带咱们去吗？"

"行，可以啊。"

那天晚上帕姆和她妈妈七点半来接的我，然后她妈妈把我们送到了保龄球馆。刚一进去，我的心就沉到了冰窟窿里。我看到所有的球道都被占上了，里面全是人。我把帕姆留在门口，自己走到前台去向经理要球道。他说："你得等一个小时，要不要我把你的名字写在等候名单里？"

我说:"不用了。"我有些惊慌失措,不知道该怎么打发这整整一个小时。我们是去那儿打保龄球的。我根本没有想过,等候的时候我们可以坐下来聊聊天,或者去别的地方溜达溜达。我对她撒了个谎:"球道马上就会有的。"

我们就那么站着,我不知道该说些什么。十分钟后帕姆建议我去看看有没有球道可用。于是我去了前台,但只是假装跟经理交谈了一下。我回到帕姆身边跟她说,有好几个球队在进行赛前训练,没有对外开放的球道了。

"那么,也许我应该给我妈妈打电话,要是我们打不了保龄球的话。"

"好吧。"我说。我真想爬到一块大石头下面去,事情被我搞得一塌糊涂。

回家的路上,我一句话都没说,还不到八点我就已经回到自己家了。

星期一在学校见到帕姆时,我都不敢看她,但是几天以后,我们又开始讲话了。终于,我克服了紧张情绪再次约她跟我出去。事实上,我又约了她好几次,可她再也没答应过我。

二十三

圣诞夜那天我们终于搬进了我们自己的房子，比预定时间晚了九个月！我的又一条规则被打破了——他们本来告诉我房子三月份就能住了，现在我根本就不想住到里面去了。

在房子里走了一圈之后，我感觉更糟了。我理解的"能住了"应该就是说里面的一切看起来都是干净整齐、各就各位的，但实际上房子脏兮兮的，里外还都得重新粉刷。我知道这意味着什么：妈妈会指望我帮她的忙。

果不其然，在接下来的日子里我们又有了一个全新的争执点。她会说："肖恩，你能帮我擦擦这些碗柜吗？"

我会回答："我马上就回来。我现在有点别的事要去做。"

"你有什么事要做啊？"

"就是有点儿事。"我会一边走开一边说。一个整天跟我大喊大叫的人还老想使唤我让我帮忙？我对此深恶痛绝。另外，我拒绝收拾一个已经应该"能住了"的房子。

我们是从一家正在附近盖新房的人那儿买的房子，但是工程上接二连三的延误导致了房屋交接的拖延。每个工期的延误通常也就一个星期左右，但累积起来竟然也有九个月之久。我们的家当在仓库里存放的时间太长了，连有些什么我们差不多都忘了。终于，我们在圣诞夜那天搬进了新居。打开一个个盛满物品的纸箱，拿出一件件自打离开俄亥俄州后我们就再也没见到过的东西，真像是在打开圣诞礼物一样。

罗恩和我买了一棵圣诞树，把它在屋里架好，然后我们怀着狂热的心情开始劳动，忙忙碌碌地归置着房间，希望能尽快安顿好一切，以便一家人能好好享用一顿真正的圣诞大餐。我们收拾到很晚，只睡了几个小时，圣诞节一大早又开始收拾。现在这房子开始看上去像那么回事，像我们自己的家了。火鸡已经烤上了，卧室也都布置好了，我们把节日大餐所需的所有餐具也都洗刷得干干净净的了。梅根和我拆完了所有的箱子，也洗完了所有的盘子，罗恩去浴室冲澡。我们把所有的小纸箱和包装纸丢进餐厅的壁炉里焚烧，增加点节日气氛。

肖恩很不情愿地把大纸箱子和床垫外包装放到车库去，他已经清楚地表明了，对不得不参与劳动感到极不高兴。当他经过餐厅的窗户时，我看到他停下来，抬头盯着屋顶看。我以为他在看在我们家橄榄树上搭窝的鹦鹉。

他又去看了好几趟，然后出现在餐厅门口说："我们的屋顶应该是在着火吧？"

我们冲出屋子，向上看去。我们的木瓦房顶上覆盖着常青藤，在冬季里已完全干枯。卷曲的藤蔓爬进了烟囱，顺势向下生长，从壁炉里蹿上去的火星点燃了它们，整片常春藤都在火焰中燃烧着。

我们跑着去取来梯子，罗恩爬上了屋顶。我把前院和后院的花园水管都扔给了他，他疯狂地浇着水，向烟囱一点一点地靠近。突然，他惊叫了一声："蛇！"他踩到了蛇的窝——这是最让他害怕的生物了。它们盘踞在屋顶上越冬。他狂乱地又蹦又跳，想把它们吓走，或者也可能是因为他害怕而不敢放下脚。反正，他歪打正着总算是扑灭了燃烧的常春藤。他浑身透湿，带着满头满脸的烟尘和炭灰，颤颤巍巍地从屋顶爬下来，回到了我们中间。

两个不认识的男人站在我们的院子中间，看着我们。他们挺着大肚子，双臂交叉在胸前。"你好，我就住你们隔壁。"那个大个子说道，"好家伙，你们真够幸运的，那要烧起来可真是不得了！我是个消防员，我可知道。"

就这样，我们有了在加利福尼亚州的家。

1

我和玛西娅的关系没有任何进展。有一天晚上我独自在家，她打了个电话过来，"喂？肖恩，你爸爸在家吗？"

"你想要干什么？"

"我想和你爸爸说话。他在吗？"

"不，他不在！"我生气地说道。她想找的是我爸爸，当然了，不是我。

"你知道他什么时候回来吗？"

"他再也不回来了！"我冲着电话里大喊，然后"砰"的一声挂掉了电话。突然，我感到天旋地转，头晕目眩，房间开始在我四周慢慢缩小。我后悔死了，觉得自己要生病了。我必须马上给她回电话，向她道歉。很快我拨通了录音室的电话，但是个我不认识的人接听的电话。她不在那儿。我发疯似的往她家里给她打了个电话。我得告诉她，我感到很抱歉，而且，我爱她！电话铃响了一声又一声。我等了好长时间才挂断电话。我冲着电话连吼带骂，怪它不帮我，接着我放声大哭，一直哭到筋疲力尽。我知道，一直以来我对她做的事都是错的，我的所作所为根本就毫无道理。我不能再这样下去了。

2

这里的高中课程很简单，比我在俄亥俄州学的要简单多了，而且我几乎感觉不到我在那边曾有过的威胁感，但是，我仍然很讨厌老师在课堂上叫我。我从来没主动回答过问题，因为我不想引人注意。我害怕在一大群人面前说话，不论是说什么。我知道如果我想在社交方面继续取得进步，就必须要克服我的恐惧心理，所以，我报名参加了一个演讲班。

在第一次课上我就得走到大家面前，开口说话。我觉得有点恶心，双腿颤抖得很厉害，我想我会在大庭广众跌倒在地。当我试着讲话时，我的声音尖锐而又刺耳，我讨厌这种声音。他们都坐在那里看着我。我知道要不是老师在的话，他们肯定会哄堂大笑，对我进行一番嘲弄。我回去坐下时，感到羞愧难当，尴尬万分。我觉得，来上这课我真是犯了个可怕的错误，但我拒绝向我的恐惧屈服。

我的第二次演讲也没好到哪里去。我演讲完，老师告诉我，讲话时不要死死抓着自己的手臂，要尽量放松。我看了看两条胳膊，上面满是深深的抓痕。

整个课程快结束时，演讲变得容易些了。我知道自己真的已经取得了一些切实的进步，但感觉并没有达到我预期的效果——我本希望一走出那教室，就能在各种社交场合中悠然自得了，而且，我也以为自己从此就有幽默感了呢。

但我还是感受到了自己是如何慢慢转变的。这是第一次，我开始对自己的行为有了控制力。隐藏在我内心深处的那个人开始浮现出来了，我甚至有种十分奇异的感觉，自己像是一直在奋力催生一个新的生命。

现在新生命终于诞生了，我想要一切走上正轨，我想要做一个完整的人。我应该是个幽默风趣的人，我应该能够与人谈笑风生，我应该能以我的智慧和幽默令众人叹服。当有事件表明，我心中的画面与现实不符的时候，我就会大发雷霆，气愤地把东西丢向我卧室的墙壁。不能再浪费时间了！

第二学期，我选了一门叫"应对"的课程，一门教青少年学会如何处理问题的课程。事后证明，这是我一生中最明智的选择之一。教这门课的老师是个富有同情心的女老师，她对学生总是表现得温和而又亲切。她在讨论避孕问题时是那么的沉静而又自然，就像我的英语老师在讲解名词和动词一样。在她面前我感到轻松自在，无论我说什么，她都不会评判我。她对学生产生了积极的影响，学生之间都非常诚恳地相互支持。

课上讨论的话题十分广泛，一天她提到了孤独症。她描述了孤独症的症状和行为表现，我感觉她好像是在说我一样，就好像不知怎么的，她真知道我脑子里在想什么，就把这些情况告诉了全班同学，只是没有点名而已！她是在以我为范例吗？我什么都没说，但是我坐在课桌旁，感觉自己好像被人从里到外地掀翻开来，展示给每个人看。这到底是怎么回事？！

我没对任何人讲过我在班上的这些异乎寻常的体验。三天后我又经历了另外一件事，这件事改变了我的一生。

一个朋友打电话给我，告诉我电视上马上要播放一部电影，名字叫《沧海赤子心》（*Son Rise*）。电影讲述的是一个孤独症儿童和他的家庭的真实经历。"你应该看看。"她说，"也许，肖恩也应该看看。"

肖恩 10 岁时，罗恩和我告诉他，他有孤独症。我们尽可能简单地解释，这是件他无法避免的事，这也是导致他有那些行为表现的原因，但无论我们怎样说，他都不予理会，当时没有，那之后的其他时候也没有，尽管我们一直在跟他解释，是**他的行为**在控制他。当然，这是个令人困惑的解释，因为那些行为恰恰又是我们不断要求**他去控制**的。

我打开电视，把梅根和肖恩都叫了过来，我们坐在一起看了那部电影。影片中那个 5 岁的男孩有很多强迫性行为，和肖恩在那个年龄时表现得一样——自己转圈，绕着圈跑，还有那些自我催眠的话。在第一个广告插播时段，肖恩去厨房喝水。"真是太神了，"梅根说，"他简直就跟肖恩那时候一模一样！"肖恩回来后坐下。他似乎有点不安，但他还是继续和我们一起看电影。

依我看，那位妈妈触及她孩子内心的方法就是和他一起走进他的世界，再借此最终将他带出来。她和他一起转盘子，一遍又一遍地转；她像他那样拍手，一拍就是几个小时。一点一点的，几乎是察觉不到的，这个方法起作用了：他开始注意到她，去看她，对她做出反应。他妈妈就这样和他一起坐下来，模仿了他几个月之后，那个小男孩摆脱了他的孤独症行为，变成了一个正常的孩子。这是个动人且成功的故事。我眼里充满了泪水，不得不强忍住啜泣。这种事为什么没有发生在我们身上呢？每次我们屈服于肖恩的强迫性行为，尝试着不去打断他那些没完没了的重复行为，他总是会变得更糟。要是我们也按照这个妈妈的方法去做了，他可能早就从我们的世界悄悄溜走了。

我坐下来看电视上的这个孩子，我被他深深吸引住了。我越看越觉得我和他之间的相似之处很多。他干的那些事都是我以前也经常干的，我简直不敢相信自己的眼睛！他沉迷于旋转物体，沉迷于玩弄链条，所有那些事！这是我这辈子头一次看到和我如此相像的另外一个人！我们看电影时我一句话也没说——我想等片子结束后再去查证我怀疑的是不是真的。

但是真到结束了的时候,我又害怕得不敢问我想问的问题,这个我在这世界上最想知道答案的问题。妈妈会有什么反应?要是她生气了,认为我是在明知故问呢?我一时间百感交集——我觉得有点不舒服,但同时心里又滋生出一种如释重负的感觉,一种奇怪的内心的平静。有没有可能,是某种病造成了我现在这个样子,而我本身其实并不是一个很可怕的人?我必须要冒这个险。

"妈妈,"我说,"我也有孤独症,对吗?"

"是的。"她说。我们静静地坐在那里,互相看了好长好长时间。我有种极为陌生的感觉,一种对我来说全新的感觉。就在那一刻,我突然意识到,我可以问妈妈任何事情,跟她说任何我想要说的话,那么做不会有任何问题——她会理解我的。在我的内心深处,像是有一座大坝决堤了。我知道我也可以像其他人那样用言语表达了。

"妈妈,为什么你和爸爸永远都在冲我大喊大叫的?我其实从来都不是故意要做那些错事的。"

"因为我们不知道还能怎么办,我们尝试了所有的办法想要阻止你,不让你再干那些事。肖恩,你还记得你很小的时候是什么样子吗?"

"当然,每件事我都记得。"

我凝视着他,无法把目光从他脸上移开。我以前从没仔细看过他的脸，至少没像这样看过。那是一张轻松的、关切的、不设防的面孔。我们这是在相互交谈啊！我 17 岁的儿子和我，正在进行我们有生以来第一次真正的对话。我吃惊得动弹不得。

"那你还记得你总是重复做的那些事了，扔蜡笔、链条，还有其他那些东西，日复一日，年复一年的。你那是在干什么呢？"

"都是一个原因，"他说，"那些事能给我带来愉悦感。"

我等待了片刻，问："就为这个？"

他微笑着说："就为这个。"

"可爸爸和我想尽办法去阻止你，成天冲你大喊大叫的，还惩罚你，那种时候你是怎么想的呢？"

"我想你们讨厌我。"

我心里一阵绞痛："你那时明不明白，我们讨厌的是你**做**的那些事，而不是你？"

"不明白。"

"但那都是些危险的、有破坏性的行为——我们**不得不**想办法制止你！"

"我现在懂了。"

"你知道我有多憎恨成天冲你嚷嚷，打你屁股，跟你生气吗？"

"是的，我现在知道了。"

"肖恩，你知道我爱你吗？"

"是的，我也爱你。"

妈妈和我交谈了好几个小时，我以前从没有过那样的感觉。我们俩说话时，我认认真真地看着她。我开始意识到聚集在我心里的巨大痛苦，一部分为我自己，一部分为她。

"我从没想过要让你伤心，"我说，"但现在我知道了，这么多年来，我一直都在让你伤心难过。我不知道怎么才能停下来。"

这次谈话使妈妈和我之间的一切都发生了转变。我们谈完，两人拥抱在了一起，很久很久，谁也不想松开手。我就想一直这样拥抱着妈妈，直到内心的痛苦全然释放，我获得自由。

二十四

我继续洗心革面,用一种前所未有的方式审视自己。我是这么看的:我有问题,有很严重、很大的问题,但这并不意味着我自身有什么本质上的毛病,或是我跟世界上其他人有什么根本性的不同。我知道,我和我自己的那些问题是脱离开的,而且我能克服它们,我向它们宣战了!我要和这辈子一直驾驭着我的那些行为作斗争。玩纸牌对我是一个主要的诱惑,我就把所有的扑克牌都扔了。我告诉妈妈我在做什么,为什么要这么做。那些死胡同和校车号码仍然在我脑子里转呀转的,但我硬把它们挤了出去——我让自己去想其他的事来取而代之。

我开始厘清各种各样的事情。我把自己害怕的事项一一罗列了出来,然后想出如何去克服恐惧的办法。长期以来我一直认为,我不正常,我智力落后,我低人一等,现在我意识到我再也不会那样想了。我知道有些改变对我来说必须要去做,但真要实施起来是非常困难的。一旦我觉得没有达到自己的预期目标,我就会非常生自己的气。

重生之后，我极其渴望能做些事情去帮助别人。"应对"那门课程的老师建议我去社区养老院做志愿者，当护士助理。我真就去了。我很喜欢那些老人，给他们读信件，带他们去参加各种各样的活动，花好多时间陪他们聊天，听他们说话。他们对我的反馈很好，都非常喜欢我。一开始我很害怕，不知道那些老人会怎么看我，但几天后我确信，这件事我做对了，它让我感觉特别好。

高中的最后一年，妈妈和我之间的关系真的有了长足的进展。我开始经常去找她，告诉她我心里在想些什么。她会表扬我，鼓励我，我的自我价值感在随之不断提升。现在，因为我们相处得如此融洽，我就希望我们相互之间的感觉变得更加完美。我希望她永远都不再指正我，对我不耐烦，或是生我的气——我要求我自己要完全控制自己的行为，要彻底抑制自己的冲动，不再去做那些我明知会惹她生气的事情。这并不太容易。每当我们之间又起争执时，我都会感觉受到了深深的伤害，认为我取得的进步都白费了，我又完全倒退了回去。现在，我再也不跟她生气了，只跟我自己生气。她劝解我说，我可以和她生气，她和我一样也会犯很多错误；要是我生她的气了，就应该直接告诉她，但真到那种时候，我还是会把所有的愤怒都转向我自己。

我有很多东西需要学习，有太多事情需要改变。我是如此习惯于对肖恩做出消极的反应，简直都形成条件反射了，连我自己都觉得很震惊。我总认为他在捉弄我，试图想要激怒我，把我当

作他行为模式里一个不可或缺的固定程式。眼前的这个人正在脱胎换骨，他略显脆弱，也有些迟疑不决。我必须要抑制自己长久以来一贯的反应方式——突如其来的暴怒，令我自己都颇感始料未及。当肖恩悻悻然从我身边走开时，我能看到他脸上那副受伤的表情，他探察安全区域的尝试再一次遭受到了重创。

于是我会拽住他，把他拉回到我身边，为我的感觉迟钝向他道歉，告诉他我误解了他。有时候（开始时是很多时候），那些旧的行为又回来了，将他卷入激流之中，他的眼睛又开始变得无神，他又开始莫名其妙地发出咯咯的笑声。然而现在，这些都有了结束的时候，我们总能把他拉回来。

有太多的事情他还不知道，有一个外部世界他也不曾领会，我们必须要慢慢地、费力地、仔细地解释给他听。我们常常和他促膝长谈，直谈得口干舌燥、声音嘶哑。罗恩和我向他描述人与人之间的各种关系，给他讲解简单的因果行为。这些他似乎都要靠死记硬背来学习，但也都能记住。逐渐地，他也开始能举一反三，把在一种情境中学会的东西灵活应用到另一种情境中。

二十五

1980年6月,我从高中毕业了。我激动而又自豪,因为我知道对于我来说这是一个多么巨大的成就。毕业典礼结束后,爸爸、妈妈在家里为我举办了一个盛大的庆祝会。我站在餐厅里,环视着簇拥在四周的人们。我意识到,他们都是为了我,才在这里齐聚一堂。我内心充满了喜悦。我简直不敢相信,这就是我!

我决定去上大学。原来我一直认为这对我来说是件不可能的事,所以从来也没好好想过,现在我的感觉完全不一样了——我相信我可以做任何我想做的事情。我在离家不远的地方找到了一所我喜欢的大学,决定到那儿去读基础教育专业。入学后,我发现学校的氛围既轻松又友好,所以我很快就适应了环境。功课很容易理解,一点儿都不难,这令我喜不自胜。我住在家里,乘公共汽车去学校。

我熟悉了那些课程,知道自己学习起来完全没有问题,于是我决定试着去找一份工作,这样我也可以自己挣点钱。我很喜欢小孩子,就决定去附近的一所幼儿园面试。面试的时候我非常非常紧张，但我努力表现出轻松和自信。我告诉自己，即便得不到这份工作，也不要因失望而暴怒。当园长告诉我被录用了的时候，我简直都不敢相信自己的耳朵，我觉得在赶到家把这个喜讯告诉爸爸、妈妈之前，我整个人都要乐疯了。我回到家时他们两人都在，他们为我激动，为我骄傲，我们出去吃了顿大餐以示庆祝。

但是，上学和上班都存在着一个很大的问题：交通问题。洛杉矶的公交系统完全靠不住，而我认识的所有人都有驾照了，除了我。梅根已经有一年多的驾龄了，所以，我也渴望有一张驾照。这件事我和父母已经讨论了好几次，可他们总觉得我应该"再等等"去学开车。现在妈妈和我又在讨论这件事，她说她很担心我会因为发脾气而导致车祸（我生气时仍然相当地不可控）。她还说，因为我现在还会为自己设置一些我通常根本遵守不了的规则，开车的事，我最好应该再等一段时间。我不得不承认，我懂她的意思，也同意她的观点。其实，我自己也有点儿害怕，不知道我开车的时候会干出些什么来。随着时间的推移，我感觉我可以控制自己的反应和状态了，便下定决心要去学开车。

我查了下电话簿，找到了一位驾驶教练，没和爸爸、妈妈打招呼，就自己花钱雇了他，跟他学开车。我发现开车很容易，很快就上手了。我趁妈妈和爸爸去了趟纽约不在家的那几天参加了驾驶考试，一次就通过了。他们回到家，我告诉他们我这几天都干了些什么，他们两人都很惊讶，也都为我感到高兴。妈妈告诉我，很显然，对于我自己能做什么不能做什么，我已经完全有能力自己拿主意了。她以前阻止我是不对的。她和爸爸告诉我，他们为我激动不单是因为我学会了开车，还因为我自己做出了决定，自己克服了困难。

尽管我取得了不可思议的进步，但我还是无法忍受自己的矛盾性。既然我可以做一些事了，为什么不能做所有的事呢？我已经开始能战胜非常棘手的困难了，但为什么常常是那些最简单的问题让我感觉手足无措，彻底没了主意呢？

肖恩在幼儿园里当教师助理。一天下午他下班回到家，自己跟自己在那儿生闷气，一副心烦意乱的样子。他躲着我，径直进了他自己的房间，我在后面跟着。

"肖恩，怎么啦？工作上遇到麻烦了？"

"没有，我没事。"

"我看你不像没事。跟我说说吧！"

沉默了一会儿，他咆哮道："都是那些该死的蝴蝶结，傻瓜都会系蝴蝶结！"

但他不会。过万圣节，孩子们做了面具，他和老师用绳子穿好面具，给每个孩子戴上。老师反复跟他说："系蝴蝶结，肖恩，别打死结，那样就解不开了。"他试了，试了好多好多遍，但就是不知道蝴蝶结要怎么系，因为他自己从来不穿系带子的鞋子。

"那又怎么样？我现在就教你，然后你就知道该怎么系了。"

"我都19岁了，还不知道怎么系蝴蝶结？！那就说明我是个白痴！"

"那只说明，其他孩子在学怎么系蝴蝶结的时候，你在做别的！行了，别再责备自己了。看着，现在你就能学会。"

"但世界上每个人都会，就我不会！"他愤怒地摇了摇头。

"你看，你以前一直陷在你的重复行为里，根本不知道身边究竟发生了什么事。你生活中的很多严重问题是其他孩子从没遇到过的，但你现在已经自己挣脱出来了。你的确是错失了很多很多别人在很小的时候就已经学会了的事情，这是你必须要面对的现实。所以，现在就开始学！"

他看着我，像是在掂量我刚才说的话。"肖恩，以后还会有很多类似这样的事情。最关键的是，你不能回避你不知道的事，不能假装你知道。有问题就直接找我，或者找爸爸问问。我的意思是说，就好比你是个盲人，在 17 岁的时候突然恢复了视力，那别人就得教你这是什么，那是什么，样样都得教一遍，比如，颜色的名称。你现在的情况就是这样。没什么可尴尬的，好吗？"

"好吧。"

罗恩和我就像这样跟肖恩谈了无数次。他的自尊心是那么强，自信心是那么脆弱。也许对他来讲，最困难的事情是暴露他真正不懂的那些事，毕竟，这是他第一次探索这个以前他很少留意的世界。从某种角度来说，所有的事在他眼里都没分别，不知道初生的小牛可以叫牛犊，他会跟自己生气，不知道汽车引擎是如何运作的，他也会跟自己生气，生同样大的气。他没办法区分哪些东西是他这个年龄"应该"知道的，哪些东西是大多数人这辈子都不会了解的。每一件事我们都要和他解释。

有一件事令我们颇为惊讶，我们的儿子显露出很多惹人喜爱的个性特征，其中之一是显著的幽默感。他早已放弃了讲笑话的尝试，他甚至说，他认识到了我们家人都没这样的天分，但是，他变成了一个真正幽默风趣的人，有时讽刺别人，有时嘲笑自己。渐渐地，我们发现我们可以取笑他，而他也能同样回敬我们，他的笑声对我们所有人来说都既新奇而又美好。

　　肖恩的变化是不可思议的，我们亲眼见证到他每天都在发生改变。他观察着每一个人、每一件事，不停地问着各种各样的问题。

　　他似乎向来就没有意识到他是我们家庭中的一员，也没有意识到所有的家庭运行起来都大同小异——当他得知，其他父母也纠正孩子的错误、训斥孩子、惩罚孩子时，大为意外，深感震惊。"我怎么从来就不知道这些事呢？"他带着一脸的困惑问道。

　　看着眼前的儿子，我也常常会回想起以前的那个他。有整整17年的时间，他显得那么具有破坏性，那么消极、封闭、淡漠、无情。现在我看到一个年轻人，如果他说的话被误解了，如果他做了一点点让我们不高兴的事，他的眼里都会充满痛苦。要是他当助教的那个幼儿园里有哪个孩子受到了不公的待遇，他会表现得悲伤而愤慨。他开始阅读报纸，会对无所不在的犯罪表示震惊。他越来越诧异于人与人之间相互对待的方式。"为什么他们就不能改变呢？"在我向他解释说不清的人性和行为时，他会这样说。（是啊，为什么**不能**呢？——毕竟，他改变了。）

　　根据他的解释，以前他对犯罪这一话题的痴迷是因为他坚信，总有一天驾驭他的那些冲动会导致他失控，然后，他也会变成一个杀人犯，在监狱中度过余生。

　　他买了一辆二手车，学会了如何保养它，自己搞一些小修小补。他开始收集老爵士乐唱片，没用多久就知道了所有的音乐人和他们的乐队组合。他没有再像以前那样总去"显摆"他的知识——有资料上说,大多数孤独症孩子都用这种方式替代真正的对话。他如果发现有人和他一样对爵士乐有兴趣,就会狂热地和人家讨论他最喜欢的乐手,否则,他就独自沉浸在音乐的快乐中,津津有味地去阅读有关这些乐手生活的文章。他给自己买了一个小号并请了一位老师,这样他就可以好好地学习吹奏,也能学会如何欣赏他越发热爱的音乐。

但是,进步的历程从来都不会是平坦的。当我发现他用我的汤壶去给他的车子换机油时,我气坏了。"你熬汤的时候不也会放些油进去吗,那你生什么气呢?"他反驳我说。

没有突然"觉醒"这回事,也没有一声惊雷,把我们的儿子变成"正常"人。这是个艰苦卓绝的历程,需要耐心,也需要时间。我们要事无巨细地讲解和描述给他听,掰开了,揉碎了,翻来覆去地讲。现在仍有很多事情需要这样。

二十六

我们将再次面临一个重大变动。在洛杉矶住了五年之后，我们要搬到纽约去。我们的朋友莫林·麦克柯文——罗恩做她的经纪人、我为她写歌词的那位歌手，被选中要在百老汇的一部音乐剧里担任主演。她至少要在纽约工作一年，也许还会更长。为了继续合作，我们也必须到那边去。

梅根已经在加利福尼亚大学洛杉矶分校完成了两年学业，主修法语和波斯语，她决定和我们一起过去。然而，肖恩却说他想搬回俄亥俄州，回我们的家乡去。罗恩和我一听都吓坏了。

"你不是讨厌那儿吗？为什么还要回去啊？"

"我现在想回去，就是这样。"

我不能让他犯这么个显而易见的错误！我试图劝阻他，给他摆事实，讲道理，因为毫无疑问，这是他能做出的最坏的选择。过去的那些诱惑又会把他拉回到旧有的行为模式里去。那里的人都知道他过去是什么样，而且他们不会看到变化的——他又会变回他们心目中他原来的那个样子。我和他谈话，跟他争论，求他用用脑子，讲讲道理。"回到那儿去会毁了你的生活，那儿连工作机会都没有！"我冲他叫喊，"所有的炼钢厂都关门了，大家都失业了——那里是全国失业率最高的地方！"

我说什么他都听到了，但他仍要一意孤行。"我要向自己证明，我能做到。"他说。

1

妈妈、爸爸和妹妹要搬到曼哈顿去了，我不想住到那儿去，因为那座城市大得吓人，而且每个人看起来都和我那么的不一样。我和纽约之间没有任何关联。我决定，不跟他们过去，我想回俄亥俄州，回到我自幼生长的地方。"俄亥俄"这个词曾给我带来巨大的伤痛。我有种不可遏制的愿望，想要"弥补"在那里度过的黯淡无光的岁月。我非常清楚，发生的事情已经无可挽回，但我同样清楚，我有能力利用现在战胜过去。记忆中的那个小孩愚钝可怜，迷失在一个他不能理解的世界中，生活中的每一件事都令他忧虑不安。如今的我已然面目一新，极为渴望能用新我取代旧我。

1984年3月，我去履行自己赋予自己的使命。我知道自己在冒一个巨大的风险：我有可能会惨败，有可能会倒退，甚至有可能令有史以来所取得的全部进步付诸东流，但我还是决心一试。

爸爸、梅根还有我，开车拉着我的家当横跨了大半个美国，而妈妈则先行飞过去替我找间公寓。我满怀莫大的期望回到了家乡。我认为，六年之后，带着我在生活中所取得的重大进步回到这里，会让我看起来像个英雄。外公很可能已经准备好了，要召集一众亲戚来欢迎我重归故里，我已经等不及了！我已经完全是另一个人了。我肯定每个人都会看到我身上的这些变化，他们一定会吃惊得不得了，然后马上就会接纳我。

几天之后我搬进了新公寓，住在一条宁静的街道上，那离我小时候的家只有三公里远。我终于真正独立了，而每个人又随时都会帮助我。这是我第一次自己生活（天呀，就我自己！）——没有父母管着，没有妹妹抢我的风头，我可以独自享受笼罩在聚光灯光环之下的感觉！我这是回到自己家了，我相信用不了多久我就会结交一大群朋友，找到一份工作，获得完全的接纳。

妈妈、爸爸和梅根离开我去了纽约。不久之后，惶惑不安开始慢慢向我袭来。像迎接英雄一样的欢迎仪式在哪儿？我的亲友聚会呢？都是胡扯，哪来的什么热烈欢迎、盛情款待啊！我独自一人待在自己的公寓里，没有一个人打电话给我。"才没过多久，"我安慰自己，"也许很多人甚至都不知道我回来了呢！外公会告诉他们的，很快大家就会都知道了。给他们点时间，肖恩。""之后电话会响个不停的，"我心里想，"每次我一转身就会这样，'喂，肖恩，我是玛丽姨妈，你回来我们都激动坏了，哪天咱们一起聚聚吧！'还有，'肖恩，你回来真是太好了！孩子们也特高兴，都迫不及待地想见到你呢……'等每个人都知道我的壮举时，我的名人地位很快就会被确认的。"

几天过去了，一个星期过去了，没人打电话过来，除了外公，而他也只是和我讨论一下车子保险的问题。电话就搁在那儿，默然而冰冷，恰如它黑漆漆的外表。我坐在公寓里，周围死一般的沉寂，感觉它越来越像个黑洞。每天，只有电视和收音机与我相伴。时间飞速流逝，将我遗弃在灰暗的尘埃中。一团怒火慢慢在我胸中聚集。我牺牲了我所有的朋友、我的安全感,我所取得的进步,难道就是为了过这种无人问津的隐形生活吗?没准儿,如果我启动厨房里的垃圾粉碎机,把手伸进去,就会有人注意我了,也许——只是也许吧——电话就会响了,但是,谁又会在乎呢?

找了一个月左右的工作,我凑合着在一家甜甜圈店做兼职——拿最低工资,给人看大门。我想不出除了"看门人"还有什么更委婉的说法,但试试又何妨:甜甜圈店的外延服务?店铺修复性护理?我心里感叹道:"那么说,我读完高中,上完三年大学,到头来就是为了干这个?"每天晚上我独自工作三小时,这样的工作时间,我根本没机会认识任何人。毫无成就感地工作几个小时之后,我便会回到空荡荡的公寓。电话开始变成了我的敌人。

两个月过去了,没有任何改变。四月的一天,梅纳·弗格森(Maynard Ferguson),一个伟大的爵士乐小号手,来到我们小镇举办音乐会,我这才算被拉出了公寓。我必须得去看看他,于是我自己去了。那一晚,场面壮观,令人难忘。弗格森的演出不负众望。和我一样,很多观众随着曲调缓缓地左右摇摆着,忘我地沉浸在他的音乐中。然而,一种苦涩的感觉在我内心深处毒瘤般慢慢滋长起来,在音乐会中显得尤为强烈。梅纳·弗格森今晚在博德曼是个大英雄,这一点有目共睹,从人们对他的一举一动所产生的热烈反响便可见一斑。可是我呢?尽管有那么痛苦的过去,我仍不顾一切地搬回了俄亥俄州,难道不同样是个英雄吗?好吧,在小号上我飙不出高音 C。我和弗格森是不一样的英雄,但我的勇气未见得比他逊色。说到底,还有谁会像我这么干,会像我一样直面自己的痛苦和问题呢？我扫视着观众，注视着他们的反应，忽然意识到我是唯一一个自己来的人，我连一个可以邀请一下的人都不认识。以前在学校里低头走过走廊的那种感觉再次向我席卷而来，那样明晰，那样痛苦。我难道注定要屈服于我的过去吗？

我喜欢那场音乐会，但演出结束后却心情沉重，感觉极为沮丧、绝望和愤怒。我回到家，觉得从今往后我的生活就是这样了，孤身一人，离群索居，永远没人注意。我没有朋友，也不知道要到哪里去结交朋友。

孤独伸出它的双手掐住了我的脖子，越掐越紧。此时，对我唯一有所助益的事情是给妈妈打电话。我经常打给她，她就是我的救命稻草。尽管我跟她聊天时总是说些不愉快的事，总是抱怨我生活中的不公——没有朋友，没有工作，没有女朋友，但妈妈总是随时都能让我高兴起来，至少，能为我减轻心中日益扩散的忧愁。她竭尽全力地帮我消除孤独感，帮我超越自己。我可以畅所欲言，跟她分享一切，任何事，但只除了一件，一件非常重要的事——在任何情况下，我都不会承认搬回俄亥俄州是一个非常糟糕的决定。让我开口说"我犯了一个致命的错误，而妈妈是对的"，那简直是不可能的。因为，那个决定，是我必须要去做的一个决定，否则，这辈子我都要背负着不确定性和未实现的愿望——我决心要做的事就必须去做，否则我永远都不会成功。

2

秋季终于来临时，我进入扬斯敦州立大学继续我的学业。我决定主修学前教育，因为在洛杉矶时我有和小孩一起工作的经验。

我觉得如果在这个领域拿到一个学位,我就会更加前途无量,未来也会更加稳定。我申请了必修课程,但是挫败已经等在那里,等着将我一举击溃。

上第一节课时,我一走进教室坐下来,就觉得完全不对劲儿。事实上,我很快发现,我上的所有课都有一个共同点——我是同学之中唯一的男性!天啊,这是怎么回事?我没看到门上贴着"仅限女性"的标志啊,但是我感觉好像闯进了一个妇女俱乐部。最初的惊讶过后,我想,班上都是女生也许能让我更容易找到一个可以约会的对象——我肯定没有竞争对手!但每当走进课堂时,我都觉得自己实在是太显眼了,于是我就假装没注意到我是众人视野中唯一的男性。

在学校的另一个问题是,学生们基本都走读。大家上完课后就都直接回家了,所以我很少有机会能结识什么人。我看出来了,我将会度过怎样的一年!

我有几天很生气,有时候都快气炸了。我在每个转折点都会遇到失败,但是慢慢地,愤怒转变成了决心,我对自己发誓:"无论如何,我都要实现自己的目标!"我决定拓展范围,调查一下哪个学生团体适合我的兴趣。我马上就找到了一个,它的名字叫"学生和平联合会",每星期聚会两次。

第一次聚会加上我有三个人出席。我马上就看出来了,那两个人和别人打交道有困难。更复杂的问题是,实际上整个校园对军备竞赛都无动于衷——扬斯顿州立大学的天空中并没盘旋着核弹头,那为什么还要花时间去操心那些永远都不太可能发生的事情呢?

我继续奋勇向前，但却收效甚微。我仍相当积极地参与学生和平联合会的活动，也仍纠结于众人对我的漠不关心和我交不到什么朋友这件事。于是，我接下来开始考察大学里的课外活动。

为什么我早没想到这个呢？学校里有保龄球和排球社团——这是我最喜欢的两项运动，因为也就这两样我玩得还凑合。我简直如获至宝，这样就能一边玩一边结识新朋友了，两全其美，多好啊！可我申请时却惊讶地得知，保龄球社团在那个学期被解散了，而排球社团也由于感兴趣的人不多而停止活动了。

有时候，灰心、愤怒和绝望的感觉是如此强烈，我真想一走了之，直接搬回加利福尼亚州，重新去过我在那儿的生活算了。我可以终止在俄亥俄州这没有出路的生活，回到异乡重拾我在那里拥有的一切。我在这里接的电话基本都是长途电话，要么来自纽约的父母，要么来自洛杉矶的朋友，就连外公也很少打电话给我，所以，就算我再次离开此地，又有谁会想念我呢？

然而突然之间，我体会到了那渴望已久的亲密感觉——我的一个朋友从洛杉矶过来和我住了一个星期。我简直受宠若惊，甚至有些飘飘然，这真是太棒了！我们俩有一天甚至跑到纽约去拜访了一下我的家人。等她返回加利福尼亚州，而我又回到那空荡荡的公寓时，我已经爱上她了。

她离开以后我感到更孤单了。只有外公是我的朋友，跟我做伴。每次去看他时，我们都在一起聊运动，聊电视节目，聊他的那些朋友。我清楚地意识到，这就是我生活中所拥有的一切。我发现自己为此而怨恨他，因为我知道他对我其实并不太感兴趣。另外，他挺有钱，而我基本上没钱，我在甜甜圈店的那份工作几乎就挣不到什么钱。一天晚上我去看他,当时有种愤怒和绝望的感觉混合在一起在我心中发酵。我打开他浴室的柜子,拿出一块香皂和一支除臭止汗棒,偷偷揣进了自己的口袋。他这两样东西太多了,我找着理由,要是有那么一两件不见了,他不会注意到,也不会在乎的,但我真是大错特错了!

几天之后,我又顺道去看望他。大约过了一个小时,他邀请我留下来吃晚餐。我们坐在厨房的桌子旁,他聊了一些他看过的电视节目,而我则心不在焉,似听非听。之后,一阵令人窒息的沉默在屋子里弥漫开来,他郑重其事地说道:"肖恩,有件事我本不想提,但现在得跟你说一说,这是你自己引起的。"我的心里直打鼓,尖着嗓子小声问:"什么事?"

"你是不是从我的浴室里拿走了一些东西?"

"是的,"我倒抽了口凉气,觉得有点儿喘不上气来,"我不想跟你睁着眼睛说瞎话,我是拿了,但我认为你不会觉察到的。"

他不耐烦地说:"我当然觉察到了!我那天早上刚用过止汗棒,我自然会注意到这样东西不见了!"

我后悔不迭,觉得自己要晕倒了。我解释说,我心里一直都特绝望,我的财务状况也特糟糕——那个星期我接连两次收到银行的警告,因为我透支了账户。我还补充说,我知道我没有任何借口从他那里偷东西——谁的都不偷,偏偏偷了自己外公的东西!

他说:"我明白,肖恩,但你还是不该偷那些东西。你看,这样我都不知道将来是否还能再相信你。"我坐在那里羞愧难当,他的话句句刺在我心上。我怎么会堕落到这步田地了呢?

几天以后,我被甜甜圈店解雇了,店主雇了他的亲戚顶替了我的差事。我被所有人隔绝在外,陷入冰封的湖面之下。我知道我不能再继续这样下去,我就要被淹没在自艾自怜的情绪当中了。我为自己所处的境地而感到愤怒。我必须要改变,就现在,趁一切还不是太晚;我必须要跨越自己狭隘的世界。

3

我决定去大学附属的危机干预中心做志愿者。他们告诉我,每个志愿者都必须先要完成五个星期的培训课程,取得证书,然后才可以做电话咨询工作。"好吧,"我想,"这事我可以完成。"

课程内容相当通俗易懂,氛围随意轻松,但组织得很好。志愿者要不带偏见,富有同情心,能够感同身受地替他人着想——我觉得所有这些特点我都具备。终于,我能够利用我的敏感去造福他人了,当然,这样做也可以给我自己带来好处。

五个星期以后,我从培训班"毕业"了。我们学习了如何处理各种各样的问题,比如,应该向那些食不果腹的人推荐哪些机构,如何处理潜在的自杀行为,等等。几星期以后,我通过了认证,可以独立接听电话,提供服务了。

除了拿到了认证,我在另一方面也取得了进步。在志愿者培训班上我结识了在这里的第一个朋友。格雷格是个对生活无忧无虑的家伙,他正是我需要的那种可以把我从我的世界里拉出来的人。他是个同性恋,尽管我对同性恋者的生活方式知之甚少,但他的性取向对我们之间的友谊从来没造成过任何影响。和他相识后不久,他把我介绍给了凯伦,她后来也成了我的朋友。她宣称自己是一个和平运动积极分子,她衣服上别着的纽扣徽章和身上的各种纹饰证明了她的立场。凯伦说,她想要一个和谐的世界,而她对现有体制和当权机构的愤恨往往是相当激烈的。我立刻就知道,我肯定会喜欢上这个女人的——这点绝对毋庸置疑!

有人警告我:"她性情暴躁,常常会无缘无故地大发脾气。"也有人说:"她的日常生活很不稳定。"我把这些警告抛置在一旁,要知道,我需要朋友,朋友,朋友!我才不介意她的坏脾气呢!我劝自己说,人无完人,谁都会有些小毛病的。再说,一旦她开始接触我,现在的这个我,有可能就会变得温柔些了。

很快,我就开始经常和凯伦在一起。她变得越来越依赖我,而我又正当最需要被人需要的时候。如果她想从我这里得到什么,只要是我能给的,我都会给她。对我来说,我们之间友谊的建立是个令人难以忘怀的经历。

随着时间的推移,我自己也开始承认,我和凯伦的关系变得越来越紧张了。只要她想去什么地方,我就得开车带她去;只要她想找人谈谈,即便是那些我已经反复听了无数次的老问题,我也得洗耳恭听。我开始意识到我被利用了,我不喜欢这种感觉。她脾气爆发得很频繁,也很猛烈。我开始清楚地认识到,我"挽救"不了凯伦,只会被拖到她的问题中。我想,这并不是我需要的那种友谊,我开始更加相信我自己的感觉。凯伦约我时我不去了,如果她想要我开车带她去什么地方,我就会说我很忙,不得空。最后,我终于从这种友谊的束缚中挣脱出来,呼吸到了自由的空气。

同时,在危机干预中心的工作把我从我自己的世界中拉了出来。我每星期有四个小时在电话上听人们诉说。他们的问题五花八门，无所不包：酗酒、吸毒、儿童虐待，以及充斥暴力和恐惧的家庭关系。有时候，打电话的人在我们对话的过程中有一半时间是在哭泣。一部分人只是想倾诉一下自己的麻烦，而大部分人则遭受着不堪忍受的家庭重压，没有钱，没有出路。我活到现在，几乎从来都想象不出我没有亲眼看见的事情，但是现在，我第一次体会到了什么才是真正的问题。我感到极度的震惊。我在自己的生活中也曾遇到过想要自杀的时候，但是无名的恐惧总能将我制止。现在，我和这些有问题的人交谈，发现并不是所有的人都把自杀当作唯一的出路。认识到这点令我茅塞顿开，我对自己生活的看法也开始发生了转变。我怎么会认为我的问题是最严重的呢？

4

我在大学的生活蜗牛般地前进着，而我则听之任之。有一件我甚至对自己都不愿意承认的事情越来越成为我的思想负担：我不再那么热切地想要当一名幼儿园老师了。我陷入了困境，因为我也不知道，不做这个的话我到底想要做什么。我感觉我有必要循着阻力最小的那条道路前行，什么都不做，但我又为这样的自己感到羞耻，毕竟，我的父母在每个学期都倾囊资助我的学费。挣不到足够的学费，我怎么可能换专业呢？换专业意味着要上更多的课，花更多的时间，付更多的学费，所以我什么也没说。

快到1985年年底时，我遇到了琳妮。她很年轻，非常吸引人，我十分喜欢她。很快，我开始常常坐在电话机旁，想要鼓足勇气打电话给她。头两次，还没等电话接通，我就挂掉了，但是到第三次时，我跟她通了话。她还清楚地记得我。就像个病人想要尽快吞掉难以下咽的药片似的，我仓促地提出想要约她出去。她同意了，接着就给了我她家的地址，告诉我到她家怎么走。我长长地舒了口气，甚感宽慰。在内心深处我已感觉到，如果在不久的将来我会有个女朋友的话，那个人一定就是她。

我一直都很高兴，但到了该去接她的时候，紧张情绪突然吞噬了我。大部分女性都会对期待中的约会对象进行非常审慎的考察，难道不是吗？如果她在三十秒内断定我恰恰就不符合她的要求，那可怎么办？我感觉自己好像走在鸡蛋壳上，一个打滑就会打碎所有东西，甚至连蓬乱的头发都会成为将我从她的生活中开除出去的理由。我怎么知道我看起来是否得体呢？我该和她说些什么呢？

我开始告诉自己，我大体上是个好人。她怎么就不会想要和我约会呢？别忘了，人们走到哪儿都能看见那些满嘴脏话、大腹便便、龌龊不雅的男人带着约会对象，搂着女朋友，挽着妻子招摇过市！我会成功的，我心想，和她在一起时做我自己就行。我希望如此。

我们的第一次约会很成功，琳妮和我开始经常出去。从最开始约会时我就决定，我们之间的关系必须是平等的。我经常发誓说要尽己所能地对她好。时不时我们之间会出现些小摩擦，主要是因为我还没有学会某些社交行为。

圣诞节时，我的家人回到镇上来过节。我带着琳妮来到外公家和大家相聚一晚，让她跟每个人都认识一下。我们到那里待了一会儿之后，我就离开客厅到地下室打台球去了，就我自己。我没有考虑到，我把琳妮一个人留在楼上和我父母还有梅根在一起有什么不妥。毕竟，她已经是我生活中一个长期不变、固定的组成部分了，我没看出来自己离开一会儿有什么错，但是，我的判断是错误的。

"肖恩，你去哪儿了？"两个小时后我回到楼上时，妈妈惊讶地问我。

"什么？我……我在楼下打台球呢。我很长时间没玩儿了，而且我……"

"但是琳妮怎么办啊？你不能就那样把她自己留在楼上。她和我们还不熟，这让她感到很尴尬。我想，你就这么扔下她不管一定让她很懊恼。"

"为什么啊？她在这儿看起来不是挺高兴的嘛！我没看出来把她留在楼上跟你们待在一起能对她造成什么伤害。"

妈妈平静下来，这也令我更加容易调整好情绪，放下防御心理。"肖恩，她觉得无所适从，因为她以前从来没来过这里。你必须要和她在一起，要对她负责，因为你是唯一和她有关系的那个人。"她和缓地对我说。

在那一刻我得到了巨大的启示。我第一次认识到，我，肖恩·巴伦，对另一个人是负有责任的。能否尽力照顾好她，让她觉得幸福，全取决于我。在这之前，我甚至很少能对自己和自己的行为负责，而现在我有两个人要考虑。我知道我犯了个错误。"我很抱歉，妈妈，"我说，"我不是有意要伤害她的，我不知道我做的事情是错的。"

这次谈话中最为明显的一点是，以往一直支配着妈妈和我之间说话方式的那些要素不复存在了。我没有过分抵制和回击她所说的话，也没有无所不用其极地为我自己的行为辩护。这一次我就直接承认了我判断错误，在整个过程中我也显得毕恭毕敬。妈妈解释说，对某些社交礼仪的无知也并不是什么太大的问题，这些东西我不懂，只不过因为我没学过。"肖恩，人一生中都在学习，只要他有兴趣，有活力，就没有任何时间限制。"

通过艰苦的努力，1987年6月我从大学毕业了。虽然我再也没有任何意向要在这个领域工作，但还是拿到了儿童教育的学位。同时，梅根也从纽约大学毕业了。妈妈和爸爸在俄亥俄州的外公家里为我们俩举办了一个庆祝会。聚会让我感觉很棒。我真希望大学的这几年我能重新来过。如果能重新开始，我不会再让它充斥着愤恨，有很多事我都会用不一样的方式去处理，我不会再浪费时间为自己感到难过。

在担心了几年之后，我终于告诉父母我不愿意在儿童教育这个领域工作了，我告诉了他们我的真实感受和想法。令我惊奇的是，听到这个消息他们一点也没生气。"这没什么可惊讶的，"爸爸说，"在我们认识的人中，没有多少人最后的工作和他们在学校所学的专业是一致的。找到你的兴趣所在——你随时可以回到学校去读硕士学位，或者，等你决定了你想要做什么的时候，再去修其他课程。"

而这时，琳妮和我变得更加亲密了。我们的关系发展得如此之好，我感觉现在可以冒一下风险，跟她说说我的孤独症。对我来讲做到这点很难，毕竟，除了父母，我还没有和任何人谈过这个话题。出乎意料的是，我跟她解释完我的童年生活是什么样的，描述完我以前是个什么样的人之后，她没有受到任何影响。她说，她爱我，爱我现在这个人，也喜欢我对待她的方式。

这之后，我感觉我可以完全自由地向琳妮表达我自己。由于经历和成长背景不同，我们之间也存在着巨大的差异，但是，我却将其视为我俩关系的强化剂。她出生在俄亥俄州一个偏僻狭小的城镇，从小到大一直生活在那里，从来也没出过远门；而我则不同，曾搬到加利福尼亚州去，然后又搬回来，还去过很多其他地方。

就在这一时期，我意识到我是一个女权主义者，我希望在男女之间建立完全平等关系的愿望和她严格的天主教背景相冲突。在她看来，女性是完全要服从男性的。我努力鼓励她去表达自己的需求和感受，这在她家里是没怎么奉行过的。我还试图说服她，在她的一生中，她可以做任何她想要做的事，而不应该因自信心的缺乏而退缩。她成长在一个僵化刻板的环境中，被要求总要面带微笑，总要依照别人对自己的期望行事。我受到的教养则正好和她的相反：我父母千方百计、挖空心思地鼓励我要诚实地表达自己的感受，无论那感受是什么。很多年来我很害怕这样做，但是现在，自从我开始说出自己内心的真实感受后，我知道我的生活已经发生了彻底的改变——变得更好了。

琳妮和我在一起有整整三年时间。我们分手后，我又得开始重新约会了。我仍觉得约女生外出是件挺可怕的事，因为我害怕对方会拒绝我。但是现在我知道了，在这件事上我绝对不孤单。

我在一所敬老院的康复部门做全职工作，我很喜欢这份工作。

每星期我有一天会去一家残障机构做志愿者,在那里帮助那些阿尔茨海默患者。我不教小孩子了,而是走了另一个极端,去为老年人提供服务。

我喜欢在俄亥俄州的生活。我住在我所熟悉的城镇里,一个我感到舒服的地方。每天,周围都会有这样或那样的事物提示我:我曾经是个多么扭曲的小男孩,而今,我又发生了多么巨大的转变。我非常清楚,我的孤独症永远都会是我的一部分,它不是我可以期待能被"治愈"的东西。我永远都需要与那些时常向我挑衅的旧行为作斗争。我也仍在努力地说服自己,我和其他人一样也会犯错误,所以,要允许自己犯错误,如果真犯了错误,脑子里也不要闪烁着这类霓虹灯字样:傻瓜!怪人!弱智!

我搬回扬斯敦一年以后,一天妈妈和我在一家素食餐厅吃午饭,突然,我听到了一个极为熟悉的声音。我兴奋地盯着窗外看,有几辆校车开了过去。"它们的号码是什么?"妈妈问道,微笑着看着我。

一阵恐惧涌上了心头,我觉得浑身发热,胃里直犯恶心。我又退回到原来那种不可控的行为里去了!我辩解道:"不是你想的那样——我不是像以前那样又在为那些校车而激动!我对它们不感兴趣!"

她点点头,似乎同意我的说法。

"我倒退回去了,是不是?我又让过去抓住了我,钳制住了我!"

"不是,肖恩,那不可能。和以前的你相比,现在的你已经完全是另外一个人了。你已经证明自己可以控制住过去的那些冲动。"她伸出手来,握住了我的手,"就算你想,你都不可能再像以前那样行事了。一旦小鸡孵出蛋壳,你知道的,它就再也回不去了!"

5

我认为,近年来孤独症带给我的最大困扰是,我必须承认我有太多东西需要学习。我实际上经历了两个成长期:第一个是我小的时候,第二个则是在我取得了"突破性进展"之后的那些年。我内心里压抑了太多的愤怒,一旦爆发出来,便很难控制。我已经取得了这样长足的进步,为什么我就不能变得像个正常人一样呢?我希望每件事都能走上正轨,可为什么每件事都要让我经历一番挣扎呢?每当我认为在我身上出现了所谓的"金字塔倒置"的失衡情形时,我就会特别愤怒。我有能力去完成那些几乎不可能的事情,比如,战胜孤独症,但是我却在最简单的事情上栽跟头——不懂得最基本的就餐礼仪,不懂得如何穿戴才能显得衣着得体。慢慢地,我开始能接受自己是个什么样的人了,就像康复中的酗酒者不能在屋子里放酒精饮料一样,我的家里连一副扑克牌都没有,因为我仍觉得"玩校车游戏"的诱惑力非常巨大。我时刻提防着自己的老习惯复发,不让它们把自己引诱到旧的行为上去。接受现实的道路崎岖而又艰难,但我已逐步认识到了自己的局限性。我认为如今的我是个乐观主义者,是这个世界上卓有成效的一员而不是它的受害者。我觉得我已实现了自我,是个完整的人;我不再是那个集不可控的冲动于一身的人了,我的生活比以往任何时候都更加幸福快乐。

去年十二月我对妈妈说:"圣诞节能送我几本书作为礼物吗?"在那之前我的想法总是:反正我家里每个人都已经读了成百上千本书了,就算我每天读上二十四小时,这辈子也别想赶得上他们,那我又何苦费神去读书呢!但突然之间我认识到了,我没必要赶上他们,没必要拿我的成就和他们的相比。我发现那样做纯粹是在摈弃我自己受教育和获得快乐的机会。从那以后,我无时无刻不在读书,而且喜欢和妈妈讨论书中的内容。最近她给了我一本托拜厄斯·沃尔夫(Tobias Wolff)的回忆录《这男孩的一生》(*This Boy's Life*)。于我而言,这就是一本启示录——作者是在隔绝和误解的环境中长大的,有着和我一样的感觉,内心充斥的是狂暴、愤怒和对暴烈行径的偏好。我有孤独症而他没有,但是他的感觉和我的竟是如此相像。

每当我回想起自己那困惑而又狂乱的童年时代,我都纳闷我们究竟是怎么挺过来的。如今我们这一家四口,比我认识的任何家庭关系都要亲密。显而易见的是,如果妈妈、爸爸多年前接受了专家们给我的末日般的诊断,上述那种情形是不可能出现的。相反,我父母给了我今生最好的礼物——他们一直锲而不舍地支持我,从来都没有放弃过我。当然,我自己也从未放弃过。

妹妹梅根和我是非常要好的朋友,我会向她敞开心扉,因为我知道她理解我,爱护我。我们在一起有很多欢笑,有很多美好的时光。我仍为自己小时候曾那样待她而深感愧疚,但是我过去的作为一点也没有影响我们今天的关系。

爸爸是我的楷模,我一直努力想要成为他那样的人。我特别钦佩他待人接物的方式——他在工作中接触到的人行为各异,但他总能保持耐心和宽容。他似乎在任何场合下都懂得应该如何自处。在我看来，他简直无所不能，只要是他想做的事就没有做不成的。

我和妈妈的关系是独一无二的。怎么说呢，那种感觉就像在看万花筒——无论怎么转，无论从哪部分看，都是一片天地，而每一部分都会为其他部分添姿加彩。每星期我们都要交谈好几次，我知道无论我有何感受和感想都可以对她直言相告，而不必担心她会怎么看我。不管我个人的问题有多严重，也不管我对这个世界的危机状况感到有多不安，和她谈过之后，我必定会感觉轻松许多。她有一种不可思议的能力，能帮我学会展望未来，从绝望中看到希望。

有时，我会坐下来反思过往的一切。我还记得自己总是萦绕在心头挥之不去的恐惧，记得大大小小的困惑，无所不在的混乱，以及和家人一起度过的暴风骤雨般的岁月。各种影像闪电般在我脑海里闪过——妈妈冲我叫喊，梅根比我先到厨房引得我莫名其妙地对她发脾气，爸爸完全不和我讲话的那八天，当我走进学校其他孩子看我的那种表情。我想到了我们——我的家人和我，在一起所经历的一切。我觉得，我们现在的生活简直有如奇迹。

后　记

　　本书的著述历时四年，这期间肖恩发生了很多令我意想不到的变化。我们刚动笔时，他的写作风格冗长而乏味，还使用了大量的心理学专业术语。读过别人的文字之后，他开始对自己写的东西感到不满意。他决定一字不留，重新写过。"我用词太多，应该更言简意赅，应该更直截了当，真正抓住我的感觉，描绘出我是谁。"他跟我说，"我写的那些太拐弯抹角了。"我告诉他，也许他是对的。

　　"你知道我那么写的真正原因是什么吗？那样能让我和我自己的情感保持距离——就好像我写的是别的什么人，感觉上就没那么痛苦了。但我得做出改变，这个过程**必须**是痛苦的，否则就没任何意义。"于是，他便去直面痛苦。

　　我在纽约写作，他在俄亥俄州，但我们时常碰面，就所写内容进行交流，也会通过电话进行大量沟通。我也是在读了他对往事的回顾之后，才第一次弄明白很多事究竟是怎么回事。他那些令人费解的行为背后的逻辑着实让我感到惊讶，原来他的很多行为都是在不顾一切地要与人沟通。

　　几天前他说："写完这本书后最奇妙的一件事是，我的愤怒消失了，我原谅了自己。我还以为我永远都做不到呢。"

从 1964 年开始到现在，我读了很多关于孤独症的著作。时至今日，孤独症的病因仍不明确，但人们普遍认为，它的本质是生物性的而非心因性的。乌塔·弗里思（Uta Frith）在 1989 年时写道："要说一个孩子会因为没有得到母亲足够的关爱，或者感到生命和本体受到威胁就会得孤独症，实际上是不可能的。"[1]

1972 年，利奥·凯纳医生，那位给"冰箱妈妈"理论的产生带来重要影响的学者，出现在美国孤独症儿童协会（National Society for Autistic Children）的成员面前，当着他们的面宣布，作为孤独症儿童的父母，他们是无辜的。那一年，肖恩 11 岁，当时并没人告诉我这件事。对我而言，时隔 11 年的平反，怎么说也为时过晚。有多少绝望的母亲和父亲被指责，被说成是造成自己孩子不幸残疾的罪魁祸首？他们蒙受的不白之冤，又如何能够挽回？

当然，很多事情都已不同往昔。虽然目前仍无治愈方法，但行为管理——用奖励强化"好的"行为，用临时性剥夺惩罚"坏的"行为——正被广泛应用（和许多其他方法结合在一起），许多孤独症儿童对此反应良好。我让肖恩了解了一下这个方法，然后问他："要是以前我们对你用了这个干预手段，你觉得会有用吗？"

他摇了摇头，说："我真看不出怎么能管用。我从来都不在乎什么奖励和惩罚。归根结底，真没什么是我特别**想要**的——我肯定不想要食物奖励。你又能从我这儿剥夺什么呢？"

---

[1] FRITH U. *Autism, Explaining the Enigma* [M]. Oxford: Basil Blackwell, 1989 : 60.

谁知道呢？我还是忍不住会去想，那时候我要是能换种做法就好了，但我现在都不确定，有什么是我当时可以改变的。我不应该大喊大叫，不应该揍他，不应该发脾气。"但你也不能就那么放任我，让我由着性子来。"肖恩最近跟我这么说，"如果你真让我随心所欲地想干什么就干什么了，我敢肯定，我会滞留在自己的世界里，永远都出不来。伴随着那些争吵、那些叫嚷，我脑子里有根筋还是被触动了。我知道，你在努力地要把我拉出来，而且，不管怎么说，那也是我唯一能听你说话的时候！"

孤独症不会销声匿迹。这一领域的专家乌塔·弗里思是这样声称的："这不是一种儿童时期的障碍，而是一种发育性障碍。到成人阶段，孤独症人士的精神发育不单单会是扭曲和迟缓的——如果发育的最终目标是成熟的话，这个目标永远也达不到……患者会以某种古怪的、封闭的、异常的方式存在于世。"[①]

《孤独症：从业人员实用指南》（*Autism: A Practical Guide for Those Who Help Others*）的作者解释说："所有患有孤独症的人，即便是那些有着超常智力，能相对独立生活的人，照样会有人际关系和语言使用方面的障碍。"[②]

没错，这个领域的专家们专会设置局限性。他们界定出孤独症人士所能取得的成就，以及能成长发育的一个范围，这总会让我想起"自证预言"效应（self-fulfilling prophecy）。我们做老师

---

① FRITH U. *Autism, Explaining the Enigma* [M]. Oxford: Basil Blackwell, 1989：6.

② GERDTZ J, BREGMAN J. *Autism: A Practical Guide for Those Who Help Others* [M]. New York: Continuum Publishing Company, 1990：20-21.

的都得当心这个：如果你因为一个学生的智商测试结果和以往表现认定他是一个差生，他就永远都会是个差生——这个学生的表现会应验你的期望。

没有人能了解人类心灵和精神的极限在哪里。昨晚肖恩打了个电话给我。"你给我的那本小说《苦难》（*Affliction*），我真是爱不释手，"他说道，"作者笔下的主人公真是太吸引人、太真实了！写得真好！他就是个想要去爱，但又不知该如何去爱的人——每次他尝试表达自己的感受时，都会搞得一团糟，弄得人人都误解他。他只是不懂得该用什么信号去表达！"

我们又聊了很久，谈了很多事。挂断电话前，他说："特里和我之间的友情恐怕是完蛋了（特里是他在洛杉矶时的一个老朋友）。过去这一年多来，我们之间的隔阂越来越大，我们看问题不再像以前那么一致了。"

"你指的是什么样的问题呢？"

"嗯，他现在自己做生意，好像变得越来越无情。他现在为了赚钱做的那些事都是他自己几年前所不齿的。他现在还开始发表种族歧视的言论——他以前真不是这样的人！我现在跟他在一起感觉特不舒服。"

这真是一个崭新的肖恩。他是怎么懂得这些事的？就在几年前，我们还在向他解释那些最基本的人际关系，而现在他已经开始就我们的问题为我们提供建议了——都是些**好的**建设性意见。有一点，我非常确定：我的儿子是我认识的人中最坚强的一个。他在与孤独症的对抗中所取得的胜利，显示了他非凡的勇气，令我为之叹服。

重印后记[1]

这本书第一次出版发行时,肖恩和我为新书做巡回推广。我们马不停蹄,差不多每天跑一个城市,每到一处都会接受七八个小时的采访。

第五天,我们到达了明尼阿波利斯。天已经很晚,赶往机场前我们还要再做一个广播节目。主持人是位年轻女士,对孤独症的了解似乎比一般人都多些。节目中她出乎意料地对我说:"朱迪,你能向大家描述一下行为矫正吗?很多人对这个词并不太熟悉。"

我张了张嘴,想要做出回应,但脑子突然不转了。刹那间,我甚至连个最简单的英语单词都想不起来了。惊慌失措之中,我愣愣地望着肖恩。

"如果可以的话,我愿意来解释一下。"他说,脸上带着微笑。他真的把话接了过去,描述得准确简洁,条理清晰。我们离开广播电台时,肖恩搂着我的肩膀,咧嘴一笑:"不用谢我救了你的命,不过略尽微薄之力而已。"

我被逗乐了,但心里却又一阵哽咽。这个年轻人是打哪儿来的?他怎么可能是那个我认识了28年的孤独症儿子?

---

[1] 原注:该后记为本书英文版2002年第二次印刷时作者补充的后记。

这样的时刻后来还有很多。我们参加过全国性乃至国际性的电视访谈节目——在法国、英国还有德国，当我坐在肖恩身旁，看着他那么风趣幽默、光彩四溢、侃侃而谈的时候，我都会百感交集，激动得不能自持，声音哽在喉咙里，连话都说不出。看到主持人的眼中也常常饱含着泪水，我更加无法平复内心的波澜。

自己的生活变成铅字，印在纸上，这令肖恩发生了巨大的改变。这使他和自己早年的伤痛产生了一段距离，也使他看待事物的新角度得以产生。作为一名作家，他将自己与更广阔的世界联系了起来。他平生头一次成为孤独症团体中的一员。人们慕名而来，征求他的意见，请他去全国做演讲。

关于孤独症还有太多的未知，需要大量的资金投入进行深入研究。我们的书出版之后，我曾天真地以为，我们会收到大量来自医生和其他专业人士的请求，要求研究肖恩，因为康复的例子实在是十分罕见。

然而，我们听到的却是些否定的信息："要是他完全康复了，那他根本就没得过孤独症。"

有一位孤独症专家，我姑且称他为盖瑞吧，安排肖恩和我在一个筹集善款的活动上做演讲。活动开始前的鸡尾酒会上，他对我说："那么，说真的，到底是谁写的这本书啊？"

我看了看肖恩，他就站在我身边，气得脸涨得通红。

"我们俩写的，肖恩和我。"

盖瑞似笑非笑地瞅了我老半天，"哦，那是，那是。"他转身走开时，随口应着。

我就此认识到，孤独症领域也和其他领域一个样，壁垒森严。

有些专家思维开放，反应敏锐，愿意尝试新事物，也乐意与家长精诚合作；但还有一些，会固守自有体系的既得权益，希望别人都能严格遵从他们的那一套。

但是，我还是得到了无数人的鼓励和支持。这些人有我和肖恩面对面结交的，也有通过信件和电话相识的——他们大都是孤独症儿童的家长，并没有被医疗机构或当地的教育体系所吓倒，在坚持不懈地为他们的孩子能得到最好的关怀和教育而奋斗着。他们似乎比我更有信心。

与此同时，肖恩客厅的壁炉上堆满了越来越多的奖品。这里面有他所在城市的大哥大姐会① 颁发给他的年度优秀志愿者和年度人物奖。每星期他有一个下午去动物庇护所做志愿者。他还经常跟随一个教堂组织造访当地的一所监狱，为探监的家属们提供儿童看护。

我们的那个与世隔绝、郁郁寡欢的男孩成长为了一个大人。他现在对世界如此详熟，与外界联系如此紧密。这经历了一个漫长的旅程。

这是怎样一个非同寻常的旅程啊！

朱迪·巴伦
宾夕法尼亚州
2001年12月

---

① 译注：大哥大姐会（Big Brothers and Big Sisters），美国一个著名的非营利社会福利组织，主要工作是对青少年进行义务辅导。

再版后记①

几年前,我参加了在得克萨斯州举办的一场为期一整天的孤独症会议,并在会上做了长达九十分钟的演讲,台下在座的有数百名家长、教师和专业人士。在问答环节中有人问及,孤独症使我经受了那么多困苦挣扎,那我现在的生活状态又到底如何。我回答说,它已不再对我获得正常生活的能力造成负面影响。但这样一来,我便把孤独症诠释成了我的"残疾"。

很快,一种不安的情绪开始在我心中滋长,这促使我做了一件自己以前从未做过的事情。午餐时间到,听众开始纷纷离席,我回到讲台,请大家先等一下。那些尚未离开会场的人似乎有点吃惊,但大多数人重新回到了座位上。对那个问题的回答令我感到不安,我觉得我应该做些修正。

"我想为刚才使用了'残疾'这个词道歉,"我迟疑地开门说道,"我确实曾经如此看待我的孤独症,但如今我真的不再这样想了。对于最后一个问题的回答,我想更正自己的用词,用'状况'来替代'残疾'这个词。"

"今早我们都听了天宝·格兰丁博士的精彩演说,也都知道她

---

① 编注:该后记为本书2020年修订时作者补充的新后记。

是孤独症谱系障碍人士,"我继续说道,"但她通过刻苦努力,为自己创造了极为成功的个人生活和职业生涯;很多其他接受过诊断的人也同样做到了这一点。那么,我又有什么资格说天宝和其他成功的孤独症谱系障碍人士是残疾的呢?"

那一刻对我来说具有里程碑的意义。长期以来与孤独症相伴给我带来了巨大的困扰,我正在逐步摆脱困境。这一刻不仅进一步加快了我的康复历程,也让我更加深刻地意识到语言的力量。我不认为自己是残疾的;只不过,是我大脑连接的方式与大多数人不同,因而我需要花费比绝大多数人长得多的时间去掌握执行功能和许多其他技能。

尽管作为一名孤独症人士我内心遭受过极大的折磨,但现在看来,那些惨痛的经历也承载着极为深远的意义。我很高兴自己承受住了这一切。如果我的生命未曾经过这一历程,可能我写不成什么书,也不会在过去的二十七年里得到许多了不起的机会,走遍世界分享我的故事。但最重要的是,我大概永远也不会遇到许许多多出色的人。

所以,我又怎么能称自己是"残疾"的呢?

在成长过程中,我梦想成为一名新闻主播和作家。我父亲在我们当地的一家电视台做过兼职,所以十几岁时,我就对新闻直播间幕后的情况有了初步的了解。他还担任过扬斯敦公立学校主管公共关系的媒体联系人,这更加强了我对报道新闻的渴望。有一段时间,我父亲有一个他自己的关于学区学校的节目,每周一小时,每周六早上播出。我还记得我上过一次他的节目,他在前面说话,我在他背后切面包和蔬菜,但我不记得他为什么让我参与了节目。不过，这次经历让我对每天上电视是怎么回事有了个概念。我曾极为认真地每天观看晚间六点新闻，梦想有朝一日坐在主播的位置上。我以为这样做会让我出名，人们会仰视我、尊重我，而不再视我为"残次品"。

这个梦想在当时并未像我设想的那样如期实现，但在2000年，它开始生根发芽了。从扬斯敦州立大学获得学前教育学位十三年后——但我从未在教育领域工作过，我重返校园攻读新闻学士学位。那时我已经写完了一本书，希望继续在写作领域耕耘，而且我对自己的认知也更为积极向上。我觉得，是时候离开我工作了十一年的养老院，转向其他行业发展了。

学习了新闻写作、排版、报道和职业伦理之后，我作为正式员工在扬斯敦州立大学校报《压杆报》(*The Jambar*)工作了一年。这段经历不仅提高了我的写作能力，也增进了我的社交技能。我不得不走出自己的舒适区，与完全陌生的人打交道，和他们交谈。这些技能在我最具挑战性的任务中发挥了巨大作用。那是在"9·11"事件发生几小时之后，大学下午要闭校，在大家离校之前，我被派去随机采访在校学生，收集他们对上午发生的那起震惊世人的可怕事件的想法和感受，并就此撰写一篇既敏感谨慎又引人入胜的报道。

最终，《压杆报》的工作经历使我在2001年底得到了《捍卫者》(*The Vindicator*)的一个带薪实习机会。我最初在那里做文字编辑，后来成为一名记者。第一学期，我的工作主要是撰写标题，编辑记者们的文稿，确保他们的报道在付印前语法正确、行文简洁，没有逻辑和衔接上的疏漏。我非常幸运，一起共事的文字编辑们都非常友善，乐于助人。我本人的电脑技能有限，他们对我极为耐心；当然，我也愿意学习掌握这些技能，以便更好地与二十一世纪的技术接轨。

作为一名记者，我在职业生涯中的体验与之前应对孤独症时的经历形成了鲜明的对比。这体现在两个重要的方面。第一，它拓宽并加深了我对人的兴趣，让人们讲述自己的故事使我成为一个更好的倾听者（与过去只专注于自己的问题、需求、挫折和忧虑的我形成明显对照）。可以毫不夸张地说，从事记者行业十八年以来，我从未惧怕过任何一次采访任务。我的确在应对某些局面时紧张过，比如，有一天下午我被叫去报道一起居民家中的枪击事件，我刚一下车，那位房主就对我大喊，让我"滚出去"。即便是这样的经历也促使我成长，我没有将她的愤怒、痛苦和恐惧当成是针对我个人的，我战胜了自己。

第二，新闻事业也让我与许多扬斯敦的居民和整个社区建立了深厚的联系，而我置身于孤独症的黑暗时与外部世界相处的方式，与此截然相反。扬斯敦大街小巷任何地方发生的事情，我都会毫不迟疑地去报道。我很快就了解到，绝大多数生活在城里所谓"烂区"的居民都是不错的，他们都是些世间良善之人，常常会相互关照。他们也不希望在自己的社区里看到犯罪、荒芜的情况发生。这一点和居住在更富裕街区的人们没有什么差别。我立下誓言，不仅要公正、准确地报道在那些社区发生的事件，还要积极寻求这样的机会，要努力说服报纸的编辑让我进行相关报道。

多年来，我努力培养自己的声誉——这是我最宝贵的资产——让自己成为一名公正、无偏见、敏感的记者，我感到我与自己的社区之间建立了强有力的连接。近年来，因我所做的工作，我得到了很多鼓励和赞许。我总是很高兴在邮件中偶尔收到一张感谢卡——可能我曾以某种方式影响过某人的生活，这便是来自对方的感谢。在其中一封来信中，一位女士说我的一篇报道触动了她，使她有勇气与久已疏远的儿子恢复了关系。人们会因为我在报道中的阐述方式而感谢我，这种时候我几乎总是会辞谢说，是我应该感谢他们，因为最先是他们使得报道见诸报端成为可能。

坊间时不时会有《捍卫者》行将倒闭的传言，这让人感到乌云压境，风雨欲来。众所周知，全国各地许多报纸在全球化的市场中陷入了经济困境（一些已经倒闭了）；在我的儿童和少年时代，《捍卫者》是当地除了电视以外唯一有新闻可看的媒介。全天候的有线电视新闻、区域性报纸和互联网带来了巨大的冲击，似乎把我们的报纸挤到了末尾，虽然我们是一家始创于 1859 年的新闻报社。我在几个不同场合都听说了这一可怕的传闻，但我一点儿都不愿意相信。毕竟，我的工作是应对事实，而不是可能性。

然而，令人担心的传言还是变成了震惊的事实。2019 年 6 月，官方公告正式宣布，报纸将在夏末停止运营。从二十世纪七十年代末大型钢铁厂的衰落，到最近通用汽车厂的停工（这导致了一千五百个工作岗位的流失），该地区已经遭受了诸多重创，而报纸停刊无疑又会带来一个巨大的冲击。

这股冲击波震撼了整个社区，让很多人措手不及，包括我在内。我在《捍卫者》投入了十八年的心血，一直全心全意地做好自己的本职工作，使报纸发展成为自己引以为傲且读者愿意继续阅读的一份刊物。我煞费苦心，试图确保我提交的每一份稿件都是无误、准确、简明、有趣的。我和同事、编辑、摄影师之间的关系也非常好。我一直保持着积极乐观的心态，经常被邀请去报道新闻事件。现在竟然会是这样？我该怎么办？

正式通告刚发布的那几周，我一直感到沮丧、绝望和担忧，如同一个人在船上，奋力划向岸边却看不到陆地。我本以为《捍卫者》是安全的，因为地方和国内新闻是那些需求永远存在的市场之一；读者随时想要了解本地活动和世界大事，想知道近期高中橄榄球赛事的结果，也关心谁家发了讣告。按理说报纸惨淡的财务状况并不会阻碍这类需求，但白纸黑字的公告就贴在墙上，我必须做些什么，而不是整日沉溺于恐惧之中。

噩梦般的现实还是摆在了眼前，社区即刻召集了一次会议，让大家群策群力，想想日后该怎么办。大约有二百人出席了会议，我也参加了。许多人给出了自己的建议：从创办一个社区报纸，到直接购买《捍卫者》，再到组织一场大张旗鼓的促销活动，挨门挨户去恳请更多市民出手订阅，等等，五花八门，不一而足。这些意见我都听进去了，但强烈感觉会议讨论中缺乏来自个人的切身感受。每个人都有必要听一听，这一倒闭事件对一个大半生都在挣扎的人意味着什么。

我站起身，进行了五分钟的发言。我讲述了自己被诊断为孤独症的经历，也谈到了在克服这一身体状况的过程中，为何学习社交和与他人建立连接最令我感到畏惧。

"我直到很晚才学会这些东西，比咱们之中的大多数人都要晚得多，"我对大家说道，并努力控制着情绪，"对我来说，为《捍卫者》工作是我生命中最好的经历之一，它增强了我与人交流的能力；我花了很长时间才掌握了这一技能的基本要领。《捍卫者》对我来说不仅仅是一份报纸，它对我的成长帮助非常大。"

我能立刻觉察到，大多数人对我的话产生了共鸣，但这仍无法改变我即将丢掉工作的事实，这将是几十年来我第一次失业，除非我采取行动。我并不是一个信教的人，但在会议结束后一周左右，我开车去了附近的一个天主教教育中心。我在庭院中的一所小教堂里做了祈祷，也在冥想迷宫漫步沉思。随后我内心重拾平静，相信总会有办法的，一切都会迎刃而解。我感觉我的头脑更加清晰，知道自己需要做什么了。

第一步是向《捍卫者》的一位同事请教，让他帮我起草一份新的简历。这比我想象得要容易些，尽管我上一次和简历打交道还是在互联网时代之前。和我之前写简历的方式一样，这次我依然让它保持简明扼要，重点突出。简历只有一页，请同事审阅之后，我给当地的新闻媒体、出版社和广播电视台等机构投递了五六份。

不久之后，马霍宁县迎来了一些好消息。来自近邻沃伦县的《论坛纪事报》（*The Tribune Chronicle*）报社宣布，他们与《捍卫者》报社达成一项协议，将在我们县推出一份新报纸来填补空白。我向《论坛纪事报》报社发送过一份简历，之后接到了他们主编打来的电话。简短交谈随即转变成了持续一小时的电话面试。她问了许多关于我以前工作的细节问题，她询问得越多，我觉得受雇的希望就越大。毕竟，除非是对我感兴趣，否则谁会费那么多精力和我谈这么长时间呢？

在《捍卫者》存续的最后几周，我同时为两家报纸撰写文章，因为《论坛纪事报》报社的领导想更好地了解我的写作风格和能力。我在《论坛纪事报》被分配到的第一项工作，是前往沃伦县报道一次集会。那里有一栋五层高的医院大楼已经空置了二十年，公众认为它实在是有碍观瞻，数十人聚集起来对此表达愤怒。我尽已所能公平而全面地报道了此次事件。我完成过的新闻报道不计其数，这一向是我秉承的风格，但这次我更加用心，因为我觉得我需要向未来的新雇主证明自己。

这篇报道为我赢得了不少赞誉，但更重要的是，我觉得自己已经闯过了第一道难关。很快，有大约六名《捍卫者》的撰稿人和编辑被新版《论坛纪事报》收编，我便是其中之一。因此，我的职业生涯没有中断过。另外，通过一份附加协议，新版《论坛纪事报》得以沿用《捍卫者》的名称。

事后证明，为这家新报工作给我带来了很多积极的影响。我的编辑非常欣赏我做的工作和我的工作态度，知道我愿意全力以赴帮助《捍卫者/论坛纪事报》繁荣发展。另外，很多时候我都可以兼任摄影师，为自己的报道拍照片。这让我感觉自己在所从事的行业里更加出色。从另一个角度来说，这份工作也比我在旧版《捍卫者》刚开始工作时要容易，我的声誉已经得到了稳固的确立，所以我从不觉得这一次是从零开始的。

能够与他人建立连接在我看来是很神圣的一件事，这主要是因为长期以来我一直都缺乏这种能力。正如我在孤独症会议上发言时常常提到的，事实上，在我康复过程中有一个至关重要的环节。我通过反复练习符合社交规范的行为表现、反应模式和言谈举止来重新训练我的大脑，这能让我更加适应生活——这些事情可以追溯到久远的年代，那时的我会站在镜子前，强迫自己去审视镜中那个我不喜欢的少年的身影。

与他人建立连接还给我带来了另外一个极大的收获，这和我在《捍卫者》报社的工作有关。大约十年前，我报道了扬斯敦教育委员会的几场听证会。一群高中生参加了一个名为"探访史迹"的民权主题活动，他们在听证会上分享了活动后的感想。在那次为期十天的旅程中，学生们深入南方腹地，踏寻美国历史足迹。毫无疑问，他们被一路所见所闻深深触动。他们造访重大事件场所——那些在二十世纪五六十年代为选举权而战斗的人们被殴打和杀害的地方。他们拜访民权运动先驱——那些使我们的国家发展进步的推动者。学生们深受启发，满怀希望、悲悯、仁慈、接纳和宽仁之心踏上归途。

对这个活动做了进一步的了解后，我决定参与其中。几年后，我也乘上那趟车，游历了同样的地方，回想所见之事和所遇之人，深受震撼。第四次踏上穿越南方的"探访"之旅时，我决定将学生们的亲身体验写成一本书，记录他们见证这一切后的所思所想。这项写作计划耗时数年，最初采用了新闻报道的方式，但之后演变成了一部历史小说，其中的虚构角色皆由真实学生刻画而成。

在这次旅程中，我结识了几位令人敬佩的人物。其中一位是已故的牧师克拉克·奥尔森（Clark Olsen），后来我和他成了多年的朋友。1965年，他响应马丁·路德·金（Martin Luther King）博士的号召，来到了亚拉巴马州的塞尔马，而就在他来的数天前刚刚有人在当地的埃德蒙德·佩特斯桥（Edmund Pettus Bridge）

上遭到了毒打。他也是在一家餐馆外遭到三K党人袭击的三名牧师之一（其中一人被谋杀）。我和奥尔森进行了促膝长谈，了解到他主张非暴力，心中充满慈悲，待人亲切、仁厚而又满怀敬重。

在旅程中我结识的另外两位是黑人妇女，米妮珍·布朗·特里奇（Minnijean Brown Trickey）和伊丽莎白·埃克福德（Elizabeth Eckford）。1957年，她们在阿肯色州小石城进入全白人的"中央中学"就读，并为自己的勇气付出了巨大代价。我还结交了一位名叫西米恩·莱特（Simeon Wright）的男士，我们保持了几年的友谊，直到他去世。他是十四岁的埃米特·蒂尔（Emmett Till）的表兄。蒂尔于1955年8月在密西西比州被两名白人残忍杀害，而莱特亲眼看见了表弟在深夜被绑走的情形，他们说蒂尔向一位白人女性打了个口哨。

我也荣幸地见到了已故的乔治亚州众议员约翰·刘易斯（John Lewis）。他是马丁·路德·金博士的追随者，也常被称为"国会的良心"，因为他愿意以非暴力方式为正义挺身而出。在我著书期间，我有幸前往华盛顿特区对他进行了一次为时一小时的采访。自1960年以来，刘易斯已经被逮捕了四五十次，用他自己的话说，因为"摊上了大麻烦"，实则是因为他勇于站出来对抗不公正。在我们国家的首都与一位民权运动的传奇人物，一位深受爱戴的国会议员进行面对面的交谈，这是我在踏上这次宏伟旅程之前无法想象的事情，而对于那个几乎不能与人对视、不会与人交谈的青少年时期的我来说，更是天方夜谭。

在过去的几年里，我一直在协助我们当地的"探访史迹"机构的负责人，帮他们组织希望参与该旅行的高中生开展每周一次的民权运动研讨活动。大约在启程前的四个月，我们便开始让他们了解运动中的关键人物和地点，为他们这次深入之旅打下坚实的基础。

"探访史迹"之行总是令我感到心潮澎湃。在我们参观过的场所中，对我冲击最大的是位于亚拉巴马州伯明翰的第十六街浸信会教堂，在那里，年仅十一到十四岁的四名小女孩在教堂地下室被炸身亡。当时她们在为星期日的礼拜做准备，而四名三K党恐怖分子向教堂投掷了炸弹。另外一处是田纳西州孟菲斯的洛林汽车旅馆（现已成为民权博物馆）。旅馆里有条走廊，从走廊旁的一扇窗户望出去，可以看到一个阳台和另外一组窗户。1968年4月，马丁·路德·金博士就是在那个阳台上被枪杀的；而那几扇窗则展示了他曾住过的房间。瞻仰美国最伟大的领袖之一在生前最后停留的地方令我无比震撼。这与我第一次看到大峡谷时的感觉一模一样。对我来说，那座教堂，那个阳台，皆为圣地。

旅程中的点点滴滴令我热泪盈眶自有它显而易见的缘由，但似乎又有着不同寻常之处。我哭泣是因为回顾往昔，我想起了那段在孤独症中苦苦挣扎的时日，想到在与人交往的能力上，我是经历了多么漫长的时间才达到一个勉强可以与现在相比拟的水平。在马丁·路德·金博士被刺杀前大约一年，我得到了正式的孤独症诊断，那年我五岁。回顾生命中的那个时段，记起我的孤独症令我的父母和妹妹遭受了多么大的痛苦，我不禁泪如泉涌。

我参与了八次"探访史迹"之旅，其中最有价值的一个收获是，每次旅程都进一步坚定了我要超越自我、不断进步的决心。虽然这段经历对我的生活已经或即将产生怎样的影响很难衡量，但在某种程度上,我认为这是我努力与他人建立连接、取得成就的重要延伸。在学会基本社交技能和如何与更广泛的人群建立连接之前,这一切是根本不可能实现的。从穿越南方的民权之旅中领悟到的种种启示,使我成为自己一直努力想要成为的人。

从小到大,我都是一个满怀愤怒、刻板僵化、拘泥于规则的人。家人如果没有按照正确的顺序下楼来到早餐桌前,就足以让我心情烦躁一整天。和家人一起去当地的冰激凌店,拿到的奶昔如果没有灌到杯子顶部,就能让我暴跳如雷,要么一口不喝,要么生气地扔掉。在我喋喋不休地向他人讲述那些深奥难懂的天文学知识时,对方如果无法或不愿满足我这一沉迷,没有按照我期望的方式做出回应,之后便会遭到冷遇,我会拒绝和他们打招呼。对于自己眼中混乱的世界,我别无他想,只有想要理解它并从中找到秩序的渴望。如果某人某事打破了这种微妙的平衡,我通常都以愤怒作为回应。

不过,幸亏我还有后知后觉,现在我意识到了,自己奋斗多年终于从孤独症中摆脱出来,其实在很大程度上是我的大脑得到了再训练的结果。我相信,我大脑的一部分在出生时就没有发育完全。一言以蔽之,孤独症康复意味着,一个人要努力建立起在生活早期未曾建立的诸多连接——设想有一个大型电路板,上面的某些线路并未接通。对于我在感知觉、社会性和精细动作方面存在的各种各样的问题,我认为这是最好的解释。

最近在一次研讨会上,我谈到了我只喜欢吃最平淡无味的食物,比如烤薄饼、纯的热麦片、不加任何调料的通心粉(生熟皆可);还谈到了,每天早上上学前,我都期望其他三个家人能按某个固定顺序坐到早餐桌旁。

即便是作为即将步入成年的青少年,我仍在为吃东西的问题而挣扎。有一天,我妈妈做了一碗鸡蛋沙拉,鼓励我尝试一下。彼时,我已下定决心要克服孤独症,知道我必须做的一件事就是战胜对尝试新食物的恐惧。所以,我没有直接拒绝,而是鼓足勇气走出了自己的舒适区,真的尝了一口。不过,这让我胃里感到恶心。

我当时无法想象,自己有朝一日也会喜欢上日本料理、泰国菜、墨西哥菜、印度食品及其他各种口味多样、调料丰富、成分繁杂的食物,甚至包括我小时候最讨厌的熟洋葱。

如同战胜孤独症所要历经的每一步,这是一个缓慢的过程。我不是哪天一觉醒来,仅凭意志力就拓宽了我的饮食范围。回首往事我意识到,我那时在不知不觉地重新训练自己的大脑。不管怎样,我在克服孤独症的道路上取得的成功越多,所遇到的挑战似乎就越少。和大家一样,我仍有自己的好恶,但那都与孤独症无关。

这个再训练的过程还意味着,曾经作茧自缚的我要能摆脱束缚,拓宽视野,慢慢适应周围的世界。我越努力与他人建立连接,这一切就变得越容易、越自然。我开始理解人们你一言我一语展开对话的诀窍,明白了应该以何等方式与人持续交谈。与人交往时,我也不再局限于简单的刺激-反应模式,比如反反复复问人家都去过哪些州。

随着我在社交方面的逐步成功,我的愤怒和刻板似乎也在逐渐消失。我不再在意谁先谁后下楼来到餐桌前,也不再在乎一杯奶昔灌得有多满，我甚至不再注意这些琐事。我的大脑被训练要去关注其他更为重要的事情。

如今，我的愤怒和痛苦基本源自外在而非内在的因素。那些权贵们利用他们的财富、地位和势力去推动伤天害理的政策，从不用承担任何后果，抑或更糟的是，反而还会得到嘉奖。没有什么能比这样的事情更让我感到愤怒了。从根本上来说，这与我父母对我的谆谆教诲背道而驰。他们教育我为人要正派，不但要学会为自己的行为负责，还要能够公正平等地对待他人。

在我十一还是十二岁的时候，有一天，我从附近一家杂货店偷了一小包价值十五到二十美分的酵母粉。我并非有意要去犯罪，只不过出于某种原因，我对那类东西产生了感知觉上的迷恋，抑制不住地总想要拿过来摸一摸、闻一闻。我父亲不知怎么在我的东西里发现了这包酵母粉，而且知道他和我母亲都没有买过这个东西。在我承认了是从店里偷来的之后，我父亲平静而严肃地要求我，让我步行一公里多回到那家店铺，把东西还给人家，并向店主道歉，再走回家。我当时虽然有孤独症，但还是领悟到了这个教训。从那以后，我再也没有偷拿过任何不属于我的东西。总之，我无法想象如果当时我父亲对我说类似这样的话会怎样，"嗯，也就是二十美分，没什么大不了的"，或者"只要你没被抓到，就没事"，又或者"这次我原谅你吧。有人偷的东西比这不起眼的酵母粉可值钱多了"。

看到这股消极的力量在我们的文化里不断涌现，我更是下定决心要去奋力对抗。我要更加宽厚仁慈，更加充满爱心，更加忍耐包容，更加富有同情心。我还要掌握积极倾听的技能，于我来说，这是我可以给予他人最好的礼物。换句话说，我正努力效仿马丁·路德·金和克拉克·奥尔森这样的榜样人物，同时还要保持真实的自我。

所有这一切也渗透到了我与家人、朋友和女友之间的关系里。我和女友已经在一起十六年了。我是在当地书店举办的一次演讲和签书活动中遇到她的。当队伍中轮到她与我见面时，她分享了自己正在经历的一些困难。很快，我们互相交换了电话号码。在接下来的几个月里，我会定期给她打电话，但并没有考虑把她当作我要约会的对象；我将这段关系视为一种蓬勃发展的纯友谊。

我确信，正因如此我们的关系才得以持续了这么久。我们顺其自然，不急于求成。我和她谁都没有跟对方说过，"咱们已经认识六个月了，那朋友关系也该更进一步了吧？"大约一年后，我俩之间的感情也终于水到渠成，柏拉图式的纯友谊转变成了浪漫的恋人关系。那时候我其实并没有在刻意地苦苦寻觅人生伴侣，而恰在此时，我和她不期而遇。

这些都是我如今学到并珍视的宝贵经验，但我也是经历过失败的感情才走到今天的。二十世纪九十年代初，我有过一段很糟糕的恋爱关系，那段关系相当短暂，维持了八个月，并且发展到了订婚阶段。和许多孤独症谱系障碍人士一样，我非常渴望一段恋爱关系，并在很大程度上以此来定义自己。我觉得拥有一个女朋友，不管是什么样的，总比一个都没有，孤零零一个人要好。这段消极的恋爱关系带来的积极影响是，它彻底改变了我对这件事的看法。我意识到，独自一人，哪怕这意味着许多孤独的时刻，也远比与一个给我的生活带来痛苦、危害和混乱的人在一起要好得多。

从我家驱车一小时可以到达阿克伦地区，每年十月初，我都会受邀去那里给一群阿斯伯格综合征年轻人发表演讲。参与者有男有女，他们都很聪明，很有智慧。他们当中的一些人正在为发展和保持亲密关系而伤脑筋，我经常需要对涉及这一话题的提问做出回应，有时也需要与其中一些人进行个别交流。

在最近一次演讲结束后，我发现一个二十出头的年轻人看上去心烦而又郁闷。由于在社交技能上所遇到的挑战，他和女友分手了。他认为自己再也找不到爱情了。见他独自坐在桌边，把头埋在臂弯里，我便走上前去，看看能否帮到他。顷刻间我突然决定，我要认真倾听，尽量不给任何建议。听这位聪明的年轻人讲述完自己的经历后，我告诉他，在他身上我看到了自己的影子，真是太像了。很多时候，我也会因为同样的原因产生同样的感受。我还告诉他，大约花了一年的时间，我才和在签书活动中遇到的那位女士成为恋人。换句话说，发展一段长期的恋爱关系需要一个过程，就像学习吹单簧管或是熟练掌握一项运动技能一样，但这过程本身是可以充满乐趣的。

我在情感、精神和心智上获得的成长都源自多年前我对自己所做的承诺。我下定决心，无论如何，我要走出舒适区，要在他人的帮助下，竭尽全力拓宽我的视野和世界观。正如我现在常说的，我很高兴自己有孤独症的经历，但我真的不想重新来过。

肖恩·巴伦

信条[1]

芭贝特·多伊奇

粉饰它的人都是骗子,

或者都是傻瓜。

轻声地,

你和我,

缓缓坚称着,

那些永远无法证实的东西。

什么样的数学家,

什么样的独裁者,

能教给我们许多的真理或暴政。

望着我。

莫作声。

这才是爱。

---

[1] DEUTSCH B. *Coming of Age* [M]. Bloomington: Indiana University Press, 1959.

译后记

《男孩肖恩：走出孤独症》这本书的重要性在于它所提供的双重视角。通过朱迪·巴伦和肖恩·巴伦两位作者对共同生活经历的不同描述，读者可以看到，非孤独症人士看待孤独症的角度与孤独症人士看待自己世界的角度有着极大的区别。在妈妈眼里，身陷孤独症的肖恩总是"沉浸在自己的世界里""做的事差不多都是错的""永远都不会开窍"，而且，她从他那里"得不到爱的回馈，从来没得到过"。然而，从肖恩的陈述看，他不仅能够思考，可以感知生活，而且对自身与他人和环境的关系有着复杂的感受和想法。

肖恩10岁时被父母送到了离家一百公里远的一个寄宿学校，和一群看似有些"古怪""不对劲儿""不像普通孩子"的孩子在与世隔绝的环境中生活了八个月。送他去的第一天，他妈妈朱迪写道："我一遍遍地告诉他我们爱他，他每个周末都会回家来，我们会非常想他。"而他的反应却让人觉得他"对这些话似乎没什么兴趣"。那个星期的周末，家人再次见到他时都激动万分，搂住他嘘寒问暖，而他则"直挺挺地站着"，仅仅用一个"好"字回答了大家的问候。第二天重返学校时，妈妈看到肖恩的表现是"下了车就直奔宿舍,头也没回",因而判定,"他巴不得能赶快离开我们。对他来说,在这里的生活比在家里更无拘无束。他对我们除了愤怒和沮丧,再没其他感觉"。

肖恩以简短的文字对自己当初要被送走时的心情进行了描述:"妈妈跟我谈了,说我要去那个地方。我得在那儿连待上五天——对我来说,这比永远还要长!那些话起不到任何安慰作用。我吓得要死!"内心如此强烈的反应,外人却是"看"不出来的。他对寄宿学校的感受也与妈妈从他的外部表现所做出的判断大相径庭:他感到"迷惑,害怕,生气",感到"绝望……像是……被囚禁了",感到"苦不堪言""惶恐不安";他认为自己在那里的生活整日"像是在黑暗的巷子里被人追赶,为活命拼命在逃"。

几个星期之后的一个周末,家人送肖恩回学校,就在他们即将驱车离去时,肖恩突然从宿舍冲出来在后面边追赶边大喊着让他们停车把他带回家,这时他们才意识到原来"他是在乎的",他对家、对家人"是有感觉的"。妈妈朱迪写道:"我们没有停车,继续往前开,三个人都哭了。他在我们后面一直追到小树林边上,最后看着我们的车远去。"

读到这里时,我的泪水止不住流淌下来。我不禁问自己:我究竟为什么而感动?为当时想来令人心碎的情景?为肖恩的无助和他家人的无奈?还是为他终于以旁人能够理解的方式表达出了真情实感?

事实上,即便是在这件事发生之后的很长一段时间内,肖恩仍无法让外界了解掩藏在他各种"怪异"行为下的复杂思绪和丰富的情感体验。我们从他的叙述中可以看到,实际上他从很小的时候起,从"记得躺在地上用手指揪地毯的情形"时开始,就有了对外部世界极为明确的感受和认识,他也一直在为取得和外界的连接付出种种努力——尽管很多时候旁人并不知道他内心有着要去改变、去学习、去交往的强烈渴望。然而,像绝大多数孤独症人士所面临的困境一样,由于没有发展出符合社会规范的沟通方式,而那些反映了孤独症人士自身体验方式的外在表现又不为世人所理解,肖恩便被判定为一个自我封闭、对周围的人和事"无动于衷"的人。直到日后他发生了巨大转变,并能阐释自己所经历的一切时,人们才对"以前"的他有了新的认识。妈妈朱迪在后记中写道:"我也是在读了他对往事的回顾之后,才第一次弄明白很多事究竟是怎么回事。他那些令人费解的行为背后的逻辑着实让我感到惊讶,原来他的很多行为都是在不顾一切地要与人沟通。"

诚然,肖恩的孤独症经历及他对自身孤独症的理解在很大程度上只代表了他个人,但其他带有此标签的人,无论是那些像肖恩一样、随着年龄的增长孤独症症状的严重程度逐渐减轻了的人,还是那些始终都未发展出任何有效的交流方式,也未能向世人展示出自己所具备的思考能力和智力水平的孤独症人士,是否也和肖恩(比如,儿童和少年时期的他)有着相类似的情形呢?即他们虽然在语言和非语言表达,社会交往和日常行为,以及常规活动中表现出了种种障碍,却有着自己对周围世界独特的体验方式,并以异于常人所期望的方式表达着自己的想法和感受。目前,已有越来越多的孤独症人士的自传性叙述证实了这样的相似性。

从内部视角来解读孤独症人士的经历究竟有何实践意义?对

孤独症人士多角度、多层次的认识也许可以加深我们对这一特殊群体的理解，帮助我们在选择更为有效的教育和干预方法时拓宽思路。就肖恩个人来说，这样的"理解"或"不理解"甚至曾直接影响到他与周围人之间的互动，成为他行为的一个动因。他在解释自己为何不配合妈妈的干预训练计划时说道："我下定决心不做她让我做的事，因为我不想再给她任何理由向我大喊大叫或指责我。"他说那时他并不知道，妈妈会允许他失败，理解他的失败，也不会为此而责难他。

池朝阳

2014 年 12 月

© Copyright 2020 Judy Barron and Sean Barron
Permission for this edition was arranged through Future Horizons.
All rights reserved.

北京市版权局著作权合同登记号：图字01-2013-4655号

图书在版编目（CIP）数据

男孩肖恩：走出孤独症 /（美）朱迪·巴伦（Judy Barron），（美）肖恩·巴伦（Sean Barron）著；池朝阳译. -- 修订本. -- 北京：华夏出版社有限公司，2024.7

书名原文：There's A Boy In Here, Revised edition: A mother and son tell the story of his emergence from autism

ISBN 978-7-5222-0692-9

Ⅰ.①男… Ⅱ.①朱… ②肖… ③池… Ⅲ.①孤独症－儿童教育－特殊教育 Ⅳ.①G76

中国国家版本馆 CIP 数据核字(2024)第 067777 号

男孩肖恩：走出孤独症

作　　者	［美］朱迪·巴伦　［美］肖恩·巴伦
译　　者	池朝阳
责任编辑	张冬爽
责任印制	顾瑞清

出版发行	华夏出版社有限公司
经　　销	新华书店
印　　装	三河市少明印务有限公司
版　　次	2024 年 7 月北京第 1 版　2024 年 7 月北京第 1 次印刷
开　　本	880×1230　1/32 开
印　　张	10.25
字　　数	220 千字
定　　价	59.00 元

华夏出版社有限公司　地址：北京市东直门外香河园北里 4 号　邮编：100028
网址：www.hxph.com.cn　电话：（010）64663331（转）
若发现本版图书有印装质量问题，请与我社营销中心联系调换。